故事成語

머리말

 유구한 역사의 중국은 수많은 역사적 사건들과 인물들을 탄생시켰다. 그 많은 역사적인 사건들 속에는 영웅호걸과 대시인, 대문장가들의 수많은 일화들이 생겨나고 그것이 세월이 흐르면서 숙어화되고 문장화된 것이 고사성어이다.

 중국의 역사는 전설시대인 삼황(三皇)과 오제(五帝)의 시대부터 춘추시대와 전국시대 그리고 삼국시대를 거쳐 진(晉)·남북조시대, 당(唐)·송(宋)에 이르기까지 수천년을 이어왔으며 수많은 왕조가 일어나고 또한 사라졌다.

 이러한 오랜 역사 속의 중국은 중국의 사상, 철학, 역사, 문화, 풍속 등 모든 것들을 아우르고 있으며 공자(孔子)·맹자(孟子)·노자(老子)·장자(莊子) 등등의 석학과 대시인, 대문장가와 영웅호걸 등 역사적 인물들이 등장한다. 그들이 저술한 사서오경(四書五經)과 사기(史記), 노자, 장자 등의 고전들이 지금 우리의 현대 사회의 삶속에 녹아 있으며, 과거의 삶을 비추어 현대인의 삶을 반추할 수 있다.

 고사성어는 물론 중국의 고대사회 속에서 생긴 중국의 역사, 정치, 사회, 문화적인 사건들이지만 이는 동양문화를 함께 하는 우리 사회 속에 보편적 가치로 자리잡았다. 그러므로 이는 또한 우리의 보편적 가치와 일맥 상통 한다.

 여기에서는 중국의 역사적 사건들 속의 일화를 예를 들어 이해와 재미를 더했고, 아울러 우리 생활 속의 사자성어도 함께 수록하였다.

 고사성어는 우리의 의식 속에 동양문화의 가치를 한층 성속되게 하고 우리 조상들의 지혜와 얼을 익히는 초석이 된다.

가

사

故事成語

고사로 배우는 고사성어

街談巷說 가담항설 ▶道聽塗說(도청도설)

거리 街(가) / 이야기 談(담) / 거리 巷(항) / 말씀 說(설)

길거리나 항간에 떠도는 뜬소문. 세상의 하찮은 이야기나 소문을 일컫는 말.

小說家者流蓋出於稗官街談巷語(說)
道聽塗說者之所造也

【출전 : 한서(漢書) – 예문지(藝文志)】

제자백가의 아홉 개 학파 중 하나인 소설가의 부류는 패관(稗官 : 옛날 임금이 민간의 풍속이나 정사를 살피기 위해 항간에 떠도는 이야기들을 모아 기록시키던 벼슬아치) 벼슬에서 생긴 말이다.

家徒壁立 가도벽립 ▶家徒四壁(가도사벽)

집 家(가) / 무리 徒(도) / 벽 壁(벽) / 설 立(립)

집안이 고작 사면(四面)의 벽이 깎아지른 듯이 솟아 있을 뿐이라는 뜻으로, 살림이 매우 가난하여 궁핍함을 이름.

☞ 몹시 가난하다.

卓氏及飮弄琴文君窮戶窺心說好之

文君夜亡奔相如相如與馳歸成都 家徒四壁立

【출전 : 한서(漢書) - 사마상여전(司馬相如傳)】

상여〔촉(蜀 : 四川省)의 성도(成都) 사람으로 음률에 뛰어났을 뿐만 아니라 학문과 무예가 출중했음〕가 탁왕손과 함께 술을 마시며 비파를 뜯었는데, 왕손의 딸 문군(文君)이 문 틈으로 엿듣고 마음속으로 사모했다. 그녀는 야반도주(夜半逃走)하여 상여의 집으로 갔다. 상여는 그녀를 성도(成都)의 집으로 데리고 왔는데 상여의 집은 한갓 네 귀퉁이의 벽만 남아 있을 뿐 가난하기 이를 데 없었다.

苛斂誅求 가렴주구 ▶ 苛政猛於虎(가정맹어호)

매울 苛(가) / 거둘 斂(렴) / 벨 誅(주) / 구할 求(구)

세금 등을 가혹하게 거두어들이며 재물을 빼앗음. 또는 그런 가혹한 정치를 일컫는 말.

憲宗用兵擢皇甫鎛爲相苛斂剝下 人皆咎之以至譴逐

【출전 : 구당서(舊唐書)】

(당나라) 헌종은 황보박을 재상으로 발탁했는데 그는 백성들로부터 가혹하게 세금을 거두어들여 사람들의 원성이 자자했으므로 결국은 재상의 자리에서 물러나게 했다.

以敝邑褊小 介於大國 誅求無時 是以不敢寧居

【출전 : 목종기(穆宗記) - 춘추좌씨전(春秋左氏傳)】

우리 나라(鄭나라)는 아주 작은 나라로서 크고 강한 나라의 틈바구니에 있다. 그러므로 그 대국들에게 시도 때도 없이 가혹한 공물(貢物)을 바쳐야 하기 때문에 결코 편하게 지낼 날이 없었다.

家貧則思良妻 가빈즉사양처 ▶ 糟糠之妻(조강지처)

집 家(가) / 가난할 貧(빈) / 곧 則(즉) /생각할 思(사) / 어질 良(량) /
아내 妻(처)

집안이 가난해지면 살림을 알뜰하게 꾸리던 어진 아내를 생각
하게 된다는 뜻으로, 어려운 일이 생기면 도와 줄 사람을 기다
리게 된다는 말.

先生嘗敎寡人曰家貧則思良妻 國亂則思良相

【출전 : 소식(蘇軾) – 박명가인 시(薄命佳人詩)】

〔위(魏)나라 문후(文侯)가 신하 이극(李克)에게 인재의 등용을 상의하
면서 말하길,〕"선생은 이전에 나에게 '집안이 가난해지면 좋은 아내
가 그립고, 나라가 혼란해지면 뛰어난 재상이 아쉽게 느껴진다' 고 하
였다."

苛政猛於虎 가정맹어호 ▶ 苛斂誅求(가렴주구)

가혹할 苛(가) / 정사 政(정) / 사나울 猛(맹) / ~에(어조사) 於(어) /
범 虎(호)

혹독한 정치는 범보다 더 무섭다라는 뜻으로, 혹독한 정치의 폐
해가 그 만큼 무서움을 비유하여 일컫는 말.

無苛政 夫子曰 小子識之 苛政猛於虎也

【출전 : 예기(禮記) – 단궁편(檀弓篇)】

〔공자가 지나는데 한 부인이 무덤 세 개가 나란히 있는 곳에서 애처
롭게 울고 있었다. 자비심 많은 공자는 그대로 지나칠 수가 없어서

제자 자로(子路)를 시켜 묻기를, 호랑이가 그렇게 무서운데 왜 이곳을 떠나지 않았습니까?]
"여기서 살면 가혹한 조세(租稅) 때문에 근심할 걱정은 없거든요."
"잘 기억해 두어라. 가혹한 정치는 범보다도 무섭다는 사실을……."

家和萬事成 가화만사성

집 家(가) / 화목할 和(화) / 온갖 萬(만) / 일 事(사) / 이룰 成(성)

가정이 화목하면 온갖 일이 잘 이루어진다.

刻骨難忘 각골난망 ▶ 刻骨銘心(각골명심)

새길 刻(각) / 뼈 骨(골) / 어려울 難(난) / 잊을 忘(망)

뼈에 사무치도록 못 잊는다는 뜻으로, 은혜를 입은 고마움을 뼈에 새기어 결코 잊지 않음.

刻舟求劍 각주구검 ▶ 守株待兎(수주대토)

새길 刻(각) / 배 舟(주) / 구할 求(구) / 칼 劍(검)

잃어버린 칼을 뱃전에 표시한다는 뜻으로, 판단력이 둔하고 어리석고 미련함. 곧 융통성이 없음.

楚人有涉江者 其劍自舟中墜於水 遽契其舟曰
是語劍之所從墜 舟止 從其所契者入水求之

舟已行矣 而劍不行 求劍若此 不亦惑乎

【출전 : 여씨춘추(呂氏春秋) – 찰금편(察今篇)】

초(楚)나라 사람이 배를 타고 강을 건너다가 실수로 들고 있던 칼을 물 속에 빠뜨리고 말았다. 그러자 그는 얼른 칼을 빠뜨린 뱃전에 표시해 놓고, "이곳이 내 칼이 빠진 곳이다."라고 하였다.
이윽고 배가 언덕에 닿자, 그는 뱃전에 표시해 놓은 그 자리에서 물로 뛰어들어 칼을 찾으려 했으나 이미 그동안 배가 칼을 빠뜨린 곳으로부터 멀어졌다.
그는 그것을 깨닫지 못하고 칼을 찾으려 하였으니 얼마나 어리석은 일이겠는가.

肝腦塗地 간뇌도지 ▶ 一敗塗地(일패도지)

간 肝(간) / 뇌 腦(뇌) / 진흙 塗(도) / 땅 地(지)

간장과 뇌수로 땅바닥을 칠한다는 뜻으로, 끔찍하게 죽은 모습. 또는 나라를 위하여 목숨을 돌보지 않음.

☞ 전란 중의 참혹한 죽음.

大戰七十 小戰四十 使天下之 民肝腦塗地
父子暴骨中野 不可勝數 哭泣之聲未絶
傷痍者未起

【출전 : 사기(史記) – 유경숙손통열전(劉敬叔孫通列傳)】

큰 싸움 70회, 작은 싸움 40회를 거쳐 오는 동안 백성들의 간과 뇌를 진흙 구덩이로 몰아넣었으며, 그 부자의 뼈를 광야에 드러나게 한 것이 이루 헤아릴 수가 없다. 무릇, 주검을 서러워하는 곡소리는 아직도 채 그치지 않았으며, 상처 입은 자 또한 아직 일어나질 못하고 있다.

肝膽相照 **간담상조** ▶ 披肝膽(피간담)

간 肝(간) / 쓸개 膽(담) / 서로 相(상) / 비출 照(조)

간과 쓸개를 서로 내놓고 보인다는 뜻으로, 서로 마음을 터놓고 가까이 사귐을 일컫는 말.

> 肝膽相照 斯爲腹心之友
>
> 【출전 : 장자(莊子) ‒ 덕충부(德充符)】
>
> 간과 쓸개를 서로 내보이니 이것이야말로 마음을 터놓고 믿을 만한 벗이로다.

肝膽楚越 **간담초월** ▶ 肝膽胡越(간담호월)

간 肝(간) / 쓸개 膽(담) / 초나라 楚(초) / 월나라 越(월)

간과 쓸개가 초나라와 월나라 사이만큼 멀다는 뜻으로, 서로 비슷한 것일지라도 보는 관점에 따라 서로 전혀 다르게 보이고, 가까운 것일지라도 아주 멀어 보임을 일컫는 말.

※ 楚越(초월) : (초나라와 월나라란 뜻으로) 서로 원수처럼 여기는 사이. 서로 떨어져 있어 아무런 관계가 없는 사이.

> 自其異者視之 肝膽楚越也 自其同視之 萬物皆一也
>
> 【출전 : 장자(莊子) ‒ 덕충부(德充符)】
>
> 사물을 서로 다른 관점에서 보면, 한몸 안에 있는 간과 쓸개도 초나라와 월나라만큼이나 멀리 떨어져 있는 듯이 보이고, 서로 같다는 관점에서 보면 모든 만물이 한가지로 같아 보인다.

簡髮而櫛 간발이즐

가릴 簡(간) / 머리털 髮(발) / 말이을(어조사) 而(이) / 빗 櫛(즐)

머리카락을 한 가닥 한 가닥 골라서 빗질을 한다라는 뜻으로, 본래의 목적에서 벗어나 작은 일에 얽매임을 일컫는 말.

☞ 쓸데 없는 일에 힘은 많이 들고 결과는 적음.

簡髮而櫛 數米而炊

【출전 : 장자(莊子) - 경상초(庚桑楚)】

머리카락을 한 가닥 한 가닥 골라서 빗질을 하고, 쌀을 하나 하나 세어서 밥을 짓는 것과도 같다.

干城之材 간성지재

방패 干(간) / 성 城(성) / 갈(어조사) 之(지) / 재목 材(재)

방패와 성의 구실을 하는 인재라는 뜻으로, 나라를 지키는 믿음 직한 인재(군인)를 일컫는 말.

間於齊楚 간어제초

사이 間(간) / ~에(어조사) 於(어) / 제나라 齊(제) / 초나라 楚(초)

제나라와 초나라 사이에 끼어 있다는 뜻으로, 약한 자가 강한 자 사이에 끼어 당하는 괴로움.

干將莫耶(邪) 간장막야

방패 干(간) / 장수 將(장) / 없을 莫(막) / 그런가(어조사) 耶(야) /
의문사 邪(야)

간장과 막야가 만든 칼이란 뜻으로, 명검도 사람의 손이 가야
빛나듯이 사람도 교육을 통해서 이끌어야만 역량을 발휘할 수
있음을 일컫는 말. 천하에 없는 명검이나 보검의 비유.

※ 간장(干將)은 오(吳)나라의 도공(刀工)으로, 오왕 합려의 명령으로
   칼을 만드는데 쇳물이 녹지 않자, 그의 아내 막야(莫耶)가 용광로
   에 뛰어들자 드디어 쇳물이 녹아 명검을 만들었다.

> 桓公之葱 太公之闕 文王之錄 莊君之忽
> 闔閭之干將莫耶 鉅闕辟閭 此皆古之良劍也
> 然而不加砥礪 則不能利 不得人力 則不能斷
>
> 【출전 : 오월춘추(吳越春秋) - 합려내전(闔閭內傳)】
>
> 제환공의 총(葱)이나 강태공의 궐(闕), 주문왕의 녹(錄), 초장왕의 홀
> (忽), 오왕 합려의 간장(干將)과 막야(莫耶)와 거궐(鉅闕)과 벽려(辟閭)
> 는 중국 역대의 명검으로 손꼽을 수 있다. 그러나 명검도 숫돌에 갈
> 지 않으면 날카롭지 아니하며 사람의 힘을 얻지 못하면 아무 것도 자
> 를 수 없다.

渴不飲盜泉水 갈불음도천수

목마를 渴(갈) / 아닐 不(불) / 마실 飲(음) / 도둑 盜(도) /
샘 泉(천) / 물 水(수)

아무리 목이 말라도 도천(盜泉 : 불의(不義)를 비유하는 샘물의
이름)의 샘물을 마시지 않는다는 뜻으로, 어떤 곤경을 처해도

올바르지 않는 일을 하지 않음을 일컫는 말.

渴不飮盜泉水 熱不息惡木陰
惡木豈無枝 志士多苦心

【출전 : 육기시(陸機詩) – 맹호행(猛虎行)】

아무리 목이 말라도 도천의 샘물〔不義〕은 결코 마시지 않으며, 아무
리 덥더라도 나쁜 나뭇가지 그늘에서는 결코 쉬지 않는다.
나쁜 나뭇가지인들 어찌 나뭇가지가 없겠는가만 절의를 지키는 뜻 있
는 선비는 이토록 고심을 많이 해야 할 것이다.

渴而穿井 갈이천정

목마를 渴(갈) / 어조사 而(이) / 뚫을 穿(천) / 우물 井(정)

목이 말라야 우물을 판다는 뜻으로, 일을 미리미리 준비하지 않
고 일이 생긴 후에 아무리 서둘러 본들 이미 때가 늦었음을 일
컫는 말.

甘井先竭 감정선갈

달 甘(감) / 우물 井(정) / 먼저 先(선) / 물마를 竭(갈)

물맛이 좋은 우물이 먼저 마른다는 뜻으로, 맛이 좋은 우물은
이용하는 사람이 많아서 빨리 마르듯, 뛰어난 재능이나 지혜를
자랑하는 사람은 남에게 이용당하기 쉽다는 말.

直木先伐 甘井先竭 子其意者 飾知以驚愚

修身以明汚 昭昭乎如揭日月而行 故不免也

【출전 : 장자(莊子) – 산목(山木)】

곧은 나무는 이용당하기 쉬우므로 먼저 잘리고, 맛이 좋은 우물은 다른 우물보다 쉽게 말라 버린다.
당신도 자신의 지식을 드러내어 어리석은 사람을 놀라게 하고, 자신의 행동을 가다듬어서 다른 사람의 결점이 드러나게 한다면 해와 달을 높이 들고 다니는 것처럼 자신을 과시하는 결과가 되어 재난을 면할 수 없게 된다.

坎井之蛙 감정지와 ▶ 井底之蛙(정저지와)

구덩이 坎(감) / 우물 井(정) / 갈(어조사) 之(지) / 개구리 蛙(와)

우물 안 개구리라는 뜻으로, 견문이나 식견이 매우 좁은 사람을 비유하여 일컫는 말.

甘呑苦吐 감탄고토 ▶ 炎凉世態(염량세태)

달 甘(감) / 삼킬 呑(탄) / 쓸 苦(고) / 뱉을 吐(토)

달면 삼키고 쓰면 뱉는다는 뜻으로, 사리의 옳고 그름에 관계없이 자기 비위에 맞으면 좋아하고 맞지 않으면 싫어함을 일컫는 말.

甲男乙女 갑남을녀

이것 甲(갑) / 남자 男(남) / 저것 乙(을) / 여자 女(여)

아무개 남자와 아무개 여자라는 뜻으로, 신분이나 이름이 알려지지 아니한 평범한 사람들을 일컫는 말.

康衢煙月 강구연월

편안할 康(강) / 네거리 衢(구) / 연기 煙(연) / 달 月(월)

강구의 은은한 달빛이라는 뜻으로, 태평한 시대의 평화로운 풍경. 태평성대를 일컫는 말.

強弩之末 강노지말

굳셀 強(강) / 쇠뇌 弩(노) / 갈(어조사) 之(지) / 끝 末(말)

힘찬 활에서 튕겨나간 화살도 힘이 다 한다라는 뜻으로, 아무리 강력한 것이라도 시간이 지나면 힘을 잃고 쇠해짐을 일컫는 말.

弩極矢不能穿魯縞 強弩之末力不能入魯縞
【사기(史記) – 한서 한안국전(漢書韓安國傳)】

아무리 강력한 석궁으로 쏜 화살일지라도 멀리까지 이르러 힘이 다하면 노나라에서 나는 얇은 비단조차 뚫을 수 없다.

改過不吝 개과불린

고칠 改(개) / 허물 過(과) / 아닐 不(불) / 인색할 吝(인)

허물을 고치는 데 인색하지 않다라는 뜻으로, 잘못이 있으면 고치기를 주저하지 않는다는 말.

改過遷善 개과천선

고칠 改(개) / 지날 過(과) / 옮길 遷(천) / 착할 善(선)

지난 허물을 고치어 착한 사람이 되겠다라는 뜻으로, 지난날의 잘못을 뉘우치고 옳은 길로 들어섬.

> 痛改前非 重新做人　　　　　【출전 : 진서(晉書) – 본전(本傳)】
>
> 지난날의 잘못을 통렬히 고쳐서 거듭 새로운 사람이 되라. 〔자네의 굳은 의지로 지난날의 허물을 고치고 새로운 사람이 된다면(改過自新 : 改過遷善) 자네의 앞길은 무한한 것일세. 지난 일은 마음에 둘 필요가 없네.〕
>
> ※ 공자는 '허물을 고치지 않는 것이 더 큰 허물이며, 허물을 알았으면 고치기를 꺼리지 말라'고 하였다.

蓋棺事定 개관사정

덮을 蓋(개) / 관 棺(관) / 일 事(사) / 정할 定(정)

관뚜껑을 덮은 뒤에야 일이 결정된다라는 뜻으로, 사람은 죽은 후에야 비로소 그 사람 생전의 가치를 알 수 있음.

> 丈夫蓋棺事始定 君今幸未成老翁 何恨憔悴山中
> 深山窮谷不可處 霹靂魍魎兼狂風
> 　　　　　【출전 : 두보 시(杜甫詩)】
>
> 장부는 죽어 관을 덮은 후에야 비로소 생전의 가치가 결정된다.
> 그대는 다행히도 아직 늙지 않았거늘,
> 어찌 원망하며 슬퍼하고 있는가,

초췌한 몰골로 산속에 있는 것을.
깊은 산속, 으슥한 골짜기는 살 곳이 못 되는 곳.
벼락과 도깨비와 미친 바람까지 겸했구나.
(언제 벼락이 치고 도깨비가 나타나고 미친 듯한 돌풍이 몰아칠지 모
르겠구나.)

居官留犢 거관유독

살 居(거) / 벼슬 官(관) / 머무를 留(류) / 송아지 犢(독)

벼슬아치가 물러날 때에는 재임 중에 낳은 송아지조차도 가지
고 돌아가서는 안 된다라는 뜻으로, 청렴결백한 벼슬아치를 비
유하여 일컫는 말.

及其去留其犢 謂主簿曰 令來時 本無此犢
犢是淮南所生有也   【출전 : 위서(魏書) − 상림편(常林篇)】

〔위(魏)나라의 시묘(時苗)는 회남 땅의 수령으로 부임할 때 암소가 끄
는 수레를 타고 갔다. 그런데, 그가 재임 중에 자신이 데리고 간 암소
가 새끼를 낳았다.〕 그는 벼슬을 물러날 때, 낳은 송아지를 남겨 두며
주부에게 말했다.
"내가 올 때 이 송아지는 없었다. 이것은 회남에서 낳아서 자란 것이
므로 회남 땅의 소유물이다."

去頭截尾 거두절미

없앨 去(거) / 머리 頭(두) / 끊을 截(절) / 꼬리 眉(미)

머리와 꼬리를 잘라 버린다는 뜻으로, 앞뒤의 설명은 빼고 요점

만을 말함을 일컫는 말.

居安思危 거안사위 ▶ 有備無患(유비무환)

살 居(거) / 편안할 安(안) / 생각 思(사) / 위태할 危(위)

살기 편안할 때에 어려움이 닥칠 때를 미리 생각한다라는 뜻으로, 재난에 대한 준비가 미리 되어 있으면 화를 당하지 않음을 일컫는 말.

書曰 居安思危 思則有備 有備無患

【출전 : 춘추좌씨전(春秋左氏專)】

『서경(書經)』에 이르길, "평화로울 때에는 경각심을 높여 어려움을 당할 경우를 생각한다. 어려움을 당한 경우를 생각하여 그에 대한 철저한 준비를 할 수 있고, 준비가 있으면 걱정이 없어진다." 하였다.

乾坤一擲 건곤일척

하늘 乾(건) / 땅 坤(곤) / 한 一(일) / 던질 擲(척)

하늘과 땅을 걸고 한 번 던진다라는 뜻으로, 운명을 하늘에 맡기고 승부나 성패를 겨룬다는 말.

☞천하를 얻느냐 잃느냐, '사느냐 죽느냐 하는 승부수를 걸 때 하는 말.

龍疲虎困割川原 憶萬蒼生性命存
誰勸君王回馬首 眞成一擲賭乾坤

【출전 : 과홍구(過鴻溝) - 한유(韓愈)】

> 용은 지치고 범도 고달파서
> 서로 강과 들을 사이에 두고 땅을 나누니
> 억만의 창생(蒼生 : 세상의 모든 사람)은 겨우 목숨을 부지하게 되었구나.
> 누가 군왕으로 하여금 말머리를 돌리게 권하여
> 참으로 한 번 던져 하늘과 땅을 걸게 하였던가.

隔世之感 격세지감

사이뜰 隔(격) / 세대 世(세) / 갈(어조사) 之(지) / 느낄 感(감)

한 세대 사이가 뜬 느낌이라는 뜻으로, 많은 변화를 겪어서 아주 딴 세상이나 또는 다른 세대처럼 여겨짐. 딴 세대와도 같이 아주 달라진 느낌을 일컫는 말.

隔靴搔癢 격화소양

사이 뜰 隔(격) / 신 靴(화) / 긁을 搔(소) / 가려울 癢(양)

신을 신은 채 가려운 곳을 긁는다는·뜻으로, 어떤 일을 하느라고 애는 쓰지만 성에 차지 않음.

> 意貴透撤 不可隔靴搔癢 語貴脫灑
> 不可拖泥帶水   【출전 : 창랑시화(滄浪詩話)】
>
> 뜻은 무엇을 말하고자 하는 것인지 분명함이 중요하고, 신발 위로 가려운 데를 긁는 것처럼 답답함을 주어서는 안 된다. 말은 속세의 기질이나 취향을 떠나서 깨끗한 것이 중요하고, 지저분하게 여러 장식을 붙여 흙탕물을 뒤집어쓴 것처럼 해서는 안 된다.

見物生心 견물생심

볼 見(견) / 물건 物(물) / 날 生(생) / 마음 心(심)

물건을 보면 그것을 가지고 싶은 욕심이 생김을 일컫는 말.

犬猿之間 견원지간

개 犬(견) / 원숭이 猿(원) / 갈(어조사) 之(지) / 사이 間(간)

개와 원숭이의 사이라는 뜻으로, 서로 사이가 나쁜 두 사람의 관계를 일컫는 말.

見危致命 견위치명 ▶ 見危授命(견위수명)

볼 見(견) / 위태할 危(위) / 이룰 致(치) / 목숨 命(명)

위태로움을 만나면 목숨을 다하라는 뜻으로, 나라가 위태로울 때 자기의 목숨을 나라에 바침.

> ### 子張曰 士見危致命 見得思義
>
> **【출전 : 논어(論語) – 자장(子張)】**
>
> 자장이 말하길, "선비는 나라가 위태로울 때 자신의 목숨을 내던져 나라를 구하고, 이익이 되는 일이 눈앞에 나타나면 그것을 얻는 일이 도리에 맞는 일인지를 먼저 생각해야 한다."

犬兔之爭 견토지쟁

개 犬(견) / 토끼 兔(토) / 갈(어조사) 之(지) / 다툴 爭(쟁)

개와 토끼의 다툼이라는 뜻으로, 쓸데없는 다툼으로 양자의 싸움에서 다른 사람이 이득을 봄.

結者解之 결자해지

맺을 結(결) / 사람 者(자) / 풀 解(해) / 갈(어조사) 之(지)

일을 맺은 사람이 풀어야 한다는 뜻으로, 자기가 저지른 일에 대해서는 자기 스스로 그 일을 해결해야 함을 일컫는 말.

結草報恩 결초보은

맺을 結(결) / 풀 草(초) / 갚을 報(보) / 은혜 恩(은)

풀포기를 묶어 은혜를 갚는다는 뜻으로, 죽어 혼령이 되어서라도 잊지 않고 은혜를 갚는다는 말.

> 其夜夢之曰 余而所嫁人之父也
> 爾用先人之治命 余是以報
>
> 【출전 : 춘추좌씨전(春秋左氏傳)】
>
> 그날 밤 위과의 꿈속에 노인이 나타나서 말하길, "나는 그대가 시집보내 준 여자의 아비 되는 사람이오. 그대가 선친의 바른 유언에 따랐기 때문에 내 딸이 살았으니 내가 은혜를 갚은 것입니다."

傾國之色 경국지색 ▶ 傾城之色(경성지색)

기울 傾(경) / 나라 國(국) / 갈(어조사) 之(지) / 얼굴빛 色(색)

나라를 기울어지게 하는 미인이라는 뜻으로, 임금이 혹하여 국정을 게을리 하여 나라를 위태롭게 할 정도로 아름다운 미녀.

☞ 썩 빼어난 절세의 미인.

北方有佳人兮 絶世而獨立兮 一顧便傾人城兮
再顧便傾人國兮 寧不知傾城傾國 佳人難再得兮

【출전 : 한서(漢書) − 외척전(外戚傳)】

북쪽에 한 아름다운 여인이 있어
세상에 떨어져 홀로 서 있네.
한 번 돌아보면 성(城)을 기울게 하고,
두 번 돌아보면 나라가 기운다네.
어찌 성을 잃고 나라가 기우는 일을 모르겠는가마는
그런 아름다운 여인은 두 번 다시 얻기 어려우리.

經世濟民 경세제민

날 經(경) / 세대 世(세) / 건널 濟(제) / 백성 民(민)

세상을 다스리고 백성을 구제함. 경제(經濟)의 어원.

敬而遠之 경이원지 ▶ 敬遠(경원)

공경할 敬(경) / 어조사 而(이) / 멀 遠(원) / 갈(어조사) 之(지)

존경하기는 하되 가까이 하지는 아니한다는 뜻으로, 겉으로는 공경하는 척하면서 가까이 하지는 아니함을 일컫는 말.

☞ 꺼리어 멀리함.

務民之義 敬鬼神而遠之 可謂知矣

【출전 : 논어(論語) - 옹야(雍也)】

(공자가 말하길) "사람이 마땅히 해야 할 도리를 하는데 힘을 기울이고, 귀신의 힘을 빌려 복을 구하고 화를 물리치는 어리석은 짓을 하지 않는 것이 아는 사람의 올바른 삶의 자세이다."

輕佻浮薄 경조부박

가벼울 輕(경) / 경박할 佻(조) / 뜰 浮(부) / 얇을 薄(박)

언어와 행동이 경솔하고 진중하지 못함을 일컫는 말.

驚天動地 경천동지

놀랄 驚(경) / 하늘 天(천) / 움직일 動(동) / 땅 地(지)

하늘이 놀라고 땅이 흔들린다는 뜻으로, 세상을 깜짝 놀라게 함을 일컫는 말.

敬天愛人 경천애인

공경할 敬(경) / 하늘 天(천) / 사랑 愛(애) / 사람 人(인)

하늘을 공경하고 사람을 사랑하라는 뜻.

인간이 아무리 힘이 있다하더라도 자연의 섭리나 조화에는 따를 수 없는 것이다. 그러므로 항상 하늘을 두려워하고 공경하며 사람을 사랑하는 마음의 의지가 필요하다. 【출전 : 남주유훈(南洲遺訓)】

鷄口牛後 계구우후

닭 鷄(계) / 입 口(구) / 소 牛(우) / 뒤 後(후)

닭의 부리가 될지언정 소의 꼬리는 되지 말라는 뜻으로, 큰 단체의 꼴찌가 되어 붙좇기보다는 작은 단체의 우두머리가 되라는 말.

寧爲鷄口 勿爲牛後　　【출전 : 사기(史記) – 소진열전(蘇秦列傳)】

닭의 부리가 될지언정 소의 꼬리는 되지 말라(진나라에 종속되어 있다는 것은, 소의 꼬리가 되는 것과 무엇이 다른가).

鷄群一鶴 계군일학 ▶ 群鷄一鶴(군계일학)

닭 鷄(계) / 임금 君(군) / 한 一(일) / 학 鶴(학)

무리지어 있는 닭 가운데 한 마리의 학이라는 뜻으로, 많은 평범한 사람들 가운데 있는 아주 뛰어난 한 사람.

昨於稠人中始見嵇紹 昂昂然如野鶴之在鷄群
【출전 : 진서(晉書) – 혜소전(嵇紹傳)】

"어제 사람들이 북적이는 속에서 처음으로 혜소라는 인물을 보았는데, 유달리 눈에 띄어 마치 학이 닭무리 속에 섞여 있는 듯했다."

鷄肋 계륵

닭 鷄(계) / 갈빗대 肋(륵)

먹자니 먹을 것이 없고 버리기는 아까운 닭의 갈비뼈라는 뜻으로, 그다지 가치는 없지만 버리기는 아까운 물건을 일컫는 말.

脩獨曰 夫雞勒 食之則無所得 棄之則如可惜

【출전 : 후한서(後漢書) – 양수전(楊脩傳)】

양수(楊脩)만이 혼자 계륵이란 뜻을 깨닫고 말하길, "닭의 갈비뼈는 먹을 만한 살은 없지만, 그래도 그대로 버리기는 아까운 생각이 드는 것이다.
〔한중(漢中)을 여기다 비유해서 승상께서는 일단 철수하기로 결정하신 것이오." 조조는 그 말을 듣고 양수를 처단하고 위나라 전군을 불러 모아 위나라로 철수했다.〕

鷄鳴狗盜 계명구도

닭 鷄(계) / 울 鳴(명) / 개 狗(구) / 도둑 盜(도)

닭의 울음소리 흉내를 잘 내는 사람과 개의 울음소리 흉내를 잘 내는 좀도둑이라는 뜻으로, 비록 보잘것없는 재주를 가진 사람이라도 때로는 요긴하게 쓸일 데가 있음을 비유하여 일컫는 말.

孟嘗君恐追至 客之居下坐者 有能爲鷄鳴
以鷄齊鳴 遂發傳出

【출전 : 사기(史記) – 맹상군열전(孟嘗君列傳)】

맹상군(孟嘗君 : 중국 전국시대 제나라의 정치가)은 소양왕의 마음이 변하여 추격해 오지 않을까 두려워하였다. 식객 중에 닭의 울음소리 흉내를 잘 내는 사람이 있었는데, 그가 새벽에 닭 울음소리를 흉내 내니 닭들이 일제히 울기 시작하였고, 관문을 지키는 병사는 새벽이 된 줄 알고 관문을 열어 맹상군은 성문을 빠져나갈 수가 있었다.

季布一諾 계포일락 ▶ 男兒一言重千金(남아일언중천금)

계절 季(계) / 베 布(포) / 한 一(일) / 대답할 諾(낙)

계포의 믿을 수 있는 확실한 승낙이라는 뜻으로, 계포의 약속은 절대적인 것으로 확실히 믿을 수 있음. 곧 한번 약속을 하면 반드시 지킨다는 말.

※ 季布(계포) : 처음에는 초(楚)나라 항우의 장수가 되어 한(漢)나라 유방을 괴롭혔으나, 후에 한나라 고조(유방)를 섬겼다. 의협심이 강하고, 약속을 중히 여겼으며 한번 맡은 일은 반드시 실행하여 사람들이 모두 그를 믿었음.

> 楚人諺曰 得黃金百斤 不如得 季布一諾
> 【출전 : 사기(史記) – 계포란포열전(季布欒布列傳)】
>
> 초나라 사람들이 말하길, "황금 백 근을 얻는 것이 계포(季布)의 믿을 수 있는 약속보다 못하다."

高官大爵 고관대작

높을 高(고) / 벼슬 官(관) / 큰 大(대) / 작위 爵(작)

지위가 높은 큰 벼슬자리라는 뜻으로, 높은 벼슬자리. 또는 그런 직위에 있는 사람을 일컫는 말.

股肱之臣 고굉지신 ▶ 股掌之臣(고장지신), 股肱(고굉)

넓적다리 股(고) / 팔 肱(굉) / 갈(어조사) 之(지) / 신하 臣(신)

팔과 다리와 같이 중요한 신하라는 뜻으로, 임금이 가장 신임하고 중히 여기는 신하.

> 臣作朕股肱耳目 予欲左右有民 汝翼
>
> 【출전 : 서경(書經) – 익직(益稷)】
>
> "그대들은 나의 손이 되고, 발이 되고, 귀가 되고, 눈이 되는 자들이다. 내가 모든 백성을 돕고, 살림을 풍족하게 해줄 터이니 너희는 나를 돕길 바란다."

孤軍奮鬪 고군분투

외로울 孤(고) / 군사 軍(군) / 힘쓸 奮(분) / 싸움 鬪(투)

고립된 군대가 힘겹게 적과 싸운다라는 뜻으로, 적은 수의 군대가 지원이 없이 강한 군대와 힘겹게 싸움. 또는 홀로 여러 명을 상대하여 싸우는 것을 일컫는 말.

膏粱珍味 고량진미

기름 膏(고) / 쓿은곡식 粱(양) / 보배 珍(진) / 맛 味(미)

기름지고 살찐 고기와 좋은 곡식으로 만든 맛있는 음식을 일컫는 말.

孤立無援 고립무원 ▶ 孤立無依(고립무의)

외로울 孤(고) / 설 立(입) / 없을 無(무) / 도울 援(원)

홀로 외따로 떨어져 도움을 받을 데가 없는 처지를 일컫는 말.

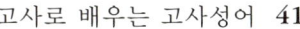

枯木生花 고목생화 ▶ 枯樹生花(고수생화)

마를 枯(고) / 나무 木(목) / 날 生(생) / 꽃 花(화)

마른 나무에서 꽃이 핀다는 뜻으로, 어려움에 처한 사람이 뜻밖의 행운을 만나게 됨을 비유하여 일컫는 말.

鼓腹擊壤 고복격양

두두릴 鼓(고) / 배 腹(복) / 칠 擊(격) / 흙(땅) 壤(양)

배를 두드리고 땅을 구르며 흥겨워한다라는 뜻으로, 배를 두드리고 발을 구르며 요임금의 덕을 찬양하고 태평세월을 즐김을 일컫는 말.

☞ 생활이 풍족하고 세상도 태평하여 백성들이 태평성대를 누림.

有老人 含哺鼓腹 擊壤而歌

【출전 : 십팔사략(十八史略) – 오제(五帝)】

한 노인이 음식을 배불리 먹고, 배를 두드리며, 발로 땅바닥을 구르면서 장단 맞추어 노래 부른다.

孤城落日 고성낙일

외로울 孤(고) / 성 城(성) / 떨어질 落(낙) / 해 日(일)

외로운 성에 지는 해라는 뜻으로, 세력이 다 하여 의지할 데가 없는 외로운 처지를 일컫는 말.

遙知漢使蕭關外 愁見孤城落日邊

【출전 : 왕유시(王維詩) - 송위평사(送韋評事)】

한나라 사신이 소관(蕭關 : 장안(長安)에서 멀리 떨어진 감숙성(甘肅省)에 있었던 관문) 밖에서 서성이며, 멀리 떨어져 외롭게 서 있는 성 위로 지는 해를 수심에 찬 모습으로 바라본다(멸망의 그날을 초조히 기다리는 심정).

姑息之計 고식지계

시어머니 姑(고) / 자식 息(식) / 갈(어조사) 之(지) / 계획 計(계)

(근본 해결책이 아닌) 임시로 편한 것을 취하는 계책이라는 뜻으로, 잠시 모면할 임시방편을 일컫는 말.

君子之愛人也 以德 細人之愛 人也 以姑息

【출전 : 예기(禮記) - 단궁(檀弓)】

"군자는 마음에서 우러나는 덕(德)으로 사람을 사랑하지만, 하찮은 사람은 일시적인 임시방편의 수단으로 사람을 사랑한다."

苦肉之計 고육지계 ▶ 苦肉策(고육책)

쓸 苦(고) / 몸 肉(육) / 갈(어조사) 之(지) / 꾀 計(계)

제 몸을 괴롭히면서까지 짜내는 계책이라는 뜻으로, 적을 속이기 위해, 또는 어려운 상황을 벗어나기 위한 수단으로 제 몸을 괴롭히면서까지 짜내는 계책을 일컫는 말.

孤掌難鳴 고장난명

외로울 孤(고) / 손바닥 掌(장) / 어려울 難(난) / 울 鳴(명)

한 손바닥으로는 소리나기 어렵다라는 뜻으로, 혼자서는 일을 이루지 못함. 또는, 맞서는 상대가 없으면 싸움이 되지 않음을 일컫는 말.

苦盡甘來 고진감래

쓸 苦(고) / 다할 盡(진) / 달 甘(감) / 올 來(래)

쓴 것이 다하면 단 것이 온다라는 뜻으로, 고생 끝에 낙이 옴을 일컫는 말.

高枕安眠 고침안면 ▶ 高枕無憂(고침무우)

높을 高(고) / 베개 枕(침) / 편안할 安(안) / 잘 眠(면)

베개를 높이 하여 편히 잔다라는 뜻으로, 아무 근심 걱정 없이 편안히 잘 잠.

莫如事秦 事秦則楚 漢必不敢動 無楚漢之患
則大王高枕安眠國必無憂矣

【출전 : 사기(史記) - 장의열전(張儀列傳)】

"진(秦)나라에 복속(服屬)하는 것이 좋으리라 생각합니다. 진나라에 복속하면 초(楚)나라나 한(漢)나라는 감히 움직이는 일이 없을 것입니다. 초나라나 한나라에 대한 걱정이 없어지면, 대왕도 베개를 높이고 안심하고 잠잘 수가 있고 나라도 걱정 없을 것입니다."

古稀 고희 ▶ 人生七十古來稀(인생칠십고래희)

옛 古(고) / 드물 稀(희)

예부터 드물다라는 뜻으로, 사람의 나이 '일흔 살', 또는 '일흔 살이 된 때'를 일컫는 말.

朝回日日典春衣 每日江頭盡醉歸
酒債尋常行處有人生七十古來稀

【출전 : 두보 시(杜甫詩) - 곡강(曲江)】

조정에서 돌아오면 날마다 봄옷을 전당잡히고, 매일 강(江) 가에서 술에 듬뿍 취해 집으로 돌아온다. 술값을 외상지는 것은 당연지고 어차피 살아가노라면 있는 법, 예부터 칠십까지 사는 일이란 드문 일로 인생은 길지 않다.

曲肱之樂 곡굉지락 ▶ 安貧樂道(안빈낙도)

굽을 曲(곡) / 팔 肱(굉) / 갈(어조사) 之(지) / 즐길 樂(락)

팔을 베개 삼은 즐거운 생활이라는 뜻으로, 물질을 추구하며 살기보다는 정신을 중시하며 사는 삶.

飯疏食飲水 曲肱而枕之 樂亦在其中矣
不義而富且貴 於我如浮雲

【출전 : 논어(論語) — 술이편(述而篇)】

"고기반찬 없는 거친 나물밥과 물을 마시고, 팔을 베개 삼아 잠을 잔다. 즐거움이란 그런 가난함 속에 있는 법이다. 도리에 어긋나는 짓으로 부자가 되거나 신분이 높아지는 것은 나에게는 뜬구름처럼 무상한 일이다."

曲學阿世 곡학아세

굽을 曲(곡) / 배울 學(학) / 아첨할 阿(아) / 세상 世(세)

배운 학문을 굽혀 가며 세상에 아첨한다는 뜻으로, 정도에서 벗어난 학문으로 세상이나 힘 있는 자에게 아첨하여 인기를 얻으려는 언행(言行)을 일컫는 말.

公孫子 務正學以言 無曲學以阿世

【출전 : 사기(史記) — 유림열전(儒林列傳) 〔원고생(轅固生)〕】

"공손자여 올바른 학문에 힘쓰고 자신이 옳다고 여기는 말을 하시오. 학문을 굽혀서 세상 사람에게 아부해서는 안 되는 것이오."

骨肉相殘 골육상잔 ▶ 骨肉相爭(골육상쟁)

뼈 骨(골) / 몸 肉(육) / 서로 相(상) / 해칠 殘(잔)

같은 혈육끼리 서로 해친다는 뜻으로, 부모 형제 등 혈연관계에 있는 사람끼리 서로 싸우는 일. 또는, 같은 민족끼리 서로 싸우는 일을 일컫는 말.

骨肉之親 골육지친

뼈 骨(골) / 몸 肉(육) / 갈(어조사) 之(지) / 친할 親(친)

부모 · 형제 · 자매 등의 가까운 혈족들을 일컫는 말.

功名垂竹帛 공명수죽백

공로 功(공) / 이름 名(명) / 드리울 垂(수) / 대나무 竹(죽) / 비단 帛(백)

공명을 죽백에 드리운다는 뜻으로, 공을 세워서 널리 이름을 떨치고 역사에 이름을 남김.

> 我但願明公威德加於四海
> 禹得效其尺寸垂功名於竹帛耳
>
> 【출전 : 후한서(後漢書) – 등우전(鄧禹傳)】
>
> 나는 다만 명공의 덕이 사해에 더해지기를 바랄 뿐이다. 나〔등우(鄧禹)〕는 얼마 안 되는 힘이나마 바쳐 공명을 역사에 기록되고자 할 뿐이다.

空手來空手去 공수래공수거

빌 空(공) / 손 手(수) / 올 來(래) / 갈 去(거)

빈손으로 왔다가 빈손으로 간다는 뜻으로, 인생의 허무함. 또는, 재물을 모으려고 너무 욕심 부리지 말것을 일컫는 말.

空中樓閣 공중누각 ▶ 砂上樓閣(사상누각), 蜃氣樓(신기루).

빌 空(공) / 가운데 中(중) / 다락 樓(누) / 누각 閣(각)

공중에 떠 있는 누각이라는 뜻으로, 근거나 현실성이 없는 가공(架空)의 사물.

登州海中 時有雲氣 如宮室臺觀
城堞人物 車馬冠蓋 歷歷可見
謂之海市 或曰 蛟蜃之氣所爲 疑不然也

【출전 : 몽계필담(夢溪筆談) - 이사(異事)】

등주〔登州 : 山東省〕는 삼면이 바다로 둘러싸여 있는데, 바다속에는 가끔 구름과 같이 공중에 나타나는 기(氣)가 발생한다. 그것은 마치 궁전이나 사원처럼 수평선 위로 누각들이 줄지어 있으며 성벽이나 사람, 수레와 말이 북적거리는 것이 똑똑히 보이는데, 이것을 해시(海市 : 신기루)라고 부른다. 비나 홍수를 일으키는 물의 신(神)이 이것을 만든다는 사람도 있지만, 그렇지는 않을 것이다.

功虧一簣 공휴일궤

공로 功(공) / 어질러질 虧(휴) / 한 一(일) / 삼태기 簣(궤)

공이 한 삼태기에 허물어졌다는 뜻으로, 산을 쌓아 올리는데 한 삼태기의 흙을 게을리 하여 완성을 보지 못함을 일컫는 말.

☞ 완성되어 가던 일을 중단했기 때문에 모두 허사가 됨.

為山九 功虧一簣 　　　　【출전 : 서경(書經) – 여오편(旅獒篇)】

"아홉 길 산을 만드는데, 그 공〔功〕이 한 삼태기〔簣〕로 무너졌다."

過恭非禮 과공비례

허물 過(과) / 공손할 恭(공) / 아닐 非(비) / 예도 禮(례)

지나치게 공손함은 예가 아니다라는 뜻으로, 지나친 공손은 오히려 예의에 어긋남을 일컫는 말.

誇大妄想 과대망상

자랑할 誇(과) / 큰 大(대) / 허망할 妄(망) / 생각 想(상)

자기의 위치를 사실보다 지나치게 높이 평가하는 망상이라는 뜻으로, 자기의 현재 상태를 바로보지 못하고 턱없이 과장해서 믿는 생각을 일컫는 말.

過猶不及 과유불급 ▶ 過如不及(과여불급)

지나칠 過(과) / 오히려 猶(유) / 아닐 不(불) / 미칠 及(급)

지나침은 미치지 못함과 같다라는 뜻으로, 지나친 것이나 모자란 것이 다 좋지 않음을 일컫는 말.

☞ 중용(中庸)의 중요함.

瓜田不納履 과전불납리 ▶ 李下不整冠(이하부정관)

오이 瓜(과) / 밭 田(전) / 아닐 不(불) / 들일 納(납) / 신발 履(리)

남의 오이밭에서 신을 고쳐 신으려 몸을 구부리지 말라는 뜻으로, 남의 의심을 받을 만한 일은 하지 말라는 말.

> 君子防未然 不處嫌疑問 瓜田不納履 李下不正冠
>
> 【출전 : 악부(樂府) – 군자행(君子行)】
>
> 군자(君子 : 학문과 덕이 높고 행실이 바르며 품위를 갖춘 사람)는 일이 일어나기 전에 미리 쓸데없는 의심을 받을 만한 처지에 자기를 두지 않는다. 오이밭에서 몸을 구부려 신을 고쳐 신지 않고, 오얏(자두)나무 아래에서는 갓이 비뚤어졌다고 해서 손을 들어 고쳐 쓰거나 하지 않는다.

過則勿憚改 과즉물탄개

허물 過(과) / 말(금지하다) 勿(물) / 꺼릴 憚(탄) / 고칠 改(개)

잘못이 있으면 즉시 고치기를 꺼려하지 말라는 말.

> 君子不重則威 學則不固 主忠信
> 無友不如己者 過則勿憚改
>
> 【출전 : 논어(論語) – 학이편(學而篇)】
>
> 군자는 진중하지 않으면 위엄이 없고, 학문을 익혀도 견고하지 못하며, 오직 충성과 믿음으로 중심을 삼되 자기보다 못한 사람은 사귀지 않으며, 허물이 있으면 그것을 고치기를 주저하지 않는다.

管見 관견 ▶ 井中之蛙(정중지와)

붓대 管(관) / 볼 見(견)

붓대롱으로 내다본다는 뜻으로, 바늘구멍 같은 좁은 소견이나
넓지 못한 식견을 일컫는 말.

☞ 자기 소견의 겸사말.

是直用管窺天 用錐指地也 不亦小乎

【출전 : 장자(莊子) – 추수편(秋水篇)】

이는 곧 붓대롱으로 하늘을 바라보고, 송곳을 가지고 땅을 가리키는
것이니 또한 작다 아니하겠는가.

管鮑之交 관포지교 ▶ 金石之交(금석지교)

피리 管(관) / 절인고기 鮑(포) / 갈(어조사) 之(지) / 사귈 交(교)

관중(管仲)과 포숙아(鮑淑牙)와 같은 사귐이라는 뜻으로, 매우
친한 친구 사이, 또는 허물없는 교제를 일컫는 말.

※ 管鮑(관포) : 춘추시대 제(齊)나라의 관중(管仲)과 포숙아(鮑淑牙)
을 일컫는 말로, 두 사람은 서로 깊이 이해(利害)했으며, 이해를 초
월한 교분을 나눈 데서 나온 말임.

生我者父母 知我者鮑淑也 此世稱管鮑善交者

【출전 : 열자(列子) – 역명(力命)】

"나를 낳아 준 이는 부모이지만, 진정으로 나를 알아주는 것은 포숙
아이다." 세상 사람들은 이러한 관중과 포숙아의 교분을 훌륭하다고
칭송하였다.

刮目相對 괄목상대

비빌 刮(괄) / 눈 目(목) / 서로 相(상) / 대할 對(대)

눈을 비비고 다시 본다라는 뜻으로, 주로 손아랫사람의 학식이
나 재주가 놀랍도록 향상된 경우에 이를 놀라워함을 일컫는 말.

至於今者 學識英博 非復吳下阿蒙
士別三日 卽更刮目相對 　　　【출전 : 삼국오지(三國吳志)】

"자네 이제 보니 학식이 대단해졌네. 이제 오(吳)나라의 시골구석에
있던 여몽이 아니로군." 그러자 여몽이 대답했다.
"무릇 선비란 헤어진 지 사흘이 지나면 눈을 비비고 다시 봐야 할 정
도로 달라져 있어야 하는 법이라네."

光陰如流 광음여류 ▶ 一寸光陰(일촌광음)

빛 光(광) / 그늘 陰(음) / 같을 如(여) / 흐를 流(류)

세월이 흐르는 물과 같다라는 뜻으로, 세월이 물과 같이 빠르게
흐르고 한번 지나면 되돌아오지 않음을 일컫는 말.

矯角殺牛 교각살우

바로잡을 矯(교) / 뿔 角(각) / 죽일 殺(살) / 소 牛(우)

쇠의 뿔을 바로 잡으려다가 소를 죽인다라는 뜻으로, 결점이나
흠을 고치려는 일이 지나치다 보면 오히려 일을 그르침을 일컫
는 말.

巧言令色 교언영색

공교할 巧(교) / 말씀 言(언) / 명령 令(령) / 빛 色(색)

꾸민 말과 꾸민 얼굴이라는 뜻으로, 남의 환심을 사기 위해 교묘히 꾸민 말과 아첨하는 얼굴빛을 일컫는 말.

> 子曰 巧言令色 鮮矣仁　　　　　【출전 : 논어(論語) – 학이(學而)】
>
> 공자께서 말씀하시길, "번드르르하게 꾸미는 말을 하고 얼굴빛을 좋게 꾸미는 사람은 어진 사람이 드물다."

膠柱鼓瑟 교주고슬

아교 膠(교) / 기둥 柱(주) / 북 鼓(고) / 큰거문고 瑟(슬)

비파나 거문고의 기둥을 아교풀로 붙인다라는 뜻으로, 비파나 거문고의 기둥을 아교풀로 붙여 버리면 한 가지 소리밖에 나지 않음으로, 융통성이 없이 소견이 꽉 막힌 사람을 일컫는 말.
☞ 고집불통.

> 藺相如曰 王以名使括 若膠柱而鼓瑟耳
> 括徒能讀其父書傳 不知合變也
> 　　　　　　　　　【출전 : 사기(史記) – 인상여전(藺相如傳)】
>
> 인상여(藺相如)가 말하길,
> "임금께서는 이름만 듣고 조괄을 임용하려고 하시지만, 이것은 마치 기둥을 아교로 붙여 두고 거문고를 타는 것과도 같습니다. 조괄은 그의 아버지가 전해준 것만을 읽었을 뿐, 변화에 대응할 줄을 모릅니다." 라고 하였다.

(그러나 임금은 인상여의 말을 듣지 않고 조괄을 대장에 임명하여 조나라 군사 40만이 전멸당하는 참패를 했다.)

狡兔死走狗烹 교토사주구팽 ▶ 兔死狗烹(토사구팽)

교활할 狡(교) / 토끼 兔(토) / 죽을 死(사) / 달릴 走(주) /
개 狗(구) / 삶을 烹(팽)

교활한 토끼가 모두 잡히면 사냥개를 삶는다는 뜻으로, 필요할 때는 소중히 여기다가 그것이 쓸모가 없어지면 버려지는 것을 일컫는 말.

☞ 적국이 망하고 나면, 충신도 쓸모가 없어져서 죽임을 당함.

> 狡兔死 走狗烹 高飛鳥盡 良弓藏
>
> 【출전 : 사기(史記) − 회음후열전(淮陰侯列傳)】
>
> 날랜 토끼를 잡고 나면 사냥개도 쓸모가 없어져서 잡아 먹히게 되고, 하늘 높이 나는 새를 다 잡으면 좋은 활도 쓸모가 없어져 곳간에 처박힌다(적국을 쳐부수고 나면 지혜 있는 신하는 버림을 받는다고 하더니 내가 죽게 되었구나).

九曲肝腸 구곡간장

아홉 九(구) / 굽을 曲(곡) / 간 肝(간) / 창자 腸(장)

굽이굽이 깊이 서린 간과 창자라는 뜻으로, 깊은 마음속, 또는 시름이 쌓인 마음속을 비유하여 일컫는 말.

口蜜腹劍 구밀복검

입 口(구) / 꿀 蜜(밀) / 배 腹(복) / 칼 劍(검)

입에는 꿀이 있고(달콤한 말을 하면서) 뱃속에는 칼을 지녔다는
뜻으로, 겉으로는 좋은 말로 친한 척하지만 속으로는 해칠 생각
을 품고 있음을 일컫는 말.

李林甫 妬賢嫉能 性陰險 人爲口有蜜腹有劍

【출전 : 십팔사략(十八史略)】

이임보는 현명한 사람을 미워하고 능력 있는 사람을 질투하여 자기보
다 나은 사람을 배척하고 억누르는 성격이 음험한 사람이다. 사람들
이 그를 보고 '입에는 꿀이 있고 배에는 칼이 있다' 라고 말했다."

九死一生 구사일생

아홉 九(구) / 죽을 死(사) / 한번 一(일) / 날 生(생)

아홉 번 죽어 한 번 살아난다는 뜻으로, 죽을 고비를 여러 번 넘
기고 간신히 살아남을 일컫는 말.

九數之極也 以此遇害 雖九死無一生 未足悔恨

【출전 : 초사(楚辭) - 이소(離騷)·왕일주(王逸注)】

아홉은 수의 끝이다. 이 때문에 재앙을 만날 것이다. 비록 아홉 번 죽
어서 한 번을 살아나지 못한다 할지라도 아직 후회하고 원한을 품기
에는 족하지 못하다.

口尚乳臭 구상유취

입 口(구) / 오히려 尚(상) / 젖 乳(유) / 냄새 臭(취)

입에서 아직도 젖내가 난다는 뜻으로, 하는 말과 하는 짓이 유치함을 비유하여 일컫는 말.

漢王問 魏大將誰也 對曰 柏直
王曰 是口尚乳臭 不能當吾韓信

【출전 : 한서(漢書) - 고제기(高帝記)】

한왕(漢王 : 劉邦)이 묻기를, "위나라의 장수는 누구인가?"
대답하길, "백직(柏直)입니다."
그러자 한왕은 다음과 같이 말하였다.
"그놈이라면 아직 입에 젖내가 남아 있는 풋내기이니 우리 한신을 당할 놈이 못 된다."

九牛一毛 구우일모 ▶ 滄海一粟(창해일속)

아홉 九(구) / 소 牛(우) / 한 一(일) / 터럭 毛(모)

여러 마리 소의 많은 털 중에서 한 가닥의 털이라는 뜻으로, 대단히 많은 것 중의 아주 적은 것을 일컫는 말.

假令僕伏法受誅 若九牛亡一毛 與螻蟻何以異

【출전 : 사마천(司馬遷) - 보임소경서(報任小卿書)】

가령 내가 법의 심판을 받아 처형된다 하더라도 아홉 마리 소의 많은 털 중에 한 개의 털과 다를 것이 없고 벌레가 죽는 것과 무엇이 다르리오.

口耳之學 구이지학

입 口(구) / 귀 耳(이) / 갈(어조사) 之(지) / 배울 學(학)

귀로 들은 것을 그대로 입으로 옮기는 학문이라는 뜻으로, 남에게서 배운 것을 그대로 전할 정도밖에 되지 않는 학문을 일컫는 말.

☞ 자기 것으로 만들지 못한 학문.

> 小人之學也 入乎耳 出乎口 口耳之間
> 則四寸耳 曷足以美七尺之軀哉
>
> 【출전 : 순자(荀子) - 권학(勸學)】
>
> 소인의 학문은 귀로 들어간 것이 바로 입으로 나와 버린다. 귀와 입 사이의 겨우 네 치 되는 곳을 지나칠 뿐이다. 어찌 7척의 몸을 채울 수 있겠는가.

口禍之門 구화지문 ▶ 駟不及舌(사불급설)

입 口(구) / 재앙 禍(화) / 갈(어조사) 之(지) / 문 門(문)

입이 재앙을 불러들이는 문이 된다는 뜻.

> 口是禍之門 舌是斬身刀 閉口深藏舌 安身處處牢
>
> 【출전 : 설시(舌詩)】
>
> 입은 곧 재앙의 문이요, 혀는 곧 몸을 베는 칼이다. 입을 닫고 혀를 깊이 감추면 가는 곳마다 일신이 편안하다.

群輕折軸 군경절축

무리 群(군) / 가벼울 輕(경) / 꺾을 折(절) / 바퀴 軸(축)

아무리 가벼운 무리들이라도 많이 모이면 수레바퀴도 부러뜨린다는 뜻으로, 적은 힘도 합하면 큰 힘이 됨.

群盲象評 군맹상평

무리 群(군) / 소경 盲(맹) / 코끼리 象(상) / 평할 評(평)

여러 명의 소경이 코끼리를 평한다라는 뜻으로, 모든 사물을 자기 주관과 좁은 소견으로 잘못 판단함을 일컫는 말.

君命有所不受 군명유소불수

임금 君(군) / 명령 命(명) / 있을 有(유) / 바 所(소) /
아닐 不(불) / 받을 受(수)

임금의 명령도 받아들여지지 않을 때가 있다라는 뜻으로, 전쟁을 수행 중인 장수는 경우에 따라 임금의 명령도 거역할 수 있음을 일컫는 말.

> 穰苴高喊曰 將在軍時 君命有所不受
>
> 【출전 : 사기(史記) - 진기(晉記)】
>
> 양저가 소리 높여 말하였다.
> "장수가 군에 있을 때에는 임금의 명령도 받아 들일 수 없는 경우가 있다."

君子三樂 군자삼락 ▶ 益者三樂(익자삼요)

임금 君(군) / 아들 子(자) / 석 三(삼) / 즐길 樂(낙)

군자의 세 가지 즐거움이라는 뜻으로, 부모가 다 살아계시고, 형제가 무고하고 하늘과 사람에게 부끄러워할 것이 없으며 천하의 영재를 얻어서 교육하는 즐거움을 일컫는 말.

君子有三樂 父母俱存兄弟無故一樂也
仰不愧於天俯不怍於人二樂 也
得天下英才敎育之三樂也　　　　　【출전 : 논어(論語)】

군자에게는 세 가지 즐거움이 있다.
"부모가 모두 살아계시고 형제가 무고한 것이 첫째 즐거움이요, 하늘을 우러러 부끄러움이 없고 사람을 굽어보아도 부끄럽지 않음이 둘째 즐거움이요, 천하의 영재를 얻어 교육하는 것이 셋째 즐거움이다."

掘墓鞭屍 굴묘편시

팔 掘(굴) / 무덤 墓(묘) / 채찍 鞭(편) / 주검 屍(시)

묘를 파헤쳐 시체를 채찍질한다라는 뜻으로, 가혹한 복수를 함을 일컫는 말.

日暮途遠 倒行逆施　　　　　　　　【출전 : 사기(史記)】

"나는 날은 저물고 길은 멀어서, 그렇기 때문에 거꾸로 걸으며 거꾸로 일을 했다." (오자서(伍子胥)가 아버지와 형을 역적으로 몰아 죽인 초나라의 평왕(平王)의 무덤을 파헤치고 시체를 꺼내 철장(鐵杖)으로 3백 대를 내리친 데서 유래되었으며, 통쾌한 복수의 뜻으로도 쓰이지만 행동이 지나친 경우를 말할 때도 쓰인다.)

堀井取水 굴정취수

굴(팔) 堀(굴) / 우물 井(정) / 취할 取(취) / 물 水(수)

우물을 파서 물을 얻는다라는 뜻으로, 굳센 의지로 땅을 뚫고 내려가듯이 한 가지 일에 몰두함.

窮鼠囓猫 궁서설묘

궁할 窮(궁) / 쥐 鼠(서) / 물 囓(설) / 고양이 猫(묘)

궁지에 몰린 쥐가 고양이를 문다라는 뜻으로, 약자라도 궁지에 몰리면 필사적으로 강적에게 대항함을 비유하여 일컫는 말.

> 死不再生 窮鼠囓猫 匹夫奔萬乘
> 舍人折弓 陳勝吳廣是也
>
> 【출전 : 염철론(塩鐵論) – 조성(詔聖)】

죽으면 다시는 살아나지 못하므로, 궁지에 몰린 쥐가 고양이를 물듯이, 신분이 낮은 자가 만승(萬乘)의 천자를 친다든지, 신하가 활을 꺾은 죄를 두려워하여 군주를 죽인다든지 하고 있다. '진승(陳勝)과 오광(吳廣)의 반란'이 바로 그 예이다.

窮餘一策 궁여일책 ▶ 窮餘之策(궁여지책)

궁할 窮(궁) / 남을 餘(여) / 한 一(일) / 꾀 策(책)

매우 궁한 나머지 짜낸 한 가지 계책이라는 뜻으로, 막다른 처지에서 짜내는 한 가지 계책.

窮鳥入懷 궁조입회

궁할 窮(궁) / 새 鳥(조) / 들 入(입) / 품 懷(회)

쫓기던 새가 사람의 품안으로 날아든다라는 뜻으로, 궁지에 몰린 때에는 적에게도 의지함을 일컫는 말.

窮鳥入懷 仁人所憫 況死士歸我 當棄之乎

【출전 : 안씨가훈(顔氏家訓) - 성사(省事)】

달아날 곳을 잃은 새가 사람 품속으로 날아 들어오면 사람은 가련하게 여겨 돕고 지켜 줄 것이다. 하물며 궁지에 몰려 죽음을 각오하고 있는 사람이 도움을 청해 의지해 왔을 때에는 그를 어찌 저버릴 수 있겠는가.

權謀術數 권모술수 ▶ 權謀術策(권모술책)

권세 權(권) / 꾀할 謨(모) / 재주 術(술) / 셈할 數(수)

모략과 중상 등 온갖 수단과 방법을 다 쓴다라는 뜻으로, 목적을 위해서는 온갖 수단으로 남을 교묘하게 속이는 모략이나 술수를 일컫는 말.

權謨傾覆之人退 則賢良知聖之 士案自進矣

【출전 : 순자(荀子) - 한비자(韓非子)】

책략을 써서 나라를 전복시키려는 인물이 물러나면, 어질고 지혜 있는 사람이 저절로 나타날 것이다.

權不十年 권불십년 ▶ 花無十日紅(화무십일홍)

권세 權(권) / 아닐 不(불) / 열 十(십) / 해 年(년)

권세는 십 년을 넘지 못한다라는 뜻으로, 권력이나 세도가 오래
가지 못하고 늘 변함을 일컫는 말.

勸善懲惡 권선징악

권할 勸(권) / 착할 善(선) / 혼날 懲(징) / 악할 惡(악)

착한 일을 권장하고 악한 일을 징계한다는 뜻.

> 若夫慶賞以勸善 刑罰以懲惡 先王執此之政
> 堅如金石 行此之令 信如四時
>
> 【출전 : 한서(漢書) - 가의전(賈誼傳)】

상금을 내려서 선(善)을 장려하고, 형벌을 주어 악(惡)을 응징한다는
것이 정치의 요체이다. 선왕(先王)은 이러한 정사를 펴나감에 금석(金
石)과 같이 굳건히 지키고, 영(令)을 행함에 있어 춘하추동, 사철과 같
이 질서 정연하였다.

捲土重來 권토중래

말 捲(권) / 흙 土(토) / 거듭할 重(중) / 올 來(래)

흙을 말아 올릴 기세로 다시 쳐들어온다라는 뜻으로, 한 번 패
하였다가 세력을 회복하여 다시 일어나 공격함을 일컫는 말.

勝敗兵家不可期 包羞忍恥是男兒
江東子弟才俊多 倦土重來未不知

【출전 : 두목시(杜牧詩) - 오강정장(烏江亭長)】

이기고 지는 것은 병가라도 기약할 수 없는 일이다.
부끄러움을 안고 욕됨을 견디는 것이 사나이 아니겠는가.
강동의 자제들 중에는 인재가 많으니
(강동으로 돌아가) 힘을 돌이켜 다시 일어서면 어찌 될지 알 수 없을
것이다

歸去來辭 귀거래사 ▶ 歸去來(귀거래)

돌아갈 歸(귀) / 갈 去(거) / 올 來(래) / 말씀 辭(사)

되돌아간다. 벼슬을 그만두고 고향으로 돌아간다라는 뜻으로,
벼슬에서 물러나 자신의 뜻에 따라서 자연을 사랑하는 생활로
되돌아감.

歸去來兮 請息交以游 世與我而相遺
復駕言兮焉求 悅親戚之情話 樂琴書以消憂
農人告余以春及 將有事于西疇 或命巾車
或棹孤舟 旣窈窕以尋壑赤崎嶇而經丘

【출전 : 도연명(陶淵明) - 귀거래사(歸去來辭)】

자, 돌아가자. 숨 막히는 이 세속(世俗)의 교류를 끊어 버리자. 세상과
나와의 관계를 일체 버리는 것이다. 이제 와서 다시 벼슬자리에 계속
눌러 있은들 무엇을 더 얻으리오.
따뜻한 피붙이들의 말을 기꺼이 여기고, 거문고 소리를 들으며, 책을

읽고, 수심을 날려 버리자. 농부가 봄이 찾아왔음을 나에게 알리고, 서쪽 논밭에서 일이 시작된다고 한다.
잡목으로 만든 지붕을 얹은 수레를 준비시켜서 타기도 하고 작은 배를 젓기도 하며, 깊은 골짜기를 찾아가며, 험한 언덕을 지나간다.

近墨者黑 근묵자흑

가까울 近(근) / 먹 墨(묵) / 놈 者(자) / 검을 黑(흑)

먹을 가까이 하면 검어진다라는 뜻으로, 나쁜 사람을 가까이 하면 거기에 물들기 쉬움을 일컫는 말.

金科玉條 금과옥조

금 金(금) / 과목 科(과) / 구슬 玉(옥) / 가지 條(조)

금옥(金玉)과 같은 법률이라는 뜻으로, 금이나 옥같이 소중히 여기고 지켜야 할 규칙이나 교훈.

金科玉條 神卦靈兆 古文畢發
煥炳照曜 靡不宣臻

【출전 : 양웅(揚雄) − 극진미신(劇秦美新)】

훌륭한 제도와 귀한 법률과 신령한 점(占)을 살렸으며, 옛날의 귀중한 전적(典籍)이 모두 세상에 나타나 빛을 발하며, 천하의 구석구석까지 널리 퍼져 있다.

金蘭之契 금란지계 ▶ 管鮑之交(관포지교)

금 金(금) / 난초 蘭(난) / 갈(어조사) 之(지) / 맺을 契(계)

금(金)과 난(蘭) 같은 맺음이라는 뜻으로, 사이좋은 벗끼리 마음을 합치면 단단한 쇠도 자를 수 있고, 우정의 아름다움은 난의 향기와 같다는 것으로, 아주 친밀한 친구 사이를 일컫는 말.

二人同心 其利斷金 同心之言 其臭如蘭

【출전 : 역경(易經) – 계사전(繫辭傳)】

두 사람이 마음을 합해 일을 하면 마치 예리한 날로 쇠붙이를 자르듯, 어떠한 난관도 헤쳐 나갈 수 있다. 또한 그들이 마음을 합쳤을 때에 나오는 말은, 난꽃 향기처럼 높은 덕이 넘쳐 먼 곳에 있는 사람들에게까지 영향을 미친다.

錦上添花 금상첨화

비단 錦(금) / 위 上(상) / 더할 添(첨) / 꽃 花(화)

비단 위에 꽃을 더한다라는 뜻으로, 좋은 일에 또 좋은 일이 더하여짐을 일컫는 말.

嘉招欲覆杯中淥 麗唱仍添錦上花 便作武陵
樽俎客 川源應米少紅霞

【출전 : 왕안석시(王安石詩) – 즉사(卽事)】

즐거운 잔치에 초대되어 술잔을 기울이는데 아름다운 노랫소리는 비단 위에 다시 꽃을 더한다. 문득 무릉의 술과 안주를 즐기는 손님이 되어 내(川) 근원엔 응당 붉은 노을이 적지 않으리라.

金城湯池 금성탕지

쇠 金(금) / 성곽 城(성) / 끓일 湯(탕) / 못 池(지)

끓어오르는 못에 둘러싸인 쇠로 만든 성이라는 뜻으로, 수비가
철벽같아 가까이 갈 수 없는 견고한 성을 일컫는 말.

☞ 견고한 경비 태세를 갖춤.

> 必將嬰城固守 皆爲金城湯池
>
> 【출전 : 한서(漢書) – 괴통전(蒯通傳)】
>
> 철통같은 수비로써 더욱 싸울 준비를 충실히 갖추고자, 모두 끓는 물
> 의 못에 둘러싸인 강철 성〔金城湯池〕을 이루고 당신의 군대를 기다릴
> 것입니다.

琴瑟相和 금슬상화

거문고 琴(금) / 비파 瑟(슬) / 서로 相(상) / 고를 和(화)

작은 거문고와 비파가 어울려서 좋은 소리를 낸다는 뜻으로, 부
부의 정이나 형제의 사이가 썩 좋음.

> 妻子好合 如鼓琴瑟 兄弟旣翕 和樂且湛
>
> 【출전 : 시경(詩經)】
>
> 처자와의 좋은 화합은 비파와 거문고를 타는 것과 같으며, 형제가 이
> 미 화합하니 화락하고 또한 즐겁다.

錦衣夜行 금의야행

비단 錦(금) / 옷 衣(의) / 밤 夜(야) / 다닐 行(행)

비단 옷을 입고 밤길을 간다라는 뜻으로, 아무 보람 없는 일이나 생색 나지 않는 쓸데없는 일을 자랑삼아 하는 것을 비유하여 일컫는 말.

☞ 아무리 잘해도 남이 알아주지 않음.

> 富貴不歸故鄕 如錦衣夜行 誰知之者乎
>
> 【출전 : 한서(漢書) – 항우전(項羽傳)】
>
> "부귀를 이루고도 고향으로 돌아가지 않는다면 비단옷을 입고 밤길을 걷는 것과 같은데, 누가 알아 주겠는가?"
> 〔항우의 눈에는 관중(함양)이 황량한 폐허일 뿐이었다. 항우는 하루바삐 고향(팽성)으로 돌아가 자신을 과시하고 싶었다.〕

錦衣還鄕 금의환향

비단 錦(금) / 옷 衣(의) / 돌아올 還(환) / 고향 鄕(향)

비단 옷을 입고 고향에 돌아온다라는 뜻으로, 입신출세하여 성공을 거둔 후, 떳떳하게 고향에 돌아옴.

> 卿母年德竝高 故令卿衣錦還鄕 盡榮養之理
>
> 【출전 : 양서(梁書) – 유지린전(劉之遴傳)】
>
> 〔남양(南陽) 출신인 유지린(劉之遴)이 남군태수(南郡太守)로 승진했을 때에 양(梁)나라 무제(武帝)가 말하였다.〕
> "그대의 모친은 나이가 많고 덕망이 높으니, 그대에게 비단 옷을 입고 고향으로 돌아가, 마음껏 효도할 수 있도록 해 주리라."

金枝玉葉 금지옥엽

금 金(금) / 가지 枝(지) / 구슬 玉(옥) / 잎 葉(엽)

황금빛 나뭇가지와 옥빛 나는 잎사귀라는 뜻으로, 임금의 자손이나 귀여운 자식. 또는 아름답고 상서로운 구름을 비유하여 일컫는 말.

常有五色雲氣 金枝玉葉 止於帝上

【출전 : 고금주(古今注) - 여복(輿服)】

상서로운 조짐으로써 오색의 찬란한 구름이 나타났는데, 마치 황금이나 옥으로 되어 있는 상서로운 구름이 황제의 머리 위에 길게 뻗쳐 있는 것과 같았다.

氣高萬丈 기고만장

기운 氣(기) / 높을 高(고) / 일만 萬(만) / 길이 丈(장)

기운의 높이가 만 길이나 된다라는 뜻으로, 일이 뜻대로 잘 되어 기세가 대단하거나, 화를 낼 때 지나치게 자만하는 형세.

驥服鹽車 기복염차

천리마 驥(기) / 옷 服(복) / 소금 鹽(염) / 수레 車(차 · 거)

천리마가 소금 수레를 끈다는 뜻으로, 아주 훌륭한 인재가 낮은 지위에 있거나 하찮은 일에 쓰임을 비유하여 일컫는 말.

起死回生 기사회생

일어날 起(기) / 죽을 死(사) / 돌 回(회) / 날 生(생)

죽음에서 삶을 회복한다라는 뜻으로, 절망적인 상태에서 다시 살아남. 또는 죽어가고 있는 환자를 살림.

箕山之節 기산지절

키 箕(기) / 산 山(산) / 갈(어조사) 之(지) / 마디 節(절)

기산의 절개라는 뜻으로, 굳은 절개나 자신의 신념에 충실함을 일컫는 말.

※ 箕山(기산) : 중국 하북성 북서쪽에 있는 산으로 요(堯)임금 때 은 자인 소보(巢父)와 허유(許由)가 숨어 살던 곳.

중국 요임금 때 허유(許由)는 요임금이 자신에게 임금의 자리를 양위하겠다는 말을 듣고는 기산(箕山)으로 들어가 숨어 살았다.
그 후 요임금은 허유에게 9주의 장으로 삼으려 한다는 소리를 듣고 귀가 더럽혀졌다 하여 영천으로 가 귀를 씻었다. 때마침 소보(巢父)라는 사람이 소에게 물을 먹이기 위해 그곳으로 갔는데, 귀를 씻고 있는 허유의 행동을 보고는 물었다.
"영천에 와서 귀를 씻는 것은 무슨 까닭입니까?"
"요임금이 나에게 임금 자리를 영위하려 하더니 이제는 9주의 장을 맡기려 하오. 나는 이 말을 듣고 내 귀가 더럽혀진 것 같아 씻는 것이오."
허유의 말을 들은 소보는 소에게 물을 먹이려던 것을 멈추고 상류로 발길을 돌렸다.
"더러운 말을 들은 귀를 씻었으니 이 물 또한 더럽혀졌을 것이다. 그런 물을 내 소에게 먹일 수는 없다."
그 후 소보 또한 기산으로 들어가 나무 위에 집을 짓고 살았다고 한다.

【출전 : 한서(漢書) - 포선전】

旣往不咎 기왕불구

이미 旣(기) / 갈 往(왕) / 아닐 不(불) / 허물 咎(구)

이미 지난 일은 탓하지 아니한다라는 뜻으로, 지난 잘못을 책망해도 소용없음을 일컫는 말.

成事不說 遂事不諫 旣往不咎　　　【출전 : 논어(論語)】

이루어진 일이라 말하지 않고, 되어버린 일이라 간하지 않으며, 이미 지나간 일이라 허물을 탓하지 않는다.
(이미 지나간 일을 가지고 이러쿵저러쿵 해봐야 아무런 소용이 없다.)

杞憂 기우

나라이름(구기자나무) 杞(기) / 근심 憂(우)

杞(기)나라의 근심이라는 뜻으로, 장래의 일에 대한 쓸데없는 걱정이나 부질없는 근심을 일컫는 말.

杞國有人 憂天地崩墜 身亡所寄 廢寢食者

【출전 : 열자(列子) – 천서(天瑞)】

기(杞)나라에는 하늘이 무너져 내리고 땅이 꺼져서 몸 둘 곳이 없어지지 않을까 걱정하여, 밤에 잠도 제대로 자지 못하고, 음식도 제대로 먹지 못하는 사람이 있었다.

騎虎之勢 기호지세

탈 騎(기) / 범 虎(호) / 갈(어조사) 之(지) / 기세 勢(세)

호랑이를 타고 달리는 기세라는 뜻으로, 중도에 포기할 수 없는 상황을 일컫는 말.

☞ 일단 시작한 일은 도중에서 그만두지 못하고 그 기세를 타고 그대로 밀고 나감.

大事已然 騎虎之勢 必不得下 勉之

【출전 : 수서(隋書) – 독고황후전(獨孤皇后傳)】

"이미 국가의 대사입니다. 이제는 호랑이를 타고 달리기 시작한 형국과 같아서, 내리면 먹히고 맙니다. 기세를 타고 달려가야만 합니다. 부디 힘을 내십시오."

奇貨 기화

기이할 奇(기) / 재화 貨(화)

기이한 보화라는 뜻으로, 요긴하게 이용할 수 있는 뜻밖의 물건이나 기회를 일컫는 말.

此奇貨 可居

【출전 : 사기(史記) – 여불위전(呂不韋傳)】

진기한 보물이다. 차지해야 한다.
(이것이야말로 기화로다. 사두면 훗날 큰 이익을 얻게 될 것이다.)

落魄 낙백

떨어질 落(낙) / 넋 魄(백)

넋이 달아나다라는 뜻으로, 모든 일이 뜻대로 되지 않아 형편이
어려운 상태를 일컫는 말.

> ## 家貧落魄 無以爲衣食業
>
> 【출전 : 사기(史記) – 역생육가열전(酈生陸賈列傳)】
>
> (역생 역이기는 진류 고양 사람으로 글읽기를 좋아했으나 집이 몹시
> 가난하고 일이 뜻대로 되지 않아, 입고 먹기 위한 일을 하는 것이 없
> 었다.)
> 집이 가난한 것이 낙백(落魄)이요, 입고 먹을 벌이마저 할 수 없는 처
> 지가 낙백이다.

落花流水 낙화유수

떨어질 落(낙) / 꽃 花(화) / 흐를 流(유) / 물 水(수)

떨어지는 꽃잎과 흐르는 물이라는 뜻으로, 봄 경치. 또는 서로
그리워하는 남녀의 마음이나 관계를 일컫는 말.
☞ 사람이나 사회가 영락(零落)하고 쇠퇴해 가는 것을 뜻함.

落花流水認天臺 半醉間吟獨自來
惆悵仙翁何處去 滿庭紅杏碧桃開

【출전 : 고변시(高邊詩) － 방은자불우(訪隱者不遇)】

지는 봄꽃이 강물에 흐르고, 그 저편에서는 천대산(天臺山)이 우뚝 솟아 있다. 반쯤 술에 취해 조용히 노래를 읊조리며 홀로 찾아왔더니 아, 슬프도다. 저 신선은 어디로 갔느냐. 뜰에는 울긋불긋 살구꽃과 복숭아꽃이 만발했구나.

亂世之英雄 난세지영웅

어지러울 亂(난) / 세대 世(세) / 갈(어조사) 之(지) / 꽃부리 英(영) /
뛰어날 雄(웅)

어지러운 세상에 큰일을 이루는 인물.

君淸平之姦賊 亂世之英雄 操大悅而去

【출전 : 후한서(後漢書)】

당신은 태평한 세상에서는 간적(奸賊 : 간사한 도둑)이지만 난세(亂世)에는 큰일을 해낼 인물이다." (그말을 들은 조조는 크게 기뻐하였다.)

難兄難弟 난형난제 ▶ 伯仲之間(백중지간)

어려울 難(난) / 맏이 兄(형) / 아우 弟(제)

누구를 형이라 하고 누구를 아우라 하기 어렵다는 뜻으로, 두 사물이 서로 비슷하여 낮고 못함을 가리기 어려움.

陳元方子長文有英才 與季方子孝先 各論其父功德
爭之不能決 咨於太丘 太丘曰 元方難爲兄
季方難爲弟　　　　　　【출전 : 세설신어(世說新語) − 덕행(德行)】

진원방의 아들인 장문(長文)은 머리가 좋았다.
원방의 형제인 계방(季方)의 아들 효선(孝先)과 서로 자신의 아버지 자랑을 하다가, 언제까지 결판이 나지 않으므로 태구에게 자문을 구했다.
그러자 태구는 "원방이 더 낫다고 하기도 어렵고, 계방이 더 못하다 하기도 어렵다."고 말하였다.

南柯一夢 남가일몽 ▶ 一場春夢(일장춘몽)

남녘 南(남) / 나뭇가지 柯(가) / 한 一(일) / 꿈 夢(몽)

남쪽 나뭇가지에서의 꿈이라는 뜻으로, 덧없는 한때의 허망한 꿈이나 부귀영화를 일컫는 말.

生感南柯之浮虛 悟人生之倏忍 遂棲心道門
絕棄酒色 後三年歲在丁丑 亦終於家
時年四十七 將符宿契之限矣

【출전 : 이공좌(李公佐) − 남가기(南柯記)】

그는(순우분) 남쪽 나뭇가지에서의 꾼 꿈에 인생의 허무함을 느끼고, 인생의 덧없음을 깨달아, 술과 여자를 멀리하고 도(道)에만 전념하게 되었다. 3년이 지나 정축년에 집에서 죽었는데, 47세로 남가국에서 약속한 기한에 죽었다.

南橘北枳 남귤북지 ▶ 江南橘化爲枳(강남귤화위지)

남녘 南(남) / 귤 橘(귤) / 북녘 北(북) / 탱자나무 枳(지)

남쪽 지방의 귤나무를 북쪽 지방에 옮겨 심으면 탱자나무가 된다는 뜻으로, 사람이 장소나 환경에 따라 선하게도 되고 악하게도 됨을 일컫는 말.

晏子避席對曰 嬰聞之 橘生淮南則爲橘
生淮北則爲枳 葉徒相似 其實味不同
所以然者何 水土異也

【출전 : 안자춘추(晏子春秋)】

안자는 자리에서 일어서 앉음새를 고치고 대답하길,
"제가 듣기에, 귤나무는 회남(淮南)에 심으면 귤이 되고, 회북에 심으면 탱자가 된다고 합니다. 이 둘은 잎은 비슷하나 그 열매의 맛은 전혀 다릅니다. 그것은 풍토가 서로 다르기 때문이라고 합니다."

男負女戴 남부여대

사내 男(남) / 질 負(부) / 여자 女(여) / 일 戴(대)

남자는 등에 지고 여자는 머리에 인다라는 뜻으로, 가난한 사람 또는 재난을 당한 사람들이 살 곳을 찾아 이리저리 떠돌아다님을 일컫는 말.

囊中之錐 낭중지추

주머니 囊(낭) / 가운데 中(중) / 갈(어조사) 之(지) / 송곳 錐(추)

주머니 속의 송곳이라는 뜻으로, 재능이 뛰어난 사람은 어디에 있어도 그 재능이 드러남.

路柳墻花 노류장화

길 路(노) / 버들 柳(류) / 담 墻(장) / 꽃 花(화)

누구나 쉽게 꺾을 수 있는 길가의 버들과 담 밑의 꽃이란 뜻으로, 기생·창녀를 일컬음.

老馬之智 노마지지

늙다 老(노) / 말 馬(마) / 갈(어조사) 之(지) / 지혜 智(지)

늙은 말의 지혜라는 뜻으로, 오랜 경험에서 나오는 지혜. 모든 것은 나름대로의 장점과 특징이 있음을 일컫는 말.

管仲隰朋 從於桓公而伐孤竹 春往冬反
迷惑失道 管仲曰 老馬之智可用也
乃放老馬而隨之 遂得道行

【출전 : 한비자(韓非子) ─ 세림(說林)】

관중과 습붕 두 사람이 제환공을 따라 고죽국이라는 작은 나라를 정벌했다. 그런데 갈 때는 봄이었는데, 돌아올 때는 겨울이 되어 길을 잃고 말았다.
그러자 관중이, "이럴 때에는 늙은 말의 지혜가 도움이 됩니다."
늙은 말을 풀어놓고 전군이 그 뒤를 따라가니, 곧 큰 길을 찾게 되었다.

綠陰芳草 녹음방초

푸를 綠(녹) / 그늘 陰(음) / 꽃다울 芳(방) / 풀 草(초)

나뭇잎이 푸르게 우거지고 향기 좋은 풀이란 뜻으로, 여름철의 자연 경치를 일컫는 말.

論功行賞 논공행상 ▶ 信賞必罰(신상필벌)

논할 論(논) / 공로 功(공) / 다닐 行(행) / 상줄 賞(상)

공을 따져 상을 준다라는 뜻으로, 논공이란 공로의 크고 작음을 조사하는 것으로, 공(功)이 있고 없음이나 크고 작음을 따져 거기에 알맞은 상을 줌을 일컫는 말.

> 吳將諸葛瑾張霸等寇襄陽
> 撫軍大將軍司馬宣王討破之 斬霸
> 征東大將軍曹休又破其別將於尋陽
> 論功行賞名有差   【출전 : 삼국지(三國志)】

오(吳)나라의 장수 제갈근과 장패 등이 양양을 침공했으므로, 무(撫)군 대 장군 사마선왕이 이를 쳐서 격파하고 장패를 베었다. 정동 대장군인 조휴는 또한 별동대(別動隊)를 심양에서 격파하였다. 공에 따라서 주어지는 포상은 그 공에 합당하게 각각에게 주어졌다.

壟斷 농단

언덕 壟(롱) / 끊다 斷(단)

높이 솟은 언덕이라는 뜻으로, 이익을 혼자 차지함. 권력을 독점하여 국정을 좌지우지함을 일컫는 말.

☞ 시장에서 가장 높은 곳에 올라 가서 자기 물건을 팔기 좋은 장소를 살펴 그곳에서 많은 물건을 팔아 이익을 독차지함.

古之爲市也 以其所有 易其所無者
有賤丈夫焉 必求壟斷而登之
以左右望而罔市利

【출전 : 맹자(孟子) - 공손추(公孫丑)】

옛날의 저잣거리는 물품을 서로 바꾸는 곳이었다. 어떤 사람이 저자거리의 높은 언덕을 찾아서 거기에 올라가 좌우를 둘러보면서 이익이 남을 듯한 거래를 확인한 후에 시장에서 생기는 이익을 모조리 독차지하였다.

累卵之危 누란지위 ▶ 危如累卵(위여누란)

포갤 累(누) / 계란 卵(란) / 갈(어조사) 之(지) / 위태할 危(위)

쌓아올린 계란의 위태로움이라는 뜻으로, 쌓아올린 계란처럼 매우 불안정하고 위험한 상태라는 말.

魏有張祿先生 天下辯士也 曰 秦王之國
危於累卵 得臣則安 然不可以書傳也
臣故載來

【출전 : 사기(史記) - 범저(范雎)】

"위나라의 장록(張祿) 선생은, 뛰어난 변설가입니다. 그가 말하길, 진나라는 지금 계란을 쌓아올린 것처럼 금방이라도 무너질 듯이 위태로운 처지랍니다. 그렇지만 진나라가 자기를 받아들여 자신이 신하가 된다면 진나라는 평안을 유지할 수 있다고 하는데, 이것을 글로써 전할 수 없다기에 신이 모시고 왔습니다."

能書不擇筆 능서불택필 ▶ 不擇之筆(불택지필)

능할 能(능) / 글 書(서) / 아닐 不(불) / 가릴 擇(택) / 붓 筆(필)

글씨를 잘 쓰는 사람은 붓을 가리지도 않고 탓하지도 않음을 일컫는 말.

☞ 일 못하는 목수가 연장 탓하거나 서투른 무당이 장구 탓한다라는 말에 반하는 말.

遂良曰 孰與詢 曰吾聞詢不擇紙筆 皆得如志
君豈得此 遂良曰 然則何如 世南曰
君若手和筆調 固可貴尙

【출전 : 구양순전(歐陽詢傳)】

(저수량은 좋은 붓과 먹이 없으면 글씨를 쓰려 하지 않았다.) 저수량이 우세남에게 글씨에 대해 묻기를, "내 글씨와 구양순의 글씨를 비교한다면 어떻습니까?"
우세남이 대답하길, "구양순은 종이나 붓을 가리지 않으면서도 마음대로 글씨를 쓸 수 있었다〔能書〕고 하오. 그러니 자네는 (아직 종이나 붓에 구애를 받고 있는 모양이니) 구양순을 따르지 못할 것 같소."
저수량이 다시 묻기를, "그렇다면 어떻게 해야 할까요?"
그러자 우세남이, "자네가 만약 손과 붓이 잘 어울린다면 진실로 고상한 글씨가 될 것일세."

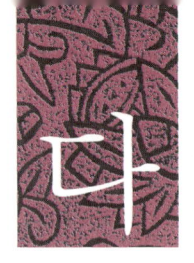

多岐亡羊 다기망양

많을 多(다) / 갈림길 岐(기) / 잃을 亡(망) / 양 羊(양)

갈래 길이 많아 양을 잃었다라는 뜻으로, 학문의 길이 다양하여 쉽게 진리를 찾기 어려움의 비유. 또는 방침이 여러 갈래여서 어느 것을 택할지 망설이게 됨을 일컫는 말.

大道以多岐亡羊 學者以多方喪生 學非本不同
非本不一 而末異若是 唯歸同反一 爲亡得喪

【출전 : 열자(列子) - 설부(說符)】

큰 길은 갈림길이 많기 때문에 양을 잃어버리고, 학문하는 사람은 방법이 많기 때문에 본성을 잃어버린다. 학문이란 원래 그 근본이 하나였는데, 그 끝에 와서 이같이 달라지고 말았다. 그러므로 그 같고 하나인 근본으로 되돌아가기만 하면 얻을 것도 잃을 것도 없는 것이다.

多多益善 다다익선

많을 多(다) / 더할 益(익) / 착할(좋을) 善(선)

많을수록 더욱 좋다라는 뜻으로, 많으면 많을수록 더욱더 잘 처리함. 또는 처리할 수 있음을 일컫는 말.

上嘗從容問信 諸將能將兵多少 上曰如我能將幾何
信曰陛下 不過能將十萬 上曰於君 何如 信曰臣
多多而益善耳 上笑曰多多益善 何以爲我禽
曰陛下不能將兵而能將 此臣所以爲陛下禽
且陛下 所謂天授 非人力也

【출전 : 한서(漢書) – 회음후열전(淮陰侯列傳)】

〔한(漢)나라의 고조 유방(劉邦)은, 명장으로서 천하통일의 일등공신인 한신(韓信)을 위험한 존재로 여겼다.〕
한신(韓信)이 초왕(楚王)으로 있다가 잡혀와 회음후로 있을 때, 어느 날 조용한 틈을 타서 고조는 여러 장수들의 능력에 대하여 한신과 의견을 나누었다.
고조가 물었다.
"나는 얼마의 군사를 거느릴 수 있다고 보는가?"
"폐하께선 십만 명 정도 거느릴 수 있습니다."
"그러면 그대는 어느 정도인가?"
"신은 많으면 많을수록 더 좋습니다."
그러자 한 고조는 어이없다는 듯 웃으며 물었다.
"그렇게 다다익선이면서 그대가 왜 내게 잡혀 왔는가?"
"폐하께선 군사를 거느리는 데는 능하지 않지만 장수는 잘 거느리십니다. 이것이 신이 폐하에게 사로잡히게 된 까닭입니다. 그러나 폐하의 경우는 이른바, 하늘이 주신 것으로 사람의 힘은 아닙니다."

斷機之戒 단기지계 ▶ 孟母斷機(맹모단기)

끊을 斷(단) / 베틀 機(기) / 갈(어조사) 之(지) / 훈계 戒(계)

베틀의 실을 끊은 훈계라는 뜻으로, 학업을 중도에 그만두는 것은 마치 짜던 베틀의 실을 끊어버리는 것과 같음을 일컫는 말.

孟子之少也 旣學而歸 孟母方績 問曰 學何所至矣
孟子曰 自若也 孟母以刀斷其織 孟子懼而問其故
孟母曰 子之廢學 若吾斷斯織也

【출전 : 열녀전(烈女傳) - 모의(母儀)】

어느 날 어린 시절 공부하러 나가 있던 맹자가 학업을 중단하고 집으로 돌아왔다. 어머니는 그때 마침 베를 짜고 있었는데 맹자에게 어머니가 말하길, "학업은 어디까지 나아갔느냐."
맹자가 대답하길, "그만그만합니다."
어머니는 짜던 베틀의 베를 잘랐다.
맹자가 깜짝 놀라서 그 까닭을 묻자. 어머니는, "네가 학업을 중도에 그만두는 것은 내가 이 짜던 베를 잘라버리는 것과 같다."

斷腸 단장 ▶ 斷腸之思(단장지사)

끊을 斷(단) / 창자 腸(장)

창자가 끊어졌다라는 뜻으로, 창자가 끊어질 듯한 큰 슬픔이나 괴로움. 마음이 아픔을 일컫는 말.

桓公入蜀 至三峽中 部伍中有得猨子者
其母緣岸哀號 行百餘里不去 遂跳上船
至便絶 破視其腹中 腸皆寸寸斷

【출전 : 세설신어(世說新語)】

제(齊)나라 환공(桓公)이 촉(蜀)나라에 가던 중 몹시 험한 곳으로 이름난 삼협(三峽)이란 곳에 이르렀다. 그때에 그의 군졸 가운데에 어떤 자가 새끼 원숭이를 한 마리 잡아왔는데, 어미 원숭이는 이들이 탄 배를 쫓아 강기슭 절벽을 따라 슬피 울면서 백여 리나 일행을 뒤따라

왔다. 그리하여 끝내는 강이 좁아진 틈을 노려 어미 원숭이는 기슭에서 몸을 날려 배에 뛰어올랐다.
그러나 너무나 오랫동안 먼 길을 먹지도 못하고 필사적으로 달린 탓인지 배에 오르자마자 그 순간 숨이 끊어져 버렸다. 그 죽은 어미 원숭이의 배를 가르고 속을 들여다보았더니 창자가 토막토막 끊어져 있었다.

堂狗風月 **당구풍월**

집 堂(당) / 개 狗(구) / 바람 風(풍) / 달월 月(월)

서당 개 삼 년에 풍월을 한다는 뜻으로, 비록 무식한 사람이라도 유식한 사람들과 오래 사귀게 되면 자연스럽게 견문(見聞)이 생김을 일컫는 말.

※ 風月(풍월) : 청풍(淸風)과 명월(明月), 곧 자연의 아름다움.

螳螂拒轍 **당랑거철** ▶ 螳螂之斧(당랑지부)

사마귀 螳(당) / 버마재비 螂(낭) / 막을 拒(거) / 수레바퀴 轍(철)

사마귀가 팔을 벌려 수레를 막는다는 뜻으로, 제 분수도 모르고 강한 적에게 덤벼듦을 일컫는 말.

☞ 자신의 분수를 모르고 강대한 상대에게 도전하는 무모한 행동.

齊莊公出獵 有螳螂擧足將搏其輪 問其御曰
此何蟲也 御曰 此是螳螂也 其爲蟲
知進而不知退 不量力而輕就敵莊公曰

以爲人必爲天下勇士矣 於是廻車避之

【출전 : 한시외전(韓詩外傳)】

제나라 장공이 사냥을 나가는데, 당랑이 앞발을 들어 수레바퀴를 치려했다.

말을 모는 자에게 묻기를, "저것은 무슨 벌레인가?"

"저 놈은 당랑(사마귀, 버마재비)이란 벌레입니다. 저 벌레는 나아갈 줄만 알고 물러설 줄은 모릅니다. 저 놈은 제 힘은 생각하지 않고 적을 가볍게 여길 뿐입니다."

그러자 장공이, "이 벌레가 만일 사람이라면, 반드시 천하무적 용사가 될 것이다." 하고 수레를 돌려 피해 갔다.

大器晚成 대기만성

큰 大(대) / 그릇 器(기) / 늦을 晚(만) / 이룰 成(성)

큰 그릇은 늦게 만들어진다라는 뜻으로, 크게 될 사람은 늦게 성공한다는 말.

※ 과거에 낙방한 선비를 위로하는 말.

大方無隅 大器晚成 大音希聲 大象無形
道隱無名 未唯道善貸且成

【출전 : 노자(老子)】

크게 모난 것은 모서리가 없고, 큰 그릇은 늦게 이루어지며, 큰 소리는 울림이 잘 들리지 않고, 큰 모양은 형체가 없다.

이와 같이 도(道)는 뚜렷하게 형상이 나타나는 것이 아니므로 이름 붙일 수가 없다. 그러나 도는 만물에 똑같이 은총을 베풀어서 그 존재를 완전하게 만드는 것이다.

大道無門 대도무문

큰 大(대) / 길 道(도) / 없을 無(무) / 문 門(문)

큰 길에는 문이 없다는 뜻으로, 사람으로서 마땅히 지켜야 할 큰 도리(道理)나 바른길을 일컫는 말.

☞ 정도(正道)에는 거칠 것이 없다. 즉 정도를 걸으면 숨기거나 잔재주를 부릴 필요가 없다는 뜻.

大同小異 대동소이 ▶ 五十步百步(오십보백보)

큰 大(대) / 한가지 同(동) / 작을 小(소) / 다를 異(이)

크게 보면 같고 작게 보면 다르다는 뜻으로, 큰 차이가 없이 거의 같고 조금 다름.

☞ 서로 비슷비슷함.

> 天與地卑 山與澤平 日方中方睨 物方生方死
> 大同而與小同異 此之謂小同異 此之謂大同異
>
> 【출전 : 장자(莊子) − 천하편(天下篇)】

하늘은 땅보다 낮고, 산은 연못보다 평평하다. 해는 중천에 뜨지만 장차 기울어지고, 만물은 장차 태어나지만 죽는다. 크게 보면 한가지이지만 작게 보면 각각 다르다. 이것을 소동이(小同異)라고 말한다. 만물은 크게 보면 한가지이지만 각각 다르다.

大義滅親 대의멸친

큰 大(대) / 옳을 義(의) / 멸할 滅(멸) / 친할 親(친)

대의를 위해서는 친족도 멸한다는 뜻으로, 국가의 대의를 위해서는 부모 형제도 돌보지 아니함을 일컫는 말.

君子曰 石碏純臣也 惡州吁而厚與焉
大義滅親 其是之謂乎　　　　【출전 : 춘추좌씨전(春秋左氏傳)】

군자가 말하길, "석작이야말로 충성스런 신하이다. 반란자인 주우를 증오하고 자기의 아들인 석후까지도 용서치 않았다. 대의를 위해 육친의 정을 버린다는 것은 이를 두고 한 말일 것이다." 하고 석작을 칭찬하였다.

道不拾遺 도불습유

길 道(도) / 아닐 不(불) / 주울 拾(습) / 남길 遺(유)

길에 떨어진 물건을 주워가지도 않는다라는 뜻으로, 나라가 태평하고 풍습이 아름다워 백성이 길에 떨어진 물건을 주워 가지도 아니함을 일컫는 말.

男女行者別其塗 道不拾遺
男尚忠信 女尚貞順
　　　　　　　　　　　　【출전 : 공자가어(孔子家語)】

(공자가 노나라의 정승으로 정사를 돌볼 때, 송아지나 돼지를 팔러 가는 사람은 아침에 물을 먹이는 일이 없고), 남녀는 서로 길을 따로 다니고, 길에서 물건을 줍더라도 제 것으로 삼지 않으며, 남자는 충성과 믿음을 숭상하고, 여자는 정숙한 몸가짐과 온순한 마음씨를 중히 여기게 되었다.

桃園結義 도원결의

복숭아나무 桃(도) / 동산 園(원) / 맺을 結(결) / 의리 義(의)

복숭아 동산에서 의형제를 맺다는 뜻으로, 의형제를 맺음. '유비 · 관우 · 장비가 복숭아나무 동산에서 의형제를 맺었다' 는 고사에서 유래하였음.

☞ 서로가 의기투합해서 함께 사업이나 일을 추진함의 비유.

> 念劉備關羽張飛 雖然異姓 旣結爲兄弟
> 則同心協力 救困扶危 上報國家 下安黎庶
>
> 【출전 : 삼국지(三國志)】

생각컨대 유비와 관우와 장비는 비록 성은 다르다 할지라도, 이미 형제를 맺었으니, 곧 마음을 한가지로 하고, 힘을 합쳐 곤란함을 구원하고 위태로움을 도와, 위로는 국가에 보답하고 아래로는 만인을 편안하게 하리라.
(같은 해, 같은 달, 같은 날 나기를 구할 수는 없지만, 다만 같은 해, 같은 달, 같은 날 죽기를 원한다. 천지신명은 참으로 이 마음을 굽어 살피소서. 의리를 저버리고 은혜를 잊는 일이 있으면 하늘과 사람이 함께 죽이리라.)

道聽塗說 도청도설 ▶ 流言蜚語(유언비어)

길 道(도) / 들을 聽(청) / 진흙 塗(도) / 말씀 說(설)

길에서 들은 것을 길에서 말한다는 뜻으로, 아무렇게나 듣고 말함을 일컫는 말.

☞ 길거리에 퍼져 돌아다니는 뜬소문.

子曰 道聽而塗說 德之棄也

【출전 : 논어(論語) - 양화(陽貨)】

공자가 말씀하시길, "길에서 들은 이야기를 다시 그대로 길에서 이야기해 버리는 것은 그 속에 있는 중요한 것을 생각하려고 하지 않는 것이므로 덕(德)을 버리는 것과도 같다."
(좋은 말은 마음에 간직하고 자기 것으로 하지 않으면 덕을 쌓을 수 없다는 말이다.)

塗炭之苦 도탄지고 ▶ 水炭之苦(수탄지고)

진흙 塗(도) / 숯 炭(탄) / 갈(어조사) 之(지) / 쓸 苦(고)

진흙 속에 빠지고 숯불에 타는 듯한 고생이라는 뜻으로, 생활이 몹시 곤궁하거나 비참한 처지를 일컫는 말.

有夏昏德 民墜塗炭 天乃錫王勇智
表正萬邦 纘禹舊服

【출전 : 서경(書經)】

(은나라 탕왕은 걸왕을 내쫓고 천자가 되었다.)
하(夏)나라 걸왕은 덕이 없어 정치를 어지럽혔다. 그 때문에 백성은 진흙탕이나 불 속에 있는 듯한 고통에 빠졌다. 그래서 하늘은 왕에게 용기와 지혜를 주어 만방의 모범으로서 옛 성제(聖帝)인 우(禹)의 사업을 계승시키고자 하셨다.

讀書三餘 독서삼여

읽을 讀(독) / 글 書(서) / 석 三(삼) / 남을 餘(여)

독서를 하기에 적당한 세 가지 여가(餘暇)라는 뜻으로, 독서하기에 제일 좋은 겨울과 밤, 그리고 비가 올 때를 일컬음.

遇言 當以三餘 惑問三餘之意 遇言 冬者歲之餘
夜者日之餘 陰雨者時之餘也

【출전 : 삼국지(三國志) - 위서(魏書)】

(동우(董遇)는 가르침을 청하러 온 사람에게, "책을 백 번 읽으면 저절로 이해하게 된다." 라고 말하였다. "그럴 틈이 없습니다.")
라는 말에 동우가 말하길, "삼여(三餘)를 이용하시오."
어떤 사람이 삼여의 뜻을 묻자. 동우는, "겨울은 한 해의 나머지이고, 밤은 하루의 나머지이며, 비 오는 날은 때의 나머지이다."

東家食西家宿 동가식서가숙

동쪽 東(동) / 집 家(가) / 밥 食(식) / 서쪽 西(서) / 잘 宿(숙)

동쪽 집에서 먹고 서쪽 집에서 잠을 잔다는 뜻으로, 떠돌아다니며 이 집 저 집에서 얻어먹고 지냄. 곧, 편히 놀고먹는 사람이 이익을 추구함에 있어 탐욕이 지나침을 비유함.

☞ 한곳에 정착하지 못하고 이리저리 떠돌아다니는 삶.

제(齊)나라에 한 처녀가 있었는데, 동쪽에 있는 부잣집 아들은 못생겼고, 서쪽에 있는 가난한 집의 아들은 잘 생겼는데 마침 그 두 집에서 똑같이 청혼이 들어왔다. 너는 어찌할 셈이냐고 물었더니 그 처녀가 대답했다.
"낮에는 동쪽 집에 가서 먹고 싶고, 밤에는 서쪽 집에서 자고 싶다고 말했다."

【출전 : 천평어람(天平御覽)】

同價紅裳 동가홍상

한가지 同(동) / 값 價(가) / 붉을 紅(홍) / 치마 裳(상)

같은 값이면 다홍치마라는 뜻으로, 이왕이면 보기 좋은 것을 골라 가짐을 일컫는 말.

同病相憐 동병상련

한가지 同(동) / 병 病(병) / 서로 相(상) / 불쌍히여길 憐(련)

같은 병자끼리 서로 가엾게 여긴다는 뜻으로, 어려운 처지에 있는 사람끼리 서로 불쌍히 여겨 동정하고 도움을 일컫는 말.

同病相憐 同憂相救 驚翔之鳥 相隨抒而飛
瀨下之水 因復俱流 胡馬依北風 越鳥巢南枝
【출전 : 오월춘추(吳越春秋)】

"같은 병자끼리는 서로 불쌍히 여기고 같은 근심은 서로 구원한다. 놀라 나는 새는 서로 따라 날고, 여울 아래 물은 함께 따라 흐른다. 오랑캐 말은 북쪽 바람을 의지해 서고, 월나라 제비는 햇볕을 찾아 남쪽가지에 깃드는 법입니다(육친을 사랑하고 슬퍼하지 않는 사람이 어디에 있겠소)."

東奔西走 동분서주

동쪽 東(동) / 분주할 奔(분) / 서쪽 西(서) / 달릴 走(주)

동서로 분주하다라는 뜻으로, 이리저리 바쁘게 돌아다님을 일컫는 말.

凍氷寒雪 동빙한설

얼 凍(동) / 얼음 氷(빙) / 찰 寒(한) / 눈 雪(설)

얼어붙은 얼음과 차가운 눈이라는 뜻으로, 몹시 추운 겨울. 곤궁에 처해 헐벗은 상태를 일컫는 말.

同床異夢 동상이몽 ▶ 同床各夢(동상각몽)

한가지 同(동) / 잠자리 床(상) / 다를 異(이) / 꿈 夢(몽)

같은 침상에서 서로 다른 꿈을 꾼다라는 뜻으로, 겉으로는 같이 행동하지만 속으로는 각기 딴 생각을 함을 일컫는 말.

☞ 원래는 부부의 감정이 화목하지 못한 것을 가리켰으나, 같은 일을 하면서 제각기 타산적인 것을 비유함.

> 同床各做夢 周公目不能學得 何必一一說到明哉
>
> 【출전 : 진량(陳亮)】
>
> 같은 잠자리에서 자더라도 제각기 다른 꿈을 꾸는 법이다. 공자는 주공(周公)을 꿈에 보지 못하게 된 것을 한탄했는데, 뜻을 같이하여 꿈에서 만나는 것을 배우지 못했던 것이다. 하물며 어찌 일일이 공명에 언급할 필요가 있겠는가.

東閃西忽 동섬서홀

동쪽 東(동) / 번썩일 閃(섬) / 서쪽 西(서) / 갑자기 忽(홀)

동에 번쩍 서에 번쩍한다는 뜻으로, 이리 왔다 저리 갔다 함을 일컫는 말.

冬溫夏淸 동온하청

겨울 冬(동) / 따뜻할 溫(온) / 여름 夏(하) / 맑을 淸(청)

겨울에는 따뜻하게 하고 여름에는 시원하게 해드린다는 뜻으로, 부모를 섬기를 도리를 일컫는 말.

同族相殘 동족상잔

같을 同(동) / 겨레 族(족) / 서로 相(상) / 해칠 殘(잔)

같은 동족끼리 서로 해침.

得隴望蜀 득롱망촉

얻을 得(득) / 언덕 隴(롱) / 바랄 望(망) / 나라이름 蜀(촉)

농서땅을 평정한 후에 그 여세를 몰아 촉땅을 얻으려 한다는 뜻으로, 한 가지의 것에 만족하지 않고 더 이상의 것을 바람을 일컫는 말.

☞ 탐욕스러워 만족할 줄을 모름.

兩城若下 便可將兵南擊蜀虜 人固不知足
旣平隴復望蜀 每一發兵 頭髮爲白

【출전 : 후한서(後漢書) － 잠팽전(岑彭傳)】

"만약 두 성을 함락하거든 곧 군사를 거느리고 남쪽으로 내려가 촉의 오랑캐를 쳐라.
사람은 만족할 줄을 모르기 때문에 고통스러운 것이다.
이미 농서땅을 평정했는데 다시 촉나라를 바라게 되는구나.

매양 한 번 군사를 출발시킬 때마다 그로 인해 머리털이 희어진다."
(광무제가 잠팽에게 보내는 편지에서 명령과 함께 자신의 감회를 적은 것.)

得魚忘筌 득어망전 ▶ 兔死狗烹(토사구팽), 筌蹄(전제)

얻을 得(득) / 물고기 魚(어) / 잊을 忘(망) / 통발 筌(전)

물고기를 잡고 나면 물고기를 잡는 통발을 잊는다는 뜻으로, 목적이 달성되면 목적을 위해 사용한 도구를 잊음을 일컫는 말.

筌者所以在魚 得魚而忘筌
蹄者所以在兔 得兔而忘蹄　　　　　【출전 : 장자(莊子)】

"물고기를 잡는 통발이 전(筌)인데, 물고기를 잡게 되면 통발을 잊게 된다. 그리고 토끼를 잡는 덫은 제(蹄)인데, 토끼를 잡게 되면 덫을 잊어버리게 된다.

登高自卑 등고자비

오를 登(등) / 높을 高(고) / 스스로 自(자) / 낮을 卑(비)

높은 곳에 오르려면 낮은 곳에서부터 시작해야 한다는 뜻으로, 낮은 곳에서부터 위로 올라가듯이, 모든 일은 순서를 밟아야 함을 일컫는 말.

☞ 지위가 높아질수록 자신을 낮춤.

登龍門 등용문

오를 登(등) / 용 龍(룡) / 문 門(문)

용문에 오르다라는 뜻으로, 입신 출세의 어려운 관문, 또는 운
명을 결정짓는 중요한 시험에 비유함을 일컫는 말.

☞ '잉어가 용문에 오르면 용이 된다' 는 뜻.

※ 龍門(용문) : 황하 상류에 있는 산골짜기 이름으로, 이곳은 물살이
   세고 빨라 보통 물고기들은 올라갈 수 없다. 큰 고기들이 용문으로
   모여들긴 하지만 도저히 뛰어오를 수가 없다. 만일 오르기만 한다
   면 그때는 용이 됨.

> 是時朝廷日亂 綱紀頹陀 膺獨持風裁 以聲名自高
> 士有被其容接者 名爲登龍門　　　　【출전 : 후한서(後漢書)】
>
> 시시때때로 조정은 날로 어지러워지고 기강도 해이해졌다. 그런 와중
> 에 이응(李膺)만은 훌륭한 태도를 견지하여 높은 명성을 날렸다.
> 사대부 중에서 이응과 가까이 사귀거나 만나뵐 수 있는 사람이라면
> 가히 용문(龍門)에 올랐다고 일컬어졌다.

登泰山小天下 등태산소천하

오를 登(등) / 클 泰(태) / 산 山(산) / 작을 小(소) / 하늘 天(천) /
아래 下(하)

태산에 오르면 천하가 작게 보인다라는 뜻으로, 사람은 그가 있
는 위치에 따라 보는 눈이 달라짐을 일컫는 말.

> "공자께서는 노나라 동산(東山)에 올라가서는 노나라를 작게 여기셨
> 고, 태산에 올라가서는 천하를 작게 여기셨다. 그렇기 때문에 드넓은

바다를 본 사람에게는 웬만한 큰 강물 따위는 물같이 보이지 않고 성인(聖人)의 문하생들에게는 어지간한 말들이 말같이 들리지 않는 것이다."
【출전 : 맹자(孟子) – 진심 상편(盡心上篇)】

燈下不明 등하불명

등잔 燈(등) / 아래 下(하) / 아닐 不(불) / 밝을 明(명)

등잔 밑이 어둡다라는 뜻으로, 가까이 있는 것을 도리어 잘 모름을 비유하여 일컫는 말.

☞ 바로 눈앞에 있는 것을 보지 못한다는 뜻.

燈火可親 등화가친

등잔 燈(등) / 불 火(화) / 옳을 可(가) / 친할 親(친)

등잔불을 가까이 한다라는 뜻으로, 가을밤은 상쾌하고 밤도 길어 등잔불을 가까이할 만하다는 것으로, 등불을 가까이하여 글 읽기에 아주 좋은 시기를 일컫는 말.

時秋積雨霽 新涼入郊墟
燈火稍可親 簡編可卷舒
【출전 : 한유 시(韓愈詩)】

때는 가을이 되어 촉촉이 내리던 비가 걷히고
서늘한 기운이 마을 밖으로부터 들어왔다.
이제는 등불도 점점 친숙할 수 있게 되어
책을 펴기에 좋은 시절이 된 것이다.

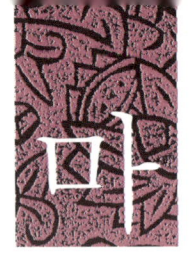

磨斧作針 마부작침 ▶ 磨杵作針(마저작침)

갈 磨(마) / 도끼 斧(부) / 지을 作(작) / 바늘 針(침)

도끼(쇠공이)를 갈아서 바늘을 만든다라는 뜻으로, 아무리 어려운 일이라도 끝까지 노력하면 성공할 수 있음을 일컫는 말.

☞ 끈기 있게 학문이나 일에 힘씀.

馬耳東風 마이동풍 ▶ 牛耳讀經(우이독경)

말 馬(마) / 귀 耳(이) / 동녘 東(동) / 바람 風(풍)

말의 귓가를 스쳐가는 동풍이라는 뜻으로, 남의 말을 귀담아 듣지 않고 흘려들음.

吟詩作賦北窓裏 萬言不値一杯水
世人聞此皆掉頭 有如東風射馬耳
【출전 : 이백(李白)의 답왕십이 한야독작유회(答王十二 寒夜獨酌有懷)】

우리가 할 수 있는 것은 햇볕 들지 않는 북쪽 창가에 기대어 시를 읊고 노래나 짓는 정도에 불과하다. 그 밖의 천만 마디 말들은 고작 한 잔의 가치도 없다. 세상 사람들은 내 말을 듣고 모두 고개를 내저으니 마치 조용히 부는 동풍(東風)이 말의 귓가를 스치는 것과 다름이 없다.

馬革裏屍 마혁과시

말 馬(마) / 가죽 革(혁) / 쌀 裹(과) / 주검 屍(시)

말가죽으로 시체를 싼다라는 뜻으로, 전쟁터에서의 용사의 각오, 남아의 기개를 일컫는 말.

> 男兒要 當死於邊野 以馬革裹屍 還葬耳
>
> 【출전 : 후한서(後漢書) 마원전(馬援傳)】
>
> (지금 흉노와 오환이 북쪽 변경을 시끄럽게 하고 있다. 이들을 정벌할 것을 자청할 것이다.)
> 대장부는 마땅히 싸움터에서 죽어야만 한다. 말가죽으로 시체가 싸여 고향으로 돌아가 장사지내면 그것으로 족한 것이다(어찌 침대에 누워 편안히 죽을 수 있겠는가?).

莫逆之友 막역지우 ▶ 水魚之交(수어지교)

없을 莫(막) / 거스를 逆(역) / 갈(어조사) 之(지) / 벗 友(우)

서로 거슬림이 없는 친구라는 뜻으로, 허물없이 지내는 사이좋은 친구. 더할 나위 없이 친한 친구를 일컫는 말.

> 四人相而笑 莫逆於心 遂相與爲友
>
> 【출전 : 장자(莊子) - 대종사편(大宗師篇)】
>
> 네 사람(자사(子祀)·자여(子輿)·자리(子犁)·자래(子來))이 서로 얼굴을 마주보고 웃으며 마음에 거슬림이 없어 드디어 서로 더불어 친구가 되었다.

挽(輓)歌 만가

당길 挽(만) / 끌 輓(만) / 노래 歌(가)

상여를 메고 갈 때 부르는 노래. 사람이 죽어 장사지낼 때 죽음
을 애도하는 노래.

薤上朝路何易晞 露晞明朝更復落 人死一去何時歸

【출전 : 춘추좌씨전(春秋左氏傳)】

부추(薤)잎의 이슬은 어찌 그리 쉽게도 마르는가.
이슬은 비록 마를지언정 내일 아침 또다시 내리지만
사람 죽어 한 번 가면 언제 다시 돌아오나.

– 해로가

蒿里誰家地 聚斂魂魄無賢愚 鬼佰一何相催促
人命不得少踟躕

쑥대밭의 호리는 누구네 집터인고
혼백 거두어 가는 데는 현인 우인 따로 없네.
귀백이여, 어찌 그리 재촉하는고
인명은 잠시도 머뭇거리지 못하네.

–호리가

萬里同風 만리동풍

일만 萬(만) / 마을 里(리) / 한가지 同(동) / 풍속 風(풍)

온 천하에 같은 바람이 분다라는 뜻으로, 온 천하가 통일되어
풍속이 같고 태평함.

今天下爲一 萬里同風 【출전 : 한서(漢書)】

지금 온 천하가 하나가 되어, 만 리에 이르기까지 똑같은 풍속이 널리 퍼져 있다.

萬事休矣 만사휴의

일만 萬(만) / 일 事(사) / 쉴 休(휴) / 어조사 矣(의)

모든 일이 끝장났다라는 뜻으로, 뜻하지 않은 실패로 일이 돌이킬 수 없는 경우에 처함.

☞ 어떻게 달리 해볼 도리가 없음.

初保勳在保抱 從誨獨偏愛 故或盛怒見之
必釋然而笑 荊人曰 爲萬事休矣

【출전 : 송사(宋史) − 형남고씨세가(荊南高氏世家)】

송(宋)나라 보훈(保勳)이 아직 어렸을 때의 일이다.
아버지 종회(從誨)는 수많은 아들 가운데 유독 그를 사랑하였다. 그래서 어떤 이들은 그가 미워 눈을 흘기며 노려보아도 보훈은 자기가 귀여워서 그런 줄로 알고 싱글벙글 웃고만 있었다.
(맹목적인 편애를 받고 자라난 버릇이 있었기 때문에 이제 아무것도 기대할 수가 없다고 생각했던 것이다.) 형(荊) 지방 사람들은 이런 것을 보고 이젠 모든 일이 끝났다고 했다.

萬全之策 만전지책 ▶ 萬全之計(만전지계)

일만 萬(만) / 온전할 全(전) / 갈(어조사) 之(지) / 꾀 策(책)

온갖 온전한 계책이라는 뜻으로, 조금의 실수도 용납할 수 없는 완전한 계책.

曹操必破袁紹 後來攻吾等矣 吾等留觀望
將受怨於兩便 故隨強操 賢且爲萬全之策矣

【출전 : 후한서(後漢書)】

조조는 원소를 격파한 다음 분명히 우리를 공격해 올 것입니다. 우리들이 관망만 하고 있으면 양쪽의 원망을 듣게 될 것이므로 강한 조조를 따르는 것이 현명하고 완전한 계책이 될 것입니다.

萬化方暢 만화방창

일만 萬(만) / 화할 化(화) / 모 方(방) / 펼 暢(창)

온갖 생물들이 사방에 자라 화창하다라는 뜻으로, 따뜻한 봄날에 온갖 만물이 한창 피어남을 일컫는 말.

亡羊補牢 망양보뢰 ▶ 亡牛補牢(망우보뢰)

망할 亡(망) / 양 羊(양) / 고칠 補(보) / 우리 牢(뢰)

양을 잃고 우리를 고친다라는 뜻으로, 이미 일을 그르친 뒤에 뉘우쳐도 아무 소용없음을 일컫는 말.

望洋之嘆 망양지탄

바랄 望(망) / 바다 洋(양) / 갈(어조사) 之(지) / 탄식할 嘆(탄)

넓은 바다를 보고 감탄한다라는 뜻으로, 다른 사람의 위대함에
감탄하고 자신의 미흡함을 부끄러워함을 일컫는 말.

忘憂之物 망우지물 ▶ 忘憂物(망우물)

잊을 忘(망) / 근심 憂(우) / 갈(어조사) 之(지) / 만물 物(물)

시름을 잊어버리게 하는 물건이라는 뜻으로, 술을 마시면 근심
을 잊어버린다는 것으로 술을 일컬음.

> 汎此忘憂物 遠我遺世情
>
> 【출전 : 도잠시(陶潛詩)】
>
> (가을 국화의 고운 꽃잎을 따서) '시름을 잊는 것'이라 불리는 술에
> 띄우고, 속세를 잊으려는 마음을 더욱 속세에서 멀리 하게 한다.

望雲之情 망운지정 ▶ 望雲之懷(망운지회)

바랄 望(망) / 구름 雲(운) / 갈(어조사) 之(지) / 뜻 情(정)

멀리 구름을 바라보는 마음이라는 뜻으로, 멀리 떠나 있는 자식
이 고향 땅의 부모를 그리워하는 애틋한 마음을 일컫는 말.

> 登太行山 南望見白雲孤飛 謂左右曰
> 吾親所居 在此雲下
>
> 【출전 : 구당서(舊唐書) – 적인걸전(狄仁傑傳)】
>
> 〔당나라 사람 적인걸(狄仁傑)은 그가 부임한 병주(并州)에서 하양(河

陽)에 있는 부모를 그리며〕 태항산(太行山)에 올라 남쪽을 멀리 바라 보면서 흰 구름이 외로이 떠가는 것을 보고 좌우에 있는 사람에게 말하길, "부모님이 이 몸처럼 고독한 저 흰구름 밑에 계시다." (아득히 먼 곳을 바라보며 한동안 서 있다가 구름이 흘러간 후에 그 자리를 떴다.)

亡子計齒 망자계치

잊을 亡(망) / 아들 子(자) / 셀 計(계) / 나이 齒(치)

죽은 자식 나이 세기라는 뜻으로, 이미 지나간 일을 생각하며 애석하게 여김을 일컫는 말.

賣國 매국

팔 賣(매) / 나라 國(국)

나라를 팔아먹다라는 뜻으로, 자기 나라를 적국에 팔아넘기는 행위. 사리사욕을 위하여 자기 나라에 불리하고 다른 나라에 이익 되는 일을 꾀함.

有人毀蘇秦者曰 左右賣國反覆之臣也
將作亂 蘇秦恐得罪歸

【출전 : 史記(사기) - 소진열전(蘇秦列傳)】

〔전국시대, 소진은 강대국인 진나라에 대항하기 위하여 합종론(合從論)을 주창하고 있었다. 소진은 제나라 왕에게 연(燕)나라와의 관계 개선을 위하여, 제나라가 빼앗은 연나라 열 개의 성을 돌려주도록 설

득 하였다. 제나라 왕이 이에 따랐다.〕
어떤 사람이 제나라 왕에게 소진을 비방하여 말하길, "소진은 여기저기에서 자신의 이익을 위하여 나라를 팔아넘기는 반역자입니다."
난이 일어나자, 소진은 죄를 얻게 될 것이 두려워 제나라를 떠나 연나라로 돌아갔다.

麥秀之嘆 맥수지탄 ▶ 黍離之嘆(서리지탄)

보리 麥(맥) / 빼어날 秀(수) / 갈(어조사) 之(지) / 탄식할 嘆(탄)

보리가 무성함을 탄식한다라는 뜻으로, 옛날의 영화를 자랑하던 궁궐터가 보리밭으로 변해버린 것을 보고 흥망성쇠의 무상함을 한탄함. 조국의 멸망을 탄식함.

麥秀漸漸兮 禾黍油油兮 彼狡童兮 不與我好兮

【출전 : 사기(史記) − 송미자세가(宋微子世家)】

(옛 궁궐 자리에는) 보리 이삭이 무럭무럭 자라나고
벼와 기장들도 잎이 기름지네.
(화려하던 도성이 이 꼴로 변한 것은) 저 교활한 철부지 주왕(紂王)이
나의 말을 듣지 않은 것이 슬프구나.

― 맥수지가(麥秀之歌)

孟母三遷 맹모삼천 ▶ 三遷之教(삼천지교)

맏 孟(맹) / 어미 母(모) / 석 三(삼) / 옮길 遷(천)

맹자의 어머니가 세 번 이사 가다라는 뜻으로, 맹자의 어머니가 맹자의 교육을 위해 세 번이나 이사를 한 데서, 교육에는 주위

환경이 대단히 중요하다는 가르침.

※ 孟子(맹자) : 공자의 도(道)를 이어 왕도 정치와 인의(仁義)를 주창한 전국시대의 철학사.

其舍近墓 孟子之少也 嬉遊爲墓間之事
踊躍築埋 孟母曰 此非吾所以居處子
乃去舍市傍 其嬉戲爲賈人衒賣之事
孟母又曰 此非吾所以居處子 乃去舍市傍
其嬉戲爲賈人衒賣之事 孟母又曰
此非吾所以居處子也 復從舍學宮之傍 其嬉遊
乃設俎豆 揖讓進退 孟母曰 眞可以居吾子矣
遂居之 及孟子長 學六藝 卒成大儒之名

【출전 : 열녀전(烈女傳)】

그(맹자)의 집이 묘지 근처였는데, 맹자는 어려서 장례지내는 흉내와 매장하는 시늉을 하며 놀았다. 맹자의 어머니는, "여기는 아이가 살 곳이 아니다." 하고 시장 근처로 집을 옮겼다.
그러자 맹자는 장사꾼 흉내를 내며 놀았다. 맹자의 어머니는, "이곳 또한 아이가 살 데가 아니다." 하고 다시 학교 옆으로 이사하였다.
그러자 맹자는 학교에서처럼 글을 읽는다든지, 조상에게 제기(祭器)를 진설하여 제사지내는 의례, 또는 서로 읍하며 진퇴하는 예의범절을 흉내 내며 놀았다. 맹자의 어머니는, "참으로 이런 곳이야말로 자식을 기르는 데 더할 나위 없이 좋은 곳이다."고 하며 이곳에 자리를 잡았다.
맹자는 육예[六藝 : 예(禮) · 악(樂) · 사(射) · 어(御) · 서(書) · 수(數)로 유교의 기초 교육]를 배워 끝내 훌륭한 학자가 되었다.

盲人摸象 맹인모상 ▶ 群盲評象(군맹평상)

장님 盲(맹) / 사람 人(인) / 본뜰 摸(모) / 코끼리 象(상)

눈먼 장님이 코끼리 만지기라는 뜻으로, 어떤 사물의 한 단면만을 보고서 사물의 전체를 아는 듯이 떠들어대는 모양에 비유함을 일컫는 말.

여기에 등장하는 장님들은 밝은 이치를 깨닫지 못하는 세속의 일반 중생들을 뜻하며 코끼리는 부처를 뜻한다.
인도(印度) 어느 나라의 왕이 눈먼 사람들에게 코끼리의 모양을 알아내도록 하였다. 그들은 코끼리 여기저기를 만져 본 후, 코끼리의 상아를 만져본 장님은 가을밭에 있는 무와 같다고 대답했고, 귀를 만져본 사람은 곡식을 까부는 키라고 했으며, 머리를 만져본 사람은 돌이라고 했으며, 코를 만져본 사람은 방앗공이와 같다고 하였다.
뿐만 아니라 다리를 만져본 사람은 나무토막이라고 했으며, 꼬리를 만져본 사람은 굵은 밧줄과 같다고 제각기 다른 소리를 하였다.

【출전 : 열반경(涅槃經)】

面從後言 면종후언 ▶ 面從腹背(면종복배)

낯 面(면) / 좇다 從(종) / 뒤 後(후) / 말할 言(언)

앞에서는 따르지만 뒤에서는 다른 말을 한다라는 뜻으로, 앞에서 복종하는 체하면서 뒤에서 이러쿵저러쿵 비방함.

予欲左右有民 汝翼 予違汝弼
汝無面從退有後言 欽四隣

【출전 : 서경(書經)】

"나는 백성의 뜻을 돕고자 하니, 그대는 잘 보필해 주기 바란다. 혹여 내가 그대의 뜻과 어긋나는 일을 한다고, 그대는 앞에서만 복종하는 체하고 뒤에서 그것을 비난하는 일이 있어서는 안 된다. 이 점을 삼가라."(순(舜)임금이 신하인 우(禹)에게 한 말이다.)

明鏡止水 명경지수

밝을 明(명) / 기울 鏡(경) / 그칠 止(지) / 물 水(수)

밝은 거울같이 조용히 멈춘 물이라는 뜻으로, 잔잔한 물처럼 밝고 고요한 심경을 일컫는 말.

> 人莫鑑於流水 而鑑於止水
> 鑑明則塵垢不止 止則不明也
>
> 【출전 : 장자(莊子) – 덕충부(德充符)】

"사람은 흐르는 물을 거울로 삼는 것이 아니라 멈추어 있는 물을 거울로 삼는다."
"밝은 거울은 먼지나 때가 묻어 있지 않은 것이다. 먼지가 묻어 있는 거울은 밝지 못하다(오랫동안 어진 사람[賢者]과 같이 있으면 마음이 맑아져 허물이 없다)."

마

明眸皓齒 명모호치 ▶ 丹脣皓齒(단순호치)

밝을 明(명) / 눈동자 眸(모) / 흴 皓(호) / 이 齒(치)

맑은 눈동자와 희고 깨끗한 이라는 뜻으로, 미인의 아름다움을 일컫는 말.

> 明眸皓齒今何在 血汚遊魂歸不得
>
> 【출전 : 두보 시(杜甫詩)】

맑은 눈동자와 희고 깨끗한 이를 지닌 아름다운 양귀비(楊貴妃)는 지금 어디에 있는가. 피로 더럽혀진 그 혼령은 정처 없이 방황하며 돌아가지를 못하네.

名不虛傳 명불허전

이름 名(명) / 아닐 不(불) / 빌 虛(허) / 전할 傳(전)

명성은 헛되이 퍼지지 않는다라는 뜻으로, 이름이 널리 알려진 것은 그만한 까닭이 있음을 일컫는 말.

明若觀火 명약관화

밝을 明(명) / 같을 若(약) / 볼 觀(관) / 불꽃 火(화)

분명하기가 불을 보는 듯하다라는 뜻으로, 불을 보는 것처럼 밝음. 더할 나위 없이 명백함.

非予自荒茲德 憸汝舍德
不惕予一人 予若觀火

【출전 : 서경(書經)】

〔은(殷)나라 왕 반경(盤庚)이 거듭되는 수해(水害)로 인해 피해가 크자 서울을 옮기려고 하자 신하들이 반대하였다.〕
"나는 안이하게 서울을 옮겨 백성을 괴롭히며, 나의 덕(德)을 실추시키려는 것이 아니다. 그대들은 나의 가르침을 감추고 백성을 잘 타일러 감화시키지도 못하고 있다. 나는 그와 같은 그대들의 마음을 타고 있는 불을 보듯이 훤히 알 수가 있다."

明哲保身 명철보신

밝을 明(명) / 밝을 哲(철) / 보전할 保(보) / 몸 身(신)

밝게 살펴서 그 몸을 보전한다라는 뜻으로, 매우 총명하고 사리에 밝아 모든 일을 빈틈없이 잘 처리하여 자기 자신을 잘 보전함을 일컫는 말.

> 旣明且哲 以保其身 夙夜匪懈 以事一人
>
> 【출전 : 시경(詩經) – 대아(大雅) 증민(蒸民)】
>
> 이미 이치에 밝고 일에 통한 그는 어질게 처신하여 그의 몸을 무사히 보전할 것이다. 아침 일찍부터 저녁 늦게까지 잠시도 게으름을 피우는 일이 없이 오로지 임금 한 분만을 위해 일한다.

※ 중산보(中山甫)란 대신이 주왕(周王)의 명령으로 멀리 성을 쌓으러 가는 것을 찬양하여 환송하는 시(詩).

毛遂自薦 모수자천

털 毛(모) / 이룰 遂(수) / 스스로 自(자) / 천거할 薦(천)

자기(모수)가 자신을 천거하다라는 뜻으로, 재주를 가지고 있는데도 추천해 주는 사람이 없자 자기가 스스로 자신을 천거함을 일컫는 말.

※ 毛遂(모수) : 조(趙)나라 평원군이 초(楚)나라에 구원을 청하기로 하자, 사자(使者)를 자청한 사람.

矛盾 모순

창 矛(모) / 방패 盾(순)

창〔矛〕과 방패〔盾〕라는 뜻으로. 말이나 행동의 앞뒤가 서로 맞지 않음을 일컫는 말.

楚人有鬻盾與矛者 譽之曰 吾盾之堅 莫能陷也
又譽其矛曰 吾矛之利 於物無不陷也
或曰 以子之矛 陷子之楯何如 其人弗能應也

【출전 : 한비자(韓非子) - 난(難)】

초나라 사람으로 방패와 창을 함께 파는 장사꾼이 있었다.
그는 방패를 자랑할 때는, "내 방패의 견고함은 능히 꿰뚫을 수 있는
것이 없다"고 하고, 또 창을 자랑할 때는, "나의 창의 날카로움은 어
떠한 것이든 꿰뚫지 못하는 것이 없다"고 했다.
그러자 어떤 사람이 말하길, "자네의 창으로 자네의 방패를 꿰뚫으면
어떻게 되겠는가?"하고 물으니, 그 장사꾼이 대답할 말이 없었다.
(모순은 창과 방패가 서로 대립된 위치에 있는 것을 말하는 것이 아
니고, 그 장사꾼이 말한 상반되고 성립할 수 없는 내용을 말한다.)

木鐸 목탁

나무 木(목) / 방울 鐸(탁)

나무로 만든 방울이라는 뜻으로, 세상 사람을 깨우쳐 바르게 인
도할 만한 사람이나 기관을 일컫는 말.

天將以夫子爲木鐸

【출전 : 논어(論語) - 팔일편(八佾篇)】

"(천하가 어지러운 지 이미 오래인지라) 하늘은 얼마 안 가서 공자를
목탁으로 삼아 바른 가르침의 지도자로 삼을 것이다."

蒙塵 몽진

덮어쓸 蒙(몽) / 흙먼지 塵(진)

먼지를 뒤집어쓴다라는 뜻으로, 임금이 거둥할 때는 길을 깨끗하게 치우는 법이지만 그럴 겨를 없이 먼지를 뒤집어쓰며 급히 달아남을 일컫는 말.

☞ 임금이 난리를 피하여 서울에서 다른 곳으로 달아남.

臧文仲對曰 天子蒙塵于外 敢不奔問官守

【출전 : 춘추좌씨전(春秋左氏傳)】

노(魯)나라 장문중이 난을 피하여 정(鄭)나라 땅에 와 있던 주(周)나라 양왕(襄王)에게 말하였다.
"천자께서 난을 피하여 밖의 땅에 계시다니 삼가 달려와 관원들을 위로하지 않을 수 있겠습니까?"

無告之民 무고지민

없을 無(무) / 알릴 告(고) / 갈(어조사) 之(지) / 백성 民(민)

고할 데가 없는 백성이라는 뜻으로, 의지할 만한 일가붙이나 고민을 호소할 데가 없는 고독한 사람. 고아나 과부, 홀아비, 자식이 없는 늙은이처럼 어려운 백성을 일컫는 말.

此四者 天下之窮民而無告者　　　【출전 : 맹자(孟子)】

이 네 사람은〔四者 : 늙어서 아내가 없는 사람을 鰥(환), 늙어서 남편이 없는 사람을 寡(과), 어려서 아버지가 없는 사람을 孤(고), 늙어서 자식이 없는 사람을 獨(독)〕 천하에 가장 곤궁에 처한 사람들이며, 자신의 고통을 호소할 상대가 없는 사람들이다.

武陵桃源 무릉도원

호반 武(무) / 언덕 陵(릉) / 복숭아 桃(도) / 근원 源(원)

무릉의 복숭아 샘이라는 뜻으로, 이 세상과 떨어진 별천지. 사람들이 모두 행복하게 살 수 있다는 이상향(理想鄕).

武陵人 捕魚緣溪行 忘路之遠近 忽逢桃花林來岸
數百步中無雜樹 芳花鮮美 萬英繽紛

【출전 : 도잠(陶潛) – 도화원기(桃花源記)】

무릉의 한 어부가 고기를 잡으러 골짜기 개울을 따라 올라가던 중, 길의 원근을 잊어버려 홀연히 양쪽 언덕에 복숭아꽃이 만발한 곳을 만났는데 수백 보 가운데 다른 나무는 없고, 복숭아꽃이 매우 아름답고 수많은 복숭아꽃이 펄펄 춤추며 날렸다.

※ 신선이 살았다는 전설적인 중국의 명승지. 중국의 호남성 동정호(洞庭湖)의 서남쪽 무릉산(武陵山) 기슭 완강(浣江)의 강변이라 함. (도연명(陶淵明)이 지은 『도화원기(桃花源記)』에서 온 말.)

貿首之讐 무수지수

바꿀 貿(무) / 머리 首(수) / 갈(어조사) 之(지) / 원수 讐(수)

머리를 바꿀(베어버릴) 원수라는 뜻으로, 세상에서 함께 살 수 없는 사생결단을 내야 할 원수를 일컫는 말.

無言居士 **무언거사**

없을 無(무) / 말씀 言(언) / 살 居(거) / 선비 士(사)

말 없는 거사(居士)라는 뜻으로, 수양(修養)을 쌓아 수다스럽지 않은 사람을 좋게 일컫는 말. 또는, 말 주변이 없는 사람을 비꼬아 일컫는 말이기도 함.

無用之用 **무용지용**

없을 無(무) / 쓸 用(용) / 갈(어조사) 之(지)

쓰이지 못할 것이 크게 쓰인다라는 뜻으로, 쓸모없는 것으로 생각되던 것이 도리어 큰 구실을 함.

※ 무용지용(無用之用)이라는 것은 사람의 관점에서 보면 무용인 것이지만 그야말로 참된 유용이며, 무용인 것이 다른 관점에서 보면 참으로 귀하다는 가치의 전환을 뜻함.

山木自寇也 膏火自煎也 桂可食 故伐之 漆可用
故割之 人皆知有用之用 而莫知無用之用也
【출전 : 장자(莊子) - 인간세편(人間世篇)】

산의 나무는 사람에게 쓸모가 있기 때문에 베어지고, 등불은 스스로를 불태운다. 계피(계수나무)는 맛이 좋기 때문에 베임을 당하고, 옻나무는 그 칠을 쓸 수 있기 때문에 가지와 살을 찢기게 된다. 사람은 쓸모 있는 것의 용도만을 알 뿐, 쓸모 없는 것의 용도는 모르고 있다.

無爲而化 **무위이화** ▶ 無爲自然(무위자연)

없을 無(무) / 할 爲(위) / 어조사 而(이) / 화할 化(화)

힘써 공들이지 않아도 스스로 변하여 잘 이루어지다라는 뜻으로, 노자의 사상으로, 성인의 덕이 크면 클수록 백성들이 스스로 잘 따라 감화(感化)됨을 일컫는 말.

※ 無爲(무위) : 자연(自然) 그대로의 인위(人爲)를 가하지 아니한 것. 불교에서는 인연에 의해서 만들어진 것이 아니고, 생멸변화(生滅變化)를 떠난 것. 상주절대(常主絶對)의 진실. 깨달음. 득도(得道). 무위법(法).

> 故聖人云 我無爲而民自化 我好靜而民自正
> 我無事而民自富 我無 欲而民自樸
>
> 【출전 : 노자(老子)】

옛 성인이 말씀하시길, "내가 공들이지 않아도 백성들은 저절로 교화되고, 내가 고요함을 좋아해도 백성들은 스스로 올바르게 되며, 내가 일삼음이 없어도 백성들 스스로 부자가 되고, 내가 욕심이 없으면 백성들 스스로 순박해진다."

無恒産無恒心 **무항산무항심**

없을 無(무) / 항상 恒(항) / 낳을 産(산) / 마음 心(심)

일정한 재산이나 생업이 없으면 선한 마음도 없다라는 뜻으로, 일정한 생업(生業)이나 재산이 없는 사람은 정하여 놓고 마음 쓰는 데가 없으므로 마음의 안정도 누리기 어려움을 일컫는 말.

無恒産而有恒心者 懼士爲能
若民則無恒産因無恒心　【출전 : 맹자(孟子) – 양혜왕(梁惠王)】

일정한 생업이나 재산이 없는 경우라도 사람이 지녀야 할 선(善)한 마음을 잃지 않는 것은 다만 교양 있는 사람만이 가능한 일이다. 보통의 사람들은 경제적으로 어려우면 사람이 지녀야 할 선한 마음도 없어지는 것이 보통이다.

墨翟之守 묵적지수 ▶ 墨守(묵수)

먹(형벌이름) 墨(묵) / 꿩 翟(적) / 갈(어조사) 之(지) / 지킬 守(수)

묵적의 지킴이라는 뜻으로, 견고한 수비, 굳건히 성(城)을 지킴. 또는 융통성이 없이 자기의 주의, 주장, 소신 등을 굽히지 않고 끝까지 지킴을 일컫는 말.

子墨子解帶爲城 以牒爲械
公輸盤九設攻城之機變 子墨子九距之
公輸盤之攻械盡 子墨子之守圉有餘
　【출전 : 묵자(墨子) – 공수(公輸)】

묵자는 띠를 풀어 성(城)의 모양을 만들고 목찰(木札 : 지저깨비)로 병기(兵器)를 삼았다. 공수반은 그 신병기의 모형으로 아홉 번 작전을 바꾸어 가면서 성을 공략했으나, 묵자는 이를 모두 물리쳤다. 공수반의 공격수단은 힘을 다해 버렸지만, 묵자의 방어에는 여유가 있었다.

刎頸之交 문경지교 ▶ 管鮑之交(관포지교)

목벨 刎(문) / 목 頸(경) / 갈(어조사) 之(지) / 사귈 交(교)

목을 서로 주고받을 정도의 교분이라는 뜻으로, 생사를 같이할 만큼 친한 사귐. 또는 그러한 벗을 일컫는 말.

廉頗聞之 肉袒負荊 因賓客至 藺相如門謝罪曰
鄙賤之人 不知將軍寬 之至此也
卒相與驩 爲刎頸之交

【출전 : 사기(史記) – 염파인상여열전(廉頗藺相如列傳)】

염파는 인상여의 인간됨됨이를 전해 듣고 자신의 못남을 뼈저리게 느꼈다. 웃옷을 벗고 가시나무 매를 등에 지고(스스로를 벌하는 마음), 사람을 중간에 넣어 인상여의 집을 찾아가 무릎을 꿇고 사죄했다.
"나 같이 못난 놈에게 장군께서 그토록 관대하실 줄을 미처 몰랐습니다."
이리하여 두 사람은 서로 마음을 허락하고, 생사를 함께 해도 마음이 변치 않을 그런 사이가 되었다.

門外可設雀羅 문외가설작라

문 門(문) / 바깥 外(외) / 옳을 可(가) / 베풀 設(설) / 새 雀(작) / 그물 羅(라)

문 밖에 새그물을 쳐놓을 만하다라는 뜻으로, 찾아오는 사람이 없어 새그물도 칠 수 있을 만큼 손님의 발길이 끊어져 대문 앞이 매우 쓸쓸함을 일컫는 말.

始翟公爲廷尉 賓客闐門 及廢 門外可設雀羅

【출전 : 사기(史記) – 급정열전(汲鄭列傳)】

적공(翟公)이 정위(廷尉)의 벼슬자리에 오르자 방문객이 문전에 넘칠 정도였다. 그런데 그가 면직되자, 찾아오는 사람의 발길이 끊겨 문전에 새그물을 칠 수 있을 정도로 한산해졌다.

門外漢 문외한

문 門(문) / 바깥 外(외) / 한수(사나이) 漢(한)

> 문 밖의 사나이이라는 뜻으로, 어떤 일에 대해 전문적인 지식이 없는 사람을 일컫는 말.
>
> ☞ 전문가가 아닌 사람.

聞一知十 문일지십

들을 聞(문) / 한 一(일) / 알 知(지) / 열 十(십)

> 하나를 들으면 열을 안다라는 뜻으로, 매우 이해가 빠른 것. 또는 그러한 능력을 지닌 사람.

子謂子貢曰 女與回也孰愈 對曰 賜也 何敢望回
回也 聞一以知十 賜也 聞一以知二
子曰 弗如也 吾與女 弗如也

【출전 : 논어(論語) — 공야장(公冶長)】

공자가 자공(子貢)에게 묻기를, "너와 안회(顏回) 가운데 누가 더 낫다고 생각하느냐?"

자공이 대답하길, "저 같은 사람이 어찌 감히 안회에게 미치겠습니까. 안회는 하나를 들으면 열을 아는 이해력을 지니고 있지만 저는 하나를 듣고 겨우 둘을 알 뿐입니다."

그러자 공자가 다시 말하길, "사실 안회에게는 미치지 못한다. 나도 네 말을 시인한다."

門前成市 문전성시

문 門(문) / 앞 前(전) / 이룰 成(성) / 저자 市(시)

문 앞이 저자를 이룬다라는 뜻으로, 찾아오는 사람이 많음. 권세가나 부잣집 문 앞이 방문객이 많음을 일컫는 말.

上責崇曰 君門如市人 何以欲禁切主上
崇對曰 臣門如市 臣心如水 願得考覆

【출전 : 한서(漢書) – 정숭전(鄭崇傳)】

〔정숭(鄭崇)은 임금께 간하기를 서슴지 않았는데, 간사한 무리들의 거짓 참소로 애제(哀帝)의 노여움을 샀다.〕
애제는 정숭을 책망하여 말하길, "그대의 집 앞에는 저자거리처럼 사람들이 들끓는다는데 왜 나한테는 엄하게 간하는가?"
정숭이 대답하여 말하길, "신(臣)의 문전이 저잣거리 같더라도 마음속은 물처럼 맑습니다. 원컨대 한번 살펴주시기를 바라옵니다."

未亡人 미망인

아닐 未(미) / 죽을 亡(망) / 사람 人(인)

아직 죽지 못한 사람이라는 뜻으로, 남편은 죽었는데, 나는 아직 죽지 못한 사람, 즉 남편이 죽고 혼자 사는 여자를 일컫는 말.

先君以是舞也 習戎備也 今令尹不尋諸仇讎
而於未亡人之側 不亦異乎

【출전 : 춘추좌씨전(春秋左氏傳)】

"돌아가신 선왕께서는 이 춤의 음악을 군대 훈련용으로 사용하셨다. 그런데 지금 영윤(令尹 : 재상)은 이것을 적이나 원수를 치기 위해 사용하지 않고 오로지 미망인 옆에서 하고 있으니 이 또한 이상하지 않은가?"

彌縫策 미봉책 ▶ 臨時變通(임시변통)

두루 彌(미) / 꿰맬 縫(봉) / 꾀 策(책)

(의류 따위의 터진 곳을 임시로) 실로 깁는다는 뜻으로, 빈 구석이나 잘못된 것을 임시변통으로 이리저리 꾸며댐을 일컫는 말.

☞ 임시로 꾸며대어 눈가림만 하는 일시적인 계책.

爲魚麗之陣 先偏後伍 伍承彌縫

【출전 : 춘추좌씨전(春秋左氏傳)】

(정나라의 장공은 환왕을 치기 위해) 어려(魚麗)의 진형(陣形 : 물고기들이 떼를 짓는 것처럼 촘촘한 원형의 진형)을 쳤다. 즉, 전차(戰車)부대를 앞세우고 보병(步兵)을 후진으로 하여 전차와 전차 사이의 틈 사이를 보병으로 미봉(메우도록) 하였다.
(사람으로 하여금 전차 사이사이를 이어 그물처럼 진을 친 것을 미봉이라 했다.)

尾生之信 미생지신 ▶ 수주대토(守株待兔)

꼬리 尾(미) / 날 生(생) / 갈(어조사) 之(지) / 믿을 信(신)

미생의 믿음라는 뜻으로, 너무 고지식하고 융통성이 없음. 지나

마

치게 고지식함을 일컫는 말.

☞ 한편으로는 신의가 굳음을 뜻하기도 함.

尾生與女子期於梁下 女子不來水至不去
抱梁柱而死
【출전 : 장자(莊子)】

미생(尾生)은 여자와 다리 밑에서 만나기로 하고 기다렸는데 오지 않았다. 그때 소나기가 갑자기 내려 물이 불어나기 시작했다. 그러나 미생은 그 자리를 떠나지 않고 (여자와 약속을 끝까지 지켰으나) 다리 기둥을 끌어안은 채 죽고 말았다.

迷者不問路 미자불문로

미혹할 迷(미) / 사람 者(자) / 아닐 不(불) / 물을 問(문) /
길 路(로)

어리석은 자는 길을 묻지 않는다라는 뜻으로, 어떤 일에 갈피를 잡지 못하는 자는 남의 의견을 듣지 않고 자신의 능력을 과신하여 파멸을 자초한다. 길을 잃는다는 것은 사전에 길을 묻는 겸허함이 결여된 결과를 일컬음.

密雲不雨 밀운불우

빽빽할 密(밀) / 구름 雲(운) / 아닐 不(불) / 비 雨(우)

짙은 구름이 끼었으나 비는 오지 않는다라는 뜻으로, 어떤 일의 조건은 갖추었으나 징조만 나타나고 일이 성사되지 않아 답답함과 불만이 폭발할 것 같은 상황을 일컫는 말.

博而不精 박이부정

넓을 博(박) / ~와 같다(어조사) 而(이) / 아닐 不(부) /
정밀할 精(정)

널리 알기는 하지만 자세하거나 정밀하지 못함.

反間計 반간계

돌이킬 反(반) / 틈 間(간) / 꾀 計(계)

이간하다라는 뜻으로, 적의 첩자를 역이용하는 계책을 일컫는
말.

反間計 因其敵間而甲之

【출전 : 손자병법(孫子兵法)】

반간이란 적의 첩자를 역이용하는 것이다.

反求諸己 반구제기

돌이킬 反(반) / 구할 求(구) / 모든 諸(제 · 저) / 몸 己(기)

돌이켜 보아 자기에게서 찾을 따름이다라는 뜻으로, 어떤 일을

자기 자신에게 돌려서 생각함을 일컫는 말.

☞ 반성하여 자신을 책망함.

發而不中 不怨勝己者 反求諸己而已

【출전 : 맹자(孟子) 공손추(公孫丑)】

활을 쏴 적중하지 않아도 나를 이기는 자를 원망하지 않고 돌이켜 제 자신에게서 찾을 따름이다.

盤根錯節 반근착절

쟁반 盤(반) / 뿌리 根(근) / 섞일 錯(착) / 마디 節(절)

서로 엉클어진 나무뿌리와 뒤얽힌 나무옹이라는 뜻으로, 서로 뒤엉켜 처리하기 어려운 사건, 혹은 세력이 단단히 뿌리 박혀 흔들리지 않음을 비유하여 일컫는 말.

志不求易 事不避難 臣之職也 不遇盤根錯節
何以別利器乎

【출전 : 후한서(後漢書) – 우후전(虞詡詡傳)】

뜻을 세움에 있어서는 쉽고 편한 것을 찾지 않으며, 어려운 일을 결코 피하지 않는 것이 신하된 도리이다. 서로 엉클어진 나무뿌리와 뒤얽힌 나무옹이에 부딪쳐 보지 않고 어떻게 잘 드는 연장인지 구별할 수 있겠는가.

反哺之孝 반포지효

돌이킬 反(반) / 먹일 哺(포) / 갈(어조사) 之(지) / 효도 孝(효)

까마귀 새끼가 자란 뒤에 늙은 어미에게 먹을 것을 물어다 주는 효성이라는 뜻으로, 자식이 커서 부모를 봉양함을 일컫는 말.

☞ 은혜를 갚음.

慈烏反哺以報親

【출전 : 양무제(梁武帝) ― 효사부(孝思賦)】

은혜를 아는 까마귀는 길러준 어미의 은혜에 보답하여 어미에게 먹이를 물어다 먹여 주어 부모의 은혜에 보답한다.

拔本塞源 발본색원

뺄 拔(발) / 근본 本(본) / 막을 塞(색) / 근원 源(원)

뿌리를 뽑아 근원을 막는다라는 뜻으로, 사물의 근본으로 거슬러 올라가서 대처하는 것으로, 폐단의 근원을 뽑아서 없애버림을 일컫는 말.

夫拔本塞源之論 不明於天下 則天下之學聖人者
將日繁日難 斯人倫於禽獸夷狄
而猶自以爲聖人之學

【출전 : 춘추좌씨전(春秋左氏傳) ― 전습록(傳習錄)】

이 뿌리를 뽑아 근원을 막는 논의가 천하에 밝혀지지 않는다면, 성인(聖人)의 도(道)를 배우기에는 날로 힘들고, 그 본질(本質)을 터득하기가 어렵게 될 것이다. 그렇지만 사람들은 짐승이나 오랑캐처럼 인륜(人倫)에서 벗어나 있음에도 불구하고 스스로 성인의 도를 배웠다고 생각할 것이다.

拔山蓋世 발산개세 ▶ 力拔山氣蓋世(역발산기개세)

뽑을 拔(발) / 산 山(산) / 덮을 蓋(개) / 세상 世(세)

산을 뽑고 세상을 뒤덮는다라는 뜻으로, 힘이 산이라도 뽑아 던질 만하고 세상을 뒤덮을 정도로 그 기력이 장대함.

力拔山兮氣蓋世 時不利兮騅不逝
騅不逝兮可奈何 虞兮虞兮奈苦何

【출전 : 사기(史記) – 항우본기(項羽本記)】

힘은 산을 뽑고 기상은 세상을 덮었는데
때가 불리하니 추〔오추마〕마저 가지 않는구나.
추마저 가지 않으니 난들 어찌하리.
우〔우미인〕야, 우야, 너를 어찌하리.

跋扈將軍 발호장군 ▶ 跋扈(발호)

뛰어넘을 跋(발) / 따를 扈(호) / 장차 將(장) / 군사 軍(군)

함부로 날뛰는 장군이라는 뜻으로, 통발을 뛰어넘는 큰 물고기처럼, 그 횡포의 세력이 어떻게 할 수 없을 정도로 강함을 일컫는 말.

※ 발호(跋扈)는 아랫사람이나 신하가 윗사람 또는 임금을 우습게 여겨 권한을 침범하는 경우에 쓰는 말임.

沖帝又崩 冀立質帝 帝少而聰慧 知冀驕橫
嘗朝群臣 目冀曰 此跋扈將軍也

【출전 : 후한서(後漢書)】

〔후한의 양기(梁冀)가 대장군이 되었는데 그 횡포가 극에 달했다.〕
충제(沖帝)가 죽자, 양기는 질제(質帝)를 황제에 등극시켰다. 질제는 어렸지만 총명하여 양기의 횡포를 꿰뚫어 보고 있었다. 어느 날 군신의 조회에서 양기를 가리켜 말하길, "이 자는 발호장군(跋扈將軍 : 함부로 날뛰는 장군)이다."라고 하였다
(양기는 이 일로 질제를 미워하여 독살(毒殺)해 버렸다.)

傍若無人 방약무인

곁 傍(방) / 같을 若(약) / 없을 無(무) / 사람 人(인)

곁에 사람이 없는 것과 같다라는 뜻으로, 남의 입장은 생각지 않고 제멋대로 행동함. 또는 아무 거리낌이나 버릇없이 함부로 행동함.

高漸離擊筑 荊軻和而歌於市中 相樂也
已而相泣 旁若無人者

【출전 : 사기(史記) - 자객열전(刺客列傳)】

고점리가 축(筑 : 대나무로 만든 악기)을 퉁기고, 형가는 거기에 맞추어 저잣거리에서 노래를 부르며 함께 즐겼다. 두 사람은 서로 호흡이 잘 맞아 감상이 극에 달하면 함께 울기도 했다. 마치 곁에 아무도 없는 것처럼 거리낌 없이 제멋대로 행동하였다.

背水陣 배수진

등 背(배) / 물 水(수) / 진칠 陣(진)

강물을 등지고 친 진이라는 뜻으로, 전심전력을 다해서 승부에

임함. 또는 목숨을 걸고 결사적으로 싸움에 임하는 경우를 비유하여 일컫는 말.

信乃使萬人先行 出背水陣 趙軍望見而大笑

【출전 : 사기(史記) – 회음후열전(淮陰侯列傳)】

한신을 일 만의 군대로 하여금 먼저 가게하고, 산비탈의 좁은 길목에서 나와 물을 등지고 이른바 배수진을 치게 했다. 조나라 군사들은 이것을 바라보며 병법을 모르는 놈들이라고 크게 비웃었다.

杯中蛇影 배중사영

잔 杯(배) / 가운데 中(중) / 뱀 蛇(사) / 그림자 影(영)

술잔 속에 비친 뱀 그림자라는 뜻으로, 쓸데없는 일, 또는 아무 것도 아닌 일로 근심하고 애를 태움.

于時河南聽事壁上有角 漆畫作蛇
廣意杯中蛇卽角影也 復置酒於前處 謂客曰
酒中復有所見不 答曰 所見如初
廣及告其所以 客豁然意解 沈痾頓愈

【출전 : 진서(晉書) – 악광전(樂廣傳)】

(벽에 걸린 활에 그려진 뱀의 그림이 술잔 속에 비치는 바람에 그 술을 마시고 병이 생겼다.)
그때 하남의 집무실 벽에 짐승 뿔이 걸려 있었는데, 거기에는 옻칠로 뱀의 그림이 그려져 있었다. 악광은 술잔 속의 뱀은 뿔의 그림이 비쳤을 것이라고 생각하였다. 그래서 다시 그 장소에 술상을 차리고 친구에게 물었다.
"술 속에 무엇이 보이는가?"

친구가 대답하길, "그때와 똑같네." 라고 대답하였다.
악광이 그 이유를 설명하자, 친구는 완전히 의문이 풀리고 시름시름
앓던 병도 나았다.

白駒過隙 백구과극 ▶ 隙駒光陰(극구광음)

흰 白(백) / 망아지 駒(구) / 지날 過(과) / 틈 隙(극)

흰 망아지가 문틈으로 빨리 지나간다라는 뜻으로, 인생과 세월
이 덧없이 빨리 흐르는 것을 비유하여 일컫는 말.

人生天地之間 若白駒之過隙

【출전 : 장자(莊子)】

사람이 천지에서 사는 것은 흰 말이 갈라진 벽 틈새를 휙 지나가는
것과 같이 순간일 뿐이다.

百年河淸 백년하청 ▶ 不知何歲月(부지하세월)

일백 百(백) / 해년 年(년) / 강이름 河(하) / 맑을 淸(청)

백년을 기다린다 해도 황하(黃河)의 물이 맑아지지 않는다라는
뜻으로, 아무리 오랫동안 기다려도 바라는 것이 이루어지기 어
려움을 일컫는 말.

周詩有之曰 待河之淸 人壽幾何
非云詢多 職競作羅

【출전 : 춘추좌씨전(春秋左氏傳)】

주(周)나라 시에, "황하의 흐린 물이 맑기를 기다리자면 한이 없어 사람은 늙어 죽고 만다. 이래저래 말만 앞세우고 실속 없는 계획만 세우다 보면 날짐승이 그물에 얽힌 듯 갈피를 잡을 수가 없다." 하였다.

伯樂一顧 백락일고

맏이 伯(백) / 즐길 樂(락) / 한 一(일) / 돌아볼 顧(고)

백락이 한 번 뒤돌아본다라는 뜻으로, 명마(名馬)가 백락(伯樂 : 말 감정에 뛰어난 사람)을 만나 세상에 알려진다는 것으로, 자기의 재능을 다른 사람이 알아주어 인정받음을 일컫는 말.

☞ 능력 있는 사람이라도 사람들의 인정을 받아야 그 가치가 인정됨.

往見伯樂曰 臣有駿馬 欲賣之 比三旦立於市
人莫與言 願子還而視之 去而顧之
臣請獻一朝之賈

【출전 : 전국책(戰國策)】

어떤 사람이 백락(伯樂 : 말 감정사로 유명한 사람)을 찾아가서 말하길, "제게 준마(명마)가 한 필 있어 팔려고 사흘씩이나 저자거리에 있었지만, 누구 한 사람 거들떠보지도 않았습니다. 청컨대 제 말을 한번 살펴보시고 갈 때에(아쉬운 듯이) 한 번 뒤돌아보아 주십시오. 사례는 충분히 하겠습니다."
(백락이 그대로 했더니 그 말 값이 열 배로 치솟으며 서로 사겠다고 하였다.)

白面書生 백면서생

흰 白(백) / 낯 面(면) / 글 書(서) / 날 生(생)

글만 읽는 사람이라는 뜻으로, 오로지 글만 읽고 세상일에 경험이 없는 사람을 일컫는 말.

☞ 풋내기를 일컬음.

田事可問奴 織事可問婢 今陛下 將欲攻敵國
與白面書生謀之 事何由濟

【출전 : 송서(宋書) - 심경지전(沈慶之傳)】

밭 가는 일에 대해서는 종들에게 물어보고, 베 짜는 일에 대해서는 하녀들에게 물어야 합니다. 지금 폐하께서는 적국인 북위를 치려고 하시는데, 저 따위 경험 없는 샌님들에게 물어 일을 도모하신다면 어떻게 성공하시겠습니까?

百聞不如一見 백문불여일견

일백 百(백) / 들을 聞(문) / 아닐 不(불) / 같을 如(여) /
한 一(일) / 볼 見(견)

백 번 듣는 것이 한 번 보는 것만 같이 못하다라는 뜻으로, 무엇이든지 실지로 경험해 보아야만 보다 확실히 알 수 있음을 일컫는 말.

百聞不如一見 兵難悠度 臣願馳至金城 圖上方略

【출전 : 한서(漢書) - 조충국전(趙充國傳)】

백 번 듣는 것이 한 번 보는 것만 같지 못합니다. 군사 일이란 멀리 떨어져 있어서는 계획을 짜기 어렵습니다. 신은 급히 금성(金城)으로 달려가 현지 도면을 놓고 방법과 계책을 짜봐야 되겠습니다.

白眉 백미

흰 白(백) / 눈썹 眉(미)

흰 눈썹, 흰 눈썹을 가진 사람이 가장 뛰어났다는 뜻으로, 여러 사람 중에서 가장 뛰어난 사람이나 물건을 일컫는 말.

馬良字季常 襄陽宜城人也 兄弟五人 竝有才名
鄕里爲之諺曰 馬氏五常白眉最良
良眉中有白毛 故以稱之

【출전 : 삼국지(三國志) – 촉서(蜀書)】

마량의 자(字)는 계상(季常)으로 양양의 의성 사람이었는데, 형제가 다섯이었다. 모두 재주가 뛰어났으므로 고향 사람들이 그들을 일컫기를, '마씨 집 오상(五常)은 모두 뛰어나지만 그 중에서도 흰 눈썹을 가진 마량이 가장 훌륭하다'고 했다. 마량은 어질 적부터 눈썹에 흰 털이 섞여 있었기 때문에 사람들이 그렇게 불렀다.

百發百中 백발백중

일백 百(백) / 필 發(발) / 가운데 中(중)

백 번 쏘아 백 번 맞춘다라는 뜻으로, 총이나 활을 쏘면 어김없이 모두 맞음. 또는 예상한 일이 꼭 들어맞음을 일컫는 말.
☞ 하는 일마다 실패 없이 잘됨.

楚有養由基者 善射者也 去柳葉百步而射之
百發而百中之

【출전 : 사기(史記) – 주본기(周本紀)】

초(楚)나라 양유기(養由基)라는 자는 활을 잘 쏘았다. 그는 백 보(步) 거리에서 버드나무 잎을 쏘면, 백 번 쏘아 백 개가 모두 명중하였다. (다른 기록에 보면 양유기는 활을 잘 쏠 뿐만 아니라 믹기도 또한 잘 했으며, 힘 또한 세어 화살이 소리보다 먼저 갔다고 한다.)

白髮三千丈 백발삼천장

흰 白(백) / 머리털 髮(발) / 석 三(삼) / 일천 千(천) / 어른 丈(장)

흰 머리털이 삼천 발이나 된다라는 뜻으로, 세상사의 시름이 쌓여 머리털이 희어짐. 또는 늙어가는 슬픔을 허풍스럽고 과장되게 표현함.

※ 이 『추포가(秋浦歌)』는 이백(李白) 만년(晚年)의 시로 실의에 가득차 있을 당시의 작품이다. 백발삼천장은 흰머리털을 표현한 것이라기보다는 한없는 근심이나 걱정 늙어가는 슬픔을 일컫는 말일 것이다.

白髮三千丈 緣愁似箇長
不知明鏡裏 何處得秋霜

【출전 : 이백 시(李白詩)】

흰 머리털이 삼천 길
수심에 쌓여 이렇게 길었구나.
알지 못하겠도다 거울에 비친 내 얼굴,
어디서 가을 서리를 얻었던가.

『추포가(秋浦歌)』

白首北面 백수북면

흰 白(백) / 머리 首(수) / 북쪽 北(북) / 낯 面(면)

백발에도 스승 앞에 북향하고 앉아 가르침을 받는다라는 뜻으로, 학문을 닦고 인격을 높이는 데는 신분이나 연령이 관계없음을 일컫는 말.

> 瓊曰 夫子十五爲人師 陳留王孝逸先達之傲者也
> 然白首北面 豈以年乎
>
> 【출전 : 문중자(文中子) - 입명(立命)】

가경(賈瓊)이 말하길, "문중자 선생은 15세에 남의 스승이 되었는데, 진류(陳留)의 왕효일(王孝逸)은 그 제자들 중 선배 가운데서도 오만한 사람이었지만, 늙어서도 역시 북쪽을 향해 스승에게 가르침을 받는 예의를 지켰다. 그런데 어찌 연령(나이)이 문제가 되겠는가?"

伯牙絶絃 백아절현

맏 伯(백) / 어금니 牙(아) / 끊을 絶(절) / 악기줄 絃(현)

백아가 거문고 줄을 끊어버렸다라는 뜻으로, 백아가 자신의 음악을 알아주는 종자기(種子期)가 죽자 다시는 거문고를 타지 않았다는 고사에서 나온 말로 자기를 알아주는 절친한 친구의 죽음을 슬퍼함.

> 昔者 瓠巴鼓瑟 而流魚出聽 伯牙鼓琴 而六馬仰秣
> 故聲無小而不聞 行無隱而不形
>
> 【출전 : 여씨춘추(呂氏春秋) - 본미(本味)】

옛날에 호파가 비파를 타면, 물 속에 있던 물고기가 나와 들었고, 백아가 거문고를 타면, 수레 끄는 여섯 필의 말이 풀을 뜯어먹다가 고개를 들고서 우러러 보았다. 그러므로 소리는 작더라도 들리지 않는 것이 없고, 행동은 숨겨도 나타나지 않는 것이 없다.

〔백아가 높은 산의 모습을 그려내고자 거문고를 타면 종자기, "아, 마치 높이 치솟는 그 느낌은 태산(泰山)과 같구나." 그리고 강물이 흐르는 소리를 내고자 하면 종자기는, '큰 강물이 도도히 흘러가는 그 느낌은 마치 황하와 같구나'라고 칭찬을 아끼지 않았다. 이렇듯 백아의 재주를 아끼고 아꼈던 종자기가 어느 날 세상을 떠나자 백아는 그 날로 거문고의 줄을 끊고 다시 잡지 않았다.〕

白眼視 **백안시** ▶ 反目嫉視(반목질시)

흰 白(백) / 눈 眼(안) / 볼 視(시)

눈을 희게 뜨고 흘겨본다라는 뜻으로, 상대방을 업신여겨 냉대하여 흘겨봄.

籍又能爲靑白眼 見禮俗之士 以白眼對之

【출전 : 진서(晉書) – 완적전(阮籍傳)】

(완적은 평소 희로애락을 표정에 잘 나타내지 않았다.) 그 대신 까만 눈동자와 흰자위로 외면하곤 했다. 겉치레만의 예의를 지키는 선비를 만나면 흰자위로 흘겨보곤 했다.

百藥之長 **백약지장**

일 百(백) / 약 藥(약) / 갈(어조사) 之(지) / 길(장점) 長(장)

백 가지 약 중에 가장 으뜸이라는 뜻으로, 술은 어떠한 약보다도 더한 효과가 있다는 데서 술을 좋게 일컫는 말.

夫鹽食肴之將 酒百藥之長 嘉會之好

【출전 : 한서(漢書) – 식화지(食貨志)】

소금은 무릇 음식을 만들 때의 장군(가장 뛰어난 조미료)이고, 술은 많은 약 중에서 가장 효과가 뛰어난 것으로, 경사스러운 자리에는 빼놓을 수 없는 것이다.

柏舟之操 백주지조

측백나무 柏(백) / 배 舟(주) / 갈(어조사) 之(지) / 지조 操(조)

측백나무로 만든 배의 굳은 절개라는 뜻으로, 남편을 잃은 아내가 재가하지 않고 수절(守節)함을 일컫는 말. 또는 목숨을 걸고서라도 마음이 변하는 법이 없음을 일컫는 말.

汎彼柏舟 在彼中河 髧彼兩髦 實維我儀
之死失靡它 母也天只 不諒人只

【출전 : 시경(詩經) – 용풍(鄘風)「백주(柏舟)」】

저 백주(柏舟 : 잣나무로 만든 배)는 황하강 한가운데 떠 있고, 오직 한 사람 그이만이 나의 배필이었으니 죽어도 다른 사람 없는 것을, 길러주신 어머니의 은혜는 하늘과도 같지만 어찌하여 내 마음을 몰라주실까?
〔위나라 제후의 공자 공백(共伯)이 일찍 죽자 금실이 남달랐던 그의 아내 공강(共姜)은 굳건히 절개를 지켰다. 그러나 친정에서는 어린 나이에 홀로 된 딸을 가엾게 여겨 재혼을 시키려고 했다. 공강은 시(詩)를 지어 자신의 굳은 지조를 나타냈다고 한다.〕

伯仲之勢 백중지세 ▶ 伯仲之間(백중지간)

맏이 伯(백) / 버금 仲(중) / 갈(어조사) 之(지) / 권세 勢(세)

맏형과 둘째형의 기세이라는 뜻으로, 서로 어금버금하여 낮고 못함이 없음. 양자의 재능이 엇비슷하여 우열(愚劣)을 가릴 수가 없음을 일컫는 말.

文人相輕 自古而然 傳毅之於班固 伯仲之間耳

【출전 : 조비(曹丕) - 전론(典論)】

글 쓰는 사람끼리 서로 상대를 업신여기는 일은 예로부터 있었던 일이다. 예를 들면 부의와 반고는 문학적 재능에서 서로 우열을 가릴 수 없을 정도였다. 그런데도 반고는 부의를 형편없다고 깎아내렸다.

百尺竿頭 백척간두 ▶ 竿頭之勢(간두지세)

일백 百(백) / 자 尺(척) / 장대 竿(간) / 머리 頭(두)

백 자나 되는 높은 장대 끝이라는 뜻으로, 높은 장대 끝에 오른 것처럼 매우 위태롭고 위험한 상황을 일컫는 말.

百花齊放 백화제방

일백 百(백) / 꽃 花(화) / 가지런할 齊(제) / 놓을 妨(방)

온갖 꽃이 핀다라는 뜻으로, 갖가지 학문이나 예술이 함께 성함을 일컫는 말.

伐木之契 벌목지계

칠 伐(벌) / 나무 木(목) / 갈(어조사) 之(지) / 맺을 契(계)

나무하는 두 사람의 우정이라는 뜻으로, 가까운 친구 사이나 매우 친밀한 우정을 일컫는 말.

伐木丁丁 鳥鳴嚶嚶 出自幽谷 遷于喬木
嚶其鳴矣 求其友聲 相彼鳥矣 猶求友聲
矧伊人矣 不求友生

【출전 : 시경(詩經) – 소아 · 벌목(小雅 · 伐木)】

나무를 찍어 내는 소리는 정정, 새 소리는 앵앵, 깊은 골짜기에서 나와 높은 나무로 앵하고 울며 벗을 부른다.
저 새만 보아도 벗을 찾아 우짖는데, 하물며 사람이거늘 어찌 벗을 찾지 않을 수 있으리오.

法三章 법삼장 ▶ 約法三章(약법삼장)

법 法(법) / 석 三(삼) / 글 章(장)

단 세 항목의 법조문이라는 뜻으로, 더없이 간결한 법률을 일컫는 말.

吾與諸侯約 先入關者王之 吾當王關中
與父老約 法三章耳 殺人者死
傷人及盜抵罰 余悉除去秦法
諸吏人皆案堵如故

【출전 : 사기(史記) – 고조본기(高祖本紀)】

"나는 제후들과 약속하였소. 제일 먼저 관중에 들어가는 자가 왕이 되는 것을 말이오. 내가 관중에 제일 먼저 들어왔기 때문에 관중의 왕이 된 것이오. 부로(父老)들과의 약속으로 법 세 가지만 선포하겠소. 첫째, 사람을 죽인 자는 사형에 처한다. 둘째, 사람을 상하게 한 자와 도적질한 자는 응분의 벌을 받는다. 마지막으로 모든 진나라 법을 폐지하겠소. 여러 관리와 백성들은 지금까지와 마찬가지로 편안하게 살아가면 되는 것이오."

兵家常事 병가상사

군사 兵(병) / 집 家(가) / 항상 常(상) / 일 事(사)

전장에서는 흔히 있는 일이라는 뜻으로, 전쟁에서 이기고 지는 일은 흔한 일이므로 지더라도 낙담하지 말라는 말.

病加於少愈 병가어소유

병 病(병) / 더할 加(가) / ~에서(어조사) 於(어) / 적을 少(소) / 나을 愈(유)

병은 조금 나은 것에서 덧난다라는 뜻으로, 일이 잘 될 때 하찮은 방심이 큰 재앙을 부르는 것으로, 병이 차도가 있을 때에 방심하면 도리어 더치는 수가 있음을 일컫는 말.

君子苟能無以利害身 則辱安從至乎
官怠於宦成 病加於少愈 禍生於懈惰
【출전 : 세원(說苑) - 경신(敬愼)】

군자는 적어도 사리사욕에 혹하여 몸을 해치는 일이 없으면, 결코 남에게서 욕보는 법이 없다. 관리가 출세하면 나태해지기 쉽고, 병이 조금 차도가 있으면 방심하여 도리어 덧나게 되는 법이며, 화는 사소한 방심에서 비롯되게 마련이다.

兵死地也 병사지야

군사 兵(병) / 죽을 死(사) / 땅 地(지) / 잇기(어조사) 也(야)

전쟁은 죽는 곳이다라는 뜻으로, 전쟁은 죽느냐 사느냐가 걸린 곳임을 일컫는 말.

兵死地也 而括易之

【출전 : 사기(史記) – 염파인상여열전(廉頗藺相如列傳)】

전쟁은 죽는 곳이다. 그런데 괄(括)은 그것을 너무 쉽게 말하고 있다.
〔조(趙)나라의 조사(趙奢)는 명장이었는데 그에게는 조괄(趙括)이라는 아들이 있었다. 조괄은 어릴 때부터 병서를 좋아해서 아버지 조사와 병법을 놓고 토론을 하면 조사가 항상 아들에게 지면서도 그를 칭찬하는 일이 없었다.
그 부인이 까닭을 묻자, "전쟁은 죽는 곳인데 괄은 그것을 너무 쉽게 생각한다. 후일 조나라가 괄을 대장으로 임명하지 않으면 다행이겠지만 그가 대장이 되면 조나라 군사는 크게 패할 것이다" 하였다.〕

病入膏肓 병입고황

병 病(병) / 들 入(입) / 기름 膏(고) / 명치끝 肓(황)

병이 고황(심장과 횡격막 사이)에 들었다는 뜻으로, 병이 몸 속

깊이 들어 고치기 어려움. 또는 한 가지 일에 열중하여 몰두함을 비유하여 일컫는 말.

公疾病 求醫于秦 秦伯使醫緩爲之 未至 公夢
疾爲二竪子 曰 彼良醫也 懼傷我 焉逃之
其一曰 居肓之上 膏之下 若我何

【출전 : 춘추좌씨전(春秋左氏傳)】

진(晉)나라 경공(景公)의 병이 깊어지자, 진(秦)나라의 고완(高緩)이라는 명의(名醫)를 모시게 하였다. 명의가 도착하기 전에, 경공의 꿈에 병(귀신)이 두 아이의 모습을 하고 나타났다.
"이번에 오는 고완(高緩)은 명의이므로, 우리를 찾아낼 텐데 어디로 숨으면 좋을까."
그러자 한 아이가 말했다.
"걱정할 것 없이 황(肓)의 위, 고(膏)의 밑으로 들어가면 우리를 어쩌지 못할 거야."
〔얼마 후 고완이 와서 진찰한 후, '병이 이미 고황(膏肓)에 있습니다. 손을 쓸 수가 없습니다.'고 하였다. 경공은 고완을 명의라고 하며 극진하게 대접하였다.〕

兵者凶器 병자흉기

군사 兵(병) / 놈 者(자) / 흉할 凶(흉) / 그릇 器(기)

병기란 흉기이다라는 뜻으로, 병기는 사람을 해치는 것이므로 신중하게 사용해야 함.

夫勇者逆德也 兵者凶器也 爭者事之末也

【출전 : 국어(國語)】

(월왕(越王) 구천이 오나라를 치려고 할 때, 범려(范蠡)가 이를 간하여 말하길,) "필부의 용기는 도리에 어긋나는 행위이고, 무기는 사람을 상하게 하는 흉기이며, 전쟁은 정사(政事)에서 말하길 최하위로 여기는 것입니다."
(그러나 월왕 구천은 범려의 말을 듣지 않아 결국 패하고 말았다.)

病從口入 병종구입

병 病(병) / 좇을 從(종) / 입 口(구) / 들 入(입)

병은 입을 따라 들어온다라는 뜻으로, 질병이나 재앙 등은 모두 입을 거침을 일컫는 말.

☞ 입을 조심해야 함.

日莫多言 蟻孔潰河 溜穴傾山 病從口入 禍從口出

【출전 : 부자(傅子)】

무릇, 말이 많음을 삼가해야 한다. 개미가 뚫은 아주 작은 구멍일지라도 제방의 둑을 무너뜨리는 수가 있고, 작은 물방울이 떨어져서 생긴 구멍도 산을 무너뜨릴 수가 있다. 병은 입을 거쳐서 몸으로 들어오는 것이며, 재앙 또한 그 사람의 입을 통해 들어오고 나가게 된다.

覆水不返盆 복수불반분 ▶ 覆杯之水(복배지수)

엎을 覆(복) / 물 水(수) / 아닐 不(불) / 돌이킬 返(반) / 동이 盆(분)

한번 엎지른 물은 다시 물동이에 담을 수 없다라는 뜻으로, 한번 헤어진 부부는 다시 결합할 수 없음을 비유하여 일컫는 말.

買臣旣貴 妻再拜馬前求 買臣取盆水覆地
示其不能更收之意 妻遂抱恨死

【출전 : 통속편(通俗編) – 주매신처(朱買臣妻)】

주매신(朱買臣)이 높은 벼슬에 올랐다. 그런데 그가 타고 가는 말 앞에 이혼한 아내가 찾아와서, 절하고 재결합할 것을 청하였다. 매신은 물동이 물을 땅에 쏟아 부으며, 이미 엎지른 물은 다시 주워 담을 수 없다는 것을 깨우쳐 주었다. 아내는 한을 품은 채 죽었다.

富貴如浮雲 부귀여부운

가멸 富(부) / 귀할 貴(귀) / 같을 如(여) / 뜰 浮(부) / 구름 雲(운)

부귀는 한갓 떠가는 뜬구름과 다를 바 없다.

飯疏食飲水 曲肱而枕之
樂亦在其中矣 富貴如浮雲

【출전 : 논어(論語) – 술이편】

나물밥〔소식(蔬食)〕 먹고 맹물 마시며, 팔을 베고 자도 즐거움이 또한 그 속에 있다. 옳지 못한 부(富)나 귀(貴)는 내게 뜬구름과 같다.

浮生若夢 부생약몽

뜰 浮(부) / 날 生(생) / 같을 若(약) / 꿈 夢(몽)

뜬구름 같은 인생이 꿈만 같다라는 뜻으로, 인생은 꿈처럼 허무한 것으로 덧없음을 일컫는 말.

夫天地者萬物之逆旅也 光陰者百代之過客也
而浮生若夢 爲歡幾何

【출전 : 이백(李白) － 춘야연 도리원서(春夜宴 桃李園序)】

천지(天地)는 만물이 머물러 가는 곳이며, 세월은 영원히 머무는 법이 없는 객이다. 그리고 인생사는 그야말로 꿈처럼 허무한 것이어서 즐거운 때를 보내는 일이 대체 얼마나 된단 말인가.

俯仰不愧 부앙불괴

구부릴 俯(부) / 우러러볼 仰(앙) / 아닐 不(불) / 부끄러울 愧(괴)

굽어보나 우러러보나 부끄럽지 않다라는 뜻으로, 하늘을 우러르고 세상을 굽어보아도 양심에 부끄러움이 없다는 말.

仰不愧於天 俯下怍於人

【출전 : 맹자(孟子)】

우러러 하늘에 부끄럽지 않고, 굽어보아 사람에게 부끄럽지 않다.

婦人之仁 부인지인

아내 婦(부) / 사람 人(인) / 갈(어조사) 之(지) / 어질 仁(인)

부인과 같은 너그러움이라는 뜻으로, 남자가 과단성이 없이 사소한 일에는 잘하지만 중요한 일에는 잘하지 못하는 소견이 좁은 자잘한 정을 일컫는 말.

至使人有功當封爵者 印刓敝忍不能予
此所謂婦人之仁也

【출전 : 史記(사기) - 회음후열전(淮陰侯列傳)】

가신(家臣)에게 봉지(封地)나 작록(爵祿)을 내릴 정도의 공이 있을 경우에 그 인수(印綬 : 인끈)가 닳기까지 미적미적거리며, 아까워서 좀체 주지를 못하고 있다. 이것은 소견이 좁아 자잘한 정만 있을 뿐이기 때문이다.

釜中生魚 부중생어

가마솥 釜(부) / 가운데 中(중) / 날 生(생) / 물고기 魚(어)

가마솥 안에서 물고기가 생기다라는 뜻으로, 오랫동안 밥을 짓지 못하여 '솥 안에 물고기가 생겨났다'는 것으로, 매우 가난함을 비유하여 일컫는 말.

釜中之魚 부중지어 ▶ 俎上之肉(조상지육)

가마솥 釜(부) / 가운데 中(중) / 갈(어조사) 之(지) / 물고기 魚(어)

가마솥 안에 있는 물고기. 즉 곧 삶아질 것도 모르고 솥 안에서 헤엄치고 있는 물고기'라는 뜻으로, 목숨이 위급한 처지에 있음을 일컫는 말.

綱 單車 經詣嬰壘門 請與相見 譬曉之
嬰曰 汝等若是 相取久存命 其如釜中之魚
必不久之 嬰等萬餘人 降　　　【출전 : 자치통감 - 한기(漢記)】

장강은 단신으로 도적의 진문으로 수레를 몰고 가서, 장영과 만나 사물의 도리를 들려주며 설득하였다. 그러자 장영은 이 말을 듣고 깊은 감명을 받았다.

"벼슬아치들의 가혹한 처사에 견디다 못해 모두가 모여서 도적이 되었습니다. 지금은 이렇게 목숨이 붙어 있지만 그것은 마치 물고기가 솥 안에서 헤엄치고 있는 것과 마찬가지입니다. 결코 오래 계속되지는 못할 것입니다."

그러자, 장영 등은 항복했다.

夫倡婦隨 부창부수

지아비 夫(부) / 노래 倡(창) / 지어미 婦(부) / 따를 隨(수)

지아비가 이끌고 지어미는 따른다라는 뜻으로, 부부가 서로 화합함. 남편이 주장하고 아내가 이에 따름을 일컫는 말.

天下之理 夫者倡 婦者隨 牡者馳 牝者遂
雄者鳴 雌者應　　　　　【출전 : 관윤자(關尹子) - 삼극(三極)】

세상의 이치란 남편이 이끄는 말에 아내가 따르는 것이고, 수컷(牡)이 달리면 암컷(牝)이 쫓아가며, 수탉(雄)이 때를 알리면 암탉(雌)이 따라 우는 것이다.

粉骨碎身 분골쇄신

가루 粉(분) / 뼈 骨(골) / 부술 碎(쇄) / 몸 身(신)

뼈가 가루가 되고 몸이 부서진다라는 뜻으로, 있는 힘을 다해 노력함. 또 그렇게 힘써 일함을 일컫는 말.

泰始之始 八表同逆 一門二世 粉骨衛主
殊勳異績 已不能甄 常階舊途 復見侵抑

【출전 : 남제서(南齊書) – 왕승건전(王僧虔傳)】

태시〔泰始 : 남조송(南朝宋) 연호(年號)〕의 초기에, 팔방(八方)이 아직 평정(平定)되지 않았을 때, 우리 가문은 부친과 2대에 걸쳐서 몸이 가루가 되도록 주상을 섬겼습니다.
그런데 그 뛰어난 공적은 세상에 밝혀 낼 수도 없으며, 우리의 예전의 벼슬조차도 침해당하려는 형편입니다.

焚書坑儒 분서갱유

불사를 焚(분) / 글 書(서) / 구덩이 坑(갱) / 선비 儒(유)

책을 불사르고 선비를 산 채로 구덩이에 파묻다라는 뜻으로, 진(秦)나라 시황제(始皇帝)가 정치에 대한 비판을 금하려고 책을 불사르고, 학자들을 산 채로 구덩이에 묻어 죽인 가혹한 정치, 또는 서적이나 사람을 탄압함.

史官非秦記皆燒之 非博士官所職
天下敢有藏詩書百家語者 悉詣守尉雜燒之
諸生傳相告引乃自除 犯禁者四百六十餘人
皆坑之咸陽

【출전 : 사기(史記) – 진시황본기(秦始皇本記)】

사관이 맡고 있는 진나라 기록 이외의 것은 다 불사르라. 박사가 직무상 취급하는 것 이외에 감히 시서(詩書)나 백가어(百家語)들을 가지고 있는 사람은 모두 고을 수령에게 바쳐 그 모두를 불사르라.”

학자들은 죄를 서로 전가시켜 다른 사람을 고발하고 자기 자신을 도우려 했다. 그 결과 금령을 범한 사람이 사백육십여 명이나 되어, 이들을 모두 함양 도성 안에 구덩이를 파고 산 채로 묻어 버렸다.

不俱戴天之讎 불구대천지수

아닐 不(불) / 함께 俱(구) / 일 戴(대) / 하늘 天(천) /
원망할 怨(원) / 갈(어조사) 之(지) / 원수 讎(수)

하늘을 머리에 함께 이고 있을 수 없는 원수라는 뜻으로, 같은 하늘 아래에 같이 살 수 없음. 도저히 용서할 수 없을 정도로 깊은 원한을 지님. 곧, 군주나 부모·형제의 원수.

父之讎 弗與共戴天 兄弟之讎 不反兵
交遊之讎 不同國　　　　【출전 : 예기(禮記) - 곡례(曲禮)】

아비의 원수는 더불어 하늘을 이지 않는다. (따라서 같은 세상에 살려 둘 수가 없으니 반드시 죽여야 한다.)
형제의 원수는 칼을 돌이키지 않는다. (언제든지 무기를 가지고 있으면 즉시 죽여야 한다.)
사귀어 온 사람(친구)의 원수는 나라를 함께 하지 않는다. (역시 죽여야 한다.)

不蜚不鳴 불비불명

아닐 不(불) / 날 蜚(비) / 울 鳴(명)

날지도 않고 울지도 않는다라는 뜻으로, 큰일을 하기 위해 오랫동안 조용히 때를 기다림.

순우곤(淳于髡)이 왕에게 이런 수수께끼를 냈다.
"나라 안의 큰 새가 대궐 뜰에 멈추어 있습니다. 3년이 지나도록 날지도 않고 울지도 않습니다. 왕께서는 이것이 무슨 새인 줄 아십니까?"
왕이 대답하길, "이 새는 날지 않으면 그뿐이나 한 번 날면 하늘에 오르며, 울지 않으면 그뿐이나 한 번 울면 사람을 놀리게 할 것이다."

【출전 : 사기(史記)】

不夜城 불야성

아닐 不(불) / 밤 夜(야) / 성 城(성)

밤이 아닌 도시라는 뜻으로, 등불이 밤에도 마치 낮처럼 밝은 장소나 건물을 일컫는 말.

樓臺絶勝宜春苑 燈火還同不夜城

【출전 : 소정 시(詩)】

(사방이 탁 뜨여 높은) 누대의 아름다운 모습은 의춘원(宜春苑)을 훨씬 능가하고, 밤새도록 휘황한 등불은 또한 밤이 아닌 도시를 이룬 듯하다.

不撓不屈 불요불굴

아닐 不(불) / 휠 撓(요) / 굽을 屈(굴)

휘지도 않고 굽히지도 않는다라는 뜻으로, 어려운 상황에서도 뜻이나 의지가 흔들리지도 굽히지도 않고 굳세다는 말.

不入虎穴不得虎子 불입호혈부득호자

아닐 不(불) / 들 入(입) / 범 虎(호) / 구멍 穴(혈) / 얻을 得(득) /
아들 子(자)

호랑이 굴에 들어가지 않으면 호랑이 새끼를 얻지 못한다라는
뜻으로, 위험을 감수하지 않고는 큰 일(수확)을 할(얻을) 수 없
음을 일컫는 말.

不入虎穴 不得虎子 當今之計 獨有因夜以火攻虜
使彼不知我多少 必大震怖 可殄盡也 滅此虜
則鄯善破膽 攻成事立矣

【출전 : 後漢書(후한서) - 반초전(班超傳)】

〔후한 초기, 반초(班超)는 오랑캐 나라인 선선국(鄯善國)의 사신으로
떠났다. 그런데 선선국 왕은 흉노국 사신을 영접하며 자신들을 넘겨
주려 하였다. 반초는 그날 밤 흉노들이 묵고 있는 처소로 갔다.〕
"호랑이 굴에 들어가지 않으면 호랑이 새끼를 얻을 수가 없다. 지금
우리로서는 밤을 틈타서 불을 지르고 오랑캐를 공격하는 수밖에 없
다. 적이 우리의 병력이 얼마인가를 알아차리지 못하게 해야 한다. 그
러면 적은 반드시 크게 두려움에 떨 것이며 우리는 그들을 섬멸할 수
있다. 저 오랑캐를 해치우고 나면 선선국도 간담이 서늘해져 우리의
목적 또한 성사될 것이다."

不肖 불초

아닐 不(불) / 닮을 肖(초)

닮지 않았다라는 뜻으로, 부모와 조상의 덕망이나 유업(遺業)을
이어받지 못함. 또는 그러한 사람을 일컫는 말.

☞ 본래는 부모를 닮지 못한 어리석은 자식을 말하며, 또 자식이 부모의 상중(喪中)에 있을 때에 스스로를 일컬음.

丹朱不肖 舜之子亦不肖 舜之相堯
禹之相舜也 歷年多 施澤於民久

【출전 : 맹자(孟子) – 만장편(萬章篇)】

(요임금의 아들) 단주(丹朱)는 불초(不肖)하였고, 순임금의 아들 또한 불초하였다. 순임금이 요임금을 도운 것과 우임금이 순임금을 도운 것은, 여러 해 동안 백성들에게 오래도록 은혜와 덕을 베푼 것이었다.

不惑 불혹

아닐 不(불) / 미혹할 惑(혹)

미혹되지 않는다라는 뜻으로, 40세가 되면 미혹하지 아니함(망설이는 일이 없어짐)을 일컫는 말.

☞ 나이 마흔 살을 일컬음.

吾 十有五而志于學 三十而立 四十而不惑
五十而知天命 六十而耳順 七十而從心所欲不踰矩

【출전 : 논어(論語) – 위정(爲政)】

나는 열다섯 살에 학문에 뜻을 두었고, 서른 살에 학문을 이뤄 자립했다. 마흔 살에는 미혹하지 않게 되었고, 쉰 살에 하늘이 내게 주신 사명을 알았다.
예순 살에는 사물의 이치를 들어 저절로 알게 되었고, 일흔에는 무엇이든지 하고 싶은 대로 행하여도 법도에 어긋남이 없다.

鵬程萬里 붕정만리

붕새 鵬(붕) / 법 程(정) / 일만 萬(만) / 마을(단위) 里(리)

붕새는 단번에 만 리를 난다라는 뜻으로, 앞길이 매우 멀고도 큼을 일컬음. 또는 대자연에 직면하여 그 광대함을 형용하는 말.

☞ 앞날이 양양함.

> 鵬之徒於南冥也 水擊三千里
> 搏扶搖而上者九萬里
>
> 【출전 : 장자(莊子) - 소요유(逍遙游)】

붕(鵬)이 남쪽 바다로 옮기려고 날개를 치면 수면은 3천 리에 걸쳐서 물결이 일고, 세찬 회오리바람에 홰치며 날아 올라가면 9만 리의 높이에 이른다.
〔장자는 이 붕의 존재를 빌어 인간사회의 상식을 벗어난, 무한히 커서 아무에게도 구속되거나 구애됨이 없는 정신적 자유세계를 소요(逍遙 : 마음을 속세간 밖에 유람하게 함)하는 위대함을 시사하려 하였다.〕

飛龍乘雲 비룡승운

날 飛(비) / 용 龍(룡) / 탈 乘(승) / 구름 雲(운)

용이 구름을 타고 하늘을 난다라는 뜻으로, 현자(賢者)나 영웅이 시류에 편승하여 자신의 재능을 발휘함.

> 飛龍乘雲 騰蛇遊霧 雲罷霧霽
> 而龍蛇與蚓蟻同矣 則失其所乘也
>
> 【출전 : 한비자(韓非子) - 난세(難勢)】

하늘을 나는 용은 구름을 타고 오르고, 뛰어오르는 뱀은 안개 속에 노닌다. 구름이 없어지고 안개가 걷히면 하늘을 나는 용이나 뛰어오르는 뱀도 지렁이나 개미와 같다. 그 탈것을 잃었기 때문이다. 〔비록 현자(賢者)일지라도 권력이 약하고 지위가 낮으면, 권력이 강하고 지위가 높은 우자(愚者)에게 머리를 숙이고 복종해야만 하는 것이다.〕

髀肉之嘆 비육지탄

넓적다리 髀(비) / 갈(어조사) 之(지) / 고기 肉(육) / 탄식할 嘆(탄)

넓적다리만 살찌는 것을 한탄한다라는 뜻으로, 영웅이 전쟁에 나가지 못하고 넓적다리만 살찜을 한탄한다. 즉 성공하지 못하고 한갓 세월만 보내는 일을 탄식함을 일컫는 말.

바

備曰 吾常身不離鞍 髀肉皆消
今不復騎 髀裏肉生

【출전 : 삼국지(三國志) - 촉서(蜀書)】

유비가 말하길, "나는 항상 몸이 말안장 위에서 떠난 적이 없어 넓적다리 살이 빠져 있었는데, 지금은 말을 타고 싸움터에 나갈 기회가 없어져 넓적다리에 살만 찌고 말았다."

飛鳥驚蛇 비조경사

날 飛(비) / 새 鳥(조) / 놀랄 驚(경) / 뱀 蛇(사)

새가 날고 뱀이 놀란다는 뜻으로, 활달하고 생동감 있는 서체를 비유하여 일컫는 말.

飛鳥盡良弓藏 비조진양궁장 ▶ 兎死狗烹(토사구팽)

날 飛(비) / 새 鳥(조) / 다할 盡(진) / 어질 良(량) / 활 弓(궁) /
감출 藏(장)

나는 새가 없어지면 좋은 활도 깊이 간수하게 되고 만다는 뜻으
로, 쓸모가 없어지면 버려짐을 비유하여 일컫는 말.

牝鷄之晨 빈계지신

암컷 牝(빈) / 닭 鷄(계) / 어조사 之(지) / 새벽 晨(신)

암탉이 울어 새벽을 알린다라는 뜻으로, 여자가 남편을 업신여
겨 집안일을 자기 마음대로 처리하는 것을 일컫는 말.

※ 새벽을 알리는 것은 수탉인데, 암탉이 수탉을 대신하여 때를 알리
는 것은 질서가 없어졌음을 뜻하며, 집안이나 나라가 망함에 비유.

> 古人有言 曰 牝鷄無晨 牝鷄之晨 惟家之索
>
> 【출전 : 서경(書經) – 목서(牧誓)】
>
> 옛사람이 이르길, '암탉은 새벽에 울지 않는 법인데 암탉이 새벽에
> 울면 집안이 망한다'고 했다.

貧者一燈 빈자일등

가난할 貧(빈) / 놈 者(자) / 한 一(일) / 등잔 燈(등)

가난한 자가 바치는 하나의 등불이라는 뜻으로, 불전에 바치는
가난한 사람의 정성어린 하나의 등이 부자의 만 개의 등보다 낫

다는 것을 일컫는 말.

☞ 물질의 많고 적음보다 정성이 소중함.

難陀以懷語之 油主憐愍 增倍與油 得已歡喜
足作一燈 担向精舍 奉上世尊
置於佛前衆燈之中

【출전 : 우현경 – 빈녀난타품(貧女難陀品)】

(난타는 구걸하며 살아가는 여인으로 그날도 돈 몇 푼을 얻게 되었다.)
난타는 자기의 간절한 마음을 기름집 주인에게 말하고 다시 한번 사
정을 했다. 그러자 기름집 주인은 그녀를 불쌍히 여겨 돈 한 푼을 받
고 몇 배나 되는 기름을 주었다. (그 만큼의 기름이 있으면 한 등을
밝힐 수가 있었다.) 난타는 크게 기뻐하여 등 하나에 불을 붙여, 정사
로 가서 석가모니에게 바쳐 불단 앞에 있는 무수한 등불 속에 놓아두
었다.

氷炭不相容 빙탄불상용

얼음 氷(빙) / 숯 炭(탄) / 아닐 不(불) / 서로 相(상) /
얼굴(받아들일) 容(용)

얼음과 숯은 서로를 받아들이지 못한다라는 뜻으로, 얼음과 숯
은 성질이 정반대이기 때문에 서로 용납하지 못함을 일컫는 말.

☞ 사물이 서로 화합하기 어려움. 서로 조화될 수 없는 사이.

氷炭不可以相竝兮 吾固知乎命之不長
哀獨苦死之無樂兮 惜余年之未央

【출전 : 사기(史記) – 골계전(滑稽傳)】

얼음과 숯은 서로 함께 할 수 없음이여,
나는 처음부터 목숨이 길지 못함을 알았노라.
홀로 외롭게 고생하다 죽어 즐거움이 없음이여
내 나이를 다하지 못함을 안타까워하노라.

氷炭相愛 빙탄상애

얼음 氷(빙) / 숯 炭(탄) / 서로 相(상) / 사랑 愛(애)

얼음과 불이 서로 화합하다라는 뜻으로, 세상에 그 예가 도저히 있을 수 없음을 일컫는 말.

☞ 성질이 서로 상반되는 것으로 친구 사이에 서로 충고하고 거울삼음.

> 天下莫相憎於膠漆 而莫相愛於氷炭 膠漆相賊
> 氷炭相息也
>
> 【출전 : 회남자(淮南子) - 설산훈(說山訓)】

이 세상에서는 아교와 옻칠보다 서로 떨어질 것이 없으며, 얼음과 숯불보다 서로 돕는 것은 없다. 아교와 옻칠은 일단 붙어버리면 상대방을 용납하여 떼어놓는 법이 없이 서로를 손상하고, 얼음과 숯불은 서로 도와주기 때문이다. (얼음은 숯불이 타버리는 것을 막아주고 숯불은 얼음을 녹여서 원래의 물로 되돌려 주기 때문이다.)

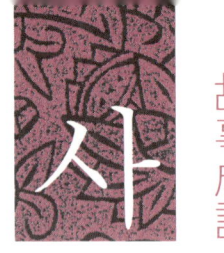

四計 사계

넉 四(사) / 셀 計(계)

네 가지 계획이라는 뜻으로, 하루의 계획은 새벽에 세우고, 한 해의 계획은 봄에 세우고, 일생의 계획은 부지런함에 세우고, 한 집안의 계획은 화목함에 있음을 일컫는 말.

射空中鵠 사공중곡

쏠 射(사) / 빌 空(공) / 가운데 中(중) / 과녁 鵠(곡)

공중에 쏜 화살이 과녁을 맞혔다는 뜻으로, 무턱대고 한 일이 우연히 들어맞아 성공함.

四端 사단

넉 四(사) / 끝 端(단)

네 가지의 근본이라는 뜻으로, 사람의 본성에서 우러나오는 네 가지 마음씨. 즉 인의예지(仁義禮智)를 일컫는 말.

※ 인(仁)에서 우러나는 측은지심(惻隱之心 : 동정심), 의(義)에서 우러나는 수오지심(羞惡之心 : 나쁜 짓을 부끄럽게 여기고 미워함),

예(禮)에서 우러나는 사양지심(辭讓之心 : 서로 양보함), 지(智)에서 우러나는 시비지심(是非之心 : 옳고 그름에 대한 올바른 판단)의 네 가지.

惻隱之心 仁之端也 羞惡之心 義之端也 辭讓之心
禮之端也 是非之心 智之端也 人之有是四端也
猶其有四體也

【출전 : 맹자(孟子) – 공손추상(公孫丑上)】

남의 불행을 동정하고 불쌍히 여기는 마음은 인(仁)에서 비롯되었으며, 자신의 불의와 부정을 부끄러워하고 미워하는 마음은 의(義)에서 나온 것이다. 남에게 양보하는 마음은 예(禮)에서 비롯되었으며, 선악에 대한 올바른 판단을 하는 마음은 지(智)에서 나온 것이다. 사람에게 이 측은(惻隱)·수오(羞惡)·사양(辭讓)·시비(是非)의 네 가지 마음이 인(仁)·의(義)·예(禮)·지(智)에서 비롯된 것은, 사람에게 양손과 양발, 사체(四體)가 있는 것과 마찬가지로 본래 타고난 것이다. (이 사단을 가지고 있으면서 스스로 못한다고 하는 사람은 임금을 해치는 사람이다)

四面楚歌 사면초가

넉 四(사) / 사면 面(면) / 초나라 楚(초) / 노래 歌(가)

사방에서 들려오는 초나라의 노래라는 뜻으로, 사방이 적에게 포위된 상태, 또는 누구의 도움도 받을 수 없는 고립무원의 상태를 일컫는 말.

項王軍壁垓下 兵少食盡 漢軍及諸侯兵圍之數重
夜聞漢軍四面皆楚歌 項王乃大驚曰

漢皆已得楚乎 是何楚人之多也

【출전 : 사기(史記) – 항우본기(項羽本紀)】

해하에 진을 친 항우는 군사도 적고 식량도 다 떨어져가고 있었다. 한나라와 제후(諸侯)의 군사들이 그 성을 겹겹으로 포위하였다. 밤이 되어 항우는 한군(漢軍)이 사방에서 모두 초나라의 노래를 부르고 있는 것을 듣고, 놀라서 말하길, "한나라 군사가 벌써 초나라를 모두 점령해 버렸단 말인가. 초나라 사람들이 왜 이리 많으냐?"

駟不及舌 사불급설

사마(말 네 필) 駟(사) / 아닐 不(불) / 미칠 及(급) / 혀 舌(설)

네 말이 끄는 수레도 혀에는 못 미친다라는 뜻으로, 소문이 삽시간에 퍼지는 것을 일컫는 말.

☞ 말조심하라는 뜻.

棘子成曰 君子質而已矣 何以文爲矣
子貢曰 惜乎 夫子之說君子也 駟不及舌
文猶質也 質猶文也

【출전 : 논어(論語) – 안연(顏淵)】

극자성(棘子成)이 말하길, "군자(君子)는 꾸밈이 없는 수수함〔質〕만이 필요하며 몸을 꾸미는 장식〔文〕 따위는 필요치 않다."
자공이 말하길, "애석한 일입니다. 군자에 대한 당신의 견해가 네 마리 말이 끄는 수레조차도 한번 입에서 나온 말을 따라잡을 수가 없듯이, 외관상의 수식이 없이는 질박함을 표현할 수가 없고, 질박함이 없이는 장식을 할 도리가 없습니다." 하였다.

沙上樓閣 사상누각 ▶ 空中樓閣(공중누각)

모래 沙(사) / 위 上(상) / 다락 樓(누) / 누각 閣(각)

모래 위에 지은 누각이란 뜻으로, 기초가 튼튼하지 못하고 약하여 오래 유지할 수 없음을 일컫는 말.

私淑諸人 사숙제인 ▶ 私淑(사숙)

개인 私(사) / 사모할 淑(숙) / 모두 諸(제) / 사람 人(인)

사사로이 사모하는 사람이라는 뜻으로, 존경하는 사람에게 직접 가르침을 받을 수는 없으나 스스로 그 사람의 덕을 사모하고 본받아서 도(道)나 학문을 닦음을 일컫는 말.

> 孟子曰 君子之澤 五世而斬 小人之澤
> 予未得爲孔子徒也 予私淑諸人也
>
> 【출전 : 맹자(孟子) − 이루(離婁)】

맹자가 말하길, "훌륭한 사람의 명성도, 하찮은 사람의 재산도 대개 5대째에는 끊겨 버린다. 나는 직접 공자의 문하생이 될 수는 없었지만, (공자의 유산인 훌륭한 인덕(人德)의 가르침은 아직 남아 있어서) 그것을 듣고 남몰래 자신의 몸을 닦아 선행을 베풀 수가 있는 것이다."

蛇心佛口 사심불구

뱀 蛇(사) / 마음 心(심) / 부처 佛(불) / 입 口(구)

뱀의 마음에 부처의 입이라는 뜻으로, 마음은 간악하면서 입으로는 착한 말로 꾸미는 것을 일컫는 말.

似而非 사이비

같을 似(사) / 이를(어조사) 而(이) / 아닐 非(비)

같아 보이지만 아닌 것이라는 뜻으로, 겉으로는 그것과 비슷해 보이나 실제로는 전혀 다름을 일컫는 말.

☞ 가짜를 일컬음.

> 孔子曰 惡似而非者 惡莠 恐其亂苗也 惡佞
> 恐其亂義也 惡利口 恐其亂信也 惡鄭聲
> 恐其亂樂也 惡紫 恐其亂朱也
> 惡鄕原 恐其亂德也
>
> 【출전 : 맹자(孟子) - 진심(盡心)】

공자가 말하길, "나는 같지만 아닌 사이비를 미워한다. 강아지풀을 미워하는 것은 그것이 곡식을 어지럽게 할까 두려워서이고, 아양 떨며 말하는 것을 미워하는 것은 그것이 정의를 혼란시킬까 두려워서이고, 말 많은 것을 미워하는 것은 그것이 신의를 혼란시킬까 두려워서이고, 정(鄭)나라 음악을 미워하는 것은 그것이 아악(雅樂)을 혼란시킬까 두려워서이고, 보라색을 미워하는 것은 그것이 붉은 색깔을 혼란시킬까 두려워서이고, 향원(鄕原 : 속세에 너무 치우쳐 사는 사이비 군자)을 미워하는 것은 그것이 덕을 어지럽게 할까 두려워서이다."

射人先射馬 사인선사마

쏠 射(사) / 사람 人(인) / 먼저 先(선) / 말 馬(마)

그 사람을 쏘려면 먼저 그가 탄 말을 쏘라는 뜻으로, 목적을 이루기 위해서는 그 핵심을 찌르는 방법이 가장 효과적임을 일컫는 말.

挽弓當挽強 用箭當用長 射人先射馬
擒賊先擒王

【출전 : 두보 시(杜甫詩)】

활을 쏘려거든 마땅히 강한 활을 쏘아야 하고, 화살을 쓰려면 긴 화
살을 써야만 한다. 그리고 사람을 쏘아 맞히려면 먼저 그 사람이 타
고 있는 말을 쏴라. 적을 잡으려거든 먼저 그 왕을 사로잡으라.
(적의 침략을 막고 제지할 수만 있다면 그것으로 목적은 다한 것이다.
구태여 많은 생명을 희생시킬 필요가 있겠는가?)

獅子吼 사자후

사자 獅(사) / 아들 子(자) / 울 吼(후)

사자의 울부짖음이라는 뜻으로, 불교에서 부처님의 한 번 설법
(說法)에 뭇 악마가 굴복하여 귀의(歸依)함을 비유하여 일컫는
말.
☞ 크게 부르짖어 열변을 토(吐)하는 연설.

獅子出西域諸國 目光始電 聲吼始雷
每一吼則百獸辟易

【출전 : 본초강목(本草綱目)】

사자는 서역 여러 나라에서 사는데 눈빛은 번개와 같고 부르짖는 소
리는 우레와 같다. 한 번 울부짖을 때마다 모든 짐승들이 피해 달아
난다.

蛇足 사족

뱀 蛇(사) / 발 足(족)

뱀의 발이라는 뜻으로, 뱀을 그리는 데 발까지 그려 넣어서 원래의 모양과 다르게 되었다는 말에서, 쓸데없는 일을 하여 도리어 실패함을 비유하여 일컫는 말.

☞ 불필요하게 덧붙인 것.

楚有祠者 賜其舍巵酒 舍人相謂曰
數人飮之不足 一人飮之有餘 請畫地爲蛇
先成者飮酒 一人蛇先成 引酒且飮之
乃左手持巵 右手畫蛇曰 吾能爲之足
未成一人蛇成 奪其巵曰 蛇固無足
子安能爲之足 遂飮其酒 爲蛇足者終亡其酒

【출전 : 전국책(戰國策) - 제책(齊策)】

초나라에 제사를 맡아보는 사자가 임금을 가까이 모시는 시종들에게 큰 잔에 술을 가득 담아서 주었다. 그 시종들은 서로 몇 사람이 마시면 모자라겠지만 한 사람이 마실 만큼은 되니 땅에 뱀을 제일 먼저 그린 사람에게 술을 마실 수 있도록 하자고 했다.
한 사람이 왼손으로는 술잔을 들고 오른손으로 계속 뱀을 그려나가면서, "나는 발까지 그릴 수 있다."고 뽐냈다.
그러나 다리를 그리고 있는 동안 다른 사람이 술잔을 빼앗으며, "원래 뱀에게는 발이 없다. 그러니까 발을 그리면 안 된다." 하면서 그 술을 마셔버렸다.
뱀의 발을 그린 사람은 결국 술을 마시지 못했다.

四知 사지 ▶ 天知 神知 我知 子知(천지 신지 아지 자지)

넉 四(사) / 알 知(지)

하늘이 알고 땅이 알고 내가 알고 자네가 안다라는 뜻으로, 두 사람만의 비밀이라도 어느 때고 남에게 알려지게 된다는 말.

☞ 세상에 비밀은 없다.

楊震爲太守赴任中 宿昌邑 屬邑令王密 訪其震
十金遺之 震拒之 日暮夜 無知者 震曰
天地 神知 我知 子知 何謂無知 令慚而退

【출전 : 후한서(後漢書) – 양진전(楊震傳)】

양진(楊震)은 (청렴결백한 사람이었다) 동래군의 태수로서 임지로 부임하는 도중 창읍에 들렀다. (그때 양진의 천거로 창읍현의 현령이 된) 왕밀(王密)이라는 자가 해질녘에 아무도 모르게 뇌물을 가지고 찾아와서 말하길, "여기에는 아무도 없습니다. 받아주십시오" 하였다. 이에 진(震)은 왕밀을 타이르며 말하길, "하늘이 알고, 신(神)이 알고, 내가 알고, 그대가 아는데. 어찌 아무도 모른다고 할 수 있는가." 하였다. 그러자 밀은 부끄러워하며 물러갔다.

事必歸正 사필귀정

일 事(사) / 반드시 必(필) / 돌아갈 歸(귀) / 바를 正(정)

일은 반드시 바른 데로 돌아가게 마련이라는 뜻으로, 모든 잘 잘못은 반드시 바른길로 돌아옴.

死後 藥方文 사후약방문 ▶ 亡羊補牢(망양보뢰)

죽을 死(사) / 뒤 後(후) / 약 藥(약) / 처방 方(방) / 글월 文(문)

죽은 뒤에 약방문을 쓴다라는 뜻으로, 이미 때가 지난 후에는 계책을 세워도 소용이 없음을 일컫는 말.

山戰水戰 산전수전

산 山(산) / 싸움 戰(전) / 물 水(수)

산에서의 싸움과 물에서의 싸움이라는 뜻으로, 세상의 온갖 고
난을 다 겪어 세상일에 경험이 많음을 일컫는 말.

山海珍味 산해진미 ▶ 水陸珍味(수륙진미)

산 山(산) / 바다 海(해) / 보배 珍(진) / 맛 味(미)

산과 바다의 진귀한 맛이라는 뜻으로, 온갖 귀한 재료로 만든
맛좋은 음식.

殺身成仁 살신성인

죽일 殺(살) / 몸 身(신) / 이룰 成(성) / 어질 仁(인)

자신을 죽여서라도 인(仁)을 이룬다라는 뜻으로, 옳은 일을 위
해서 목숨을 바침.

子曰 志士仁人 無求生以害仁 有殺身以成仁

【출전 : 논어(論語) − 위령공(衛靈公)】

공자가 말씀하시길, "높은 뜻을 지닌 선비와 어진 사람은 목숨이 아
까워서 인(仁)을 손상시키는 짓을 하지 않으며 목숨을 버리고라도 인
(仁)을 이룬다."

三顧草廬 삼고초려

석 三(삼) / 돌아볼 顧(고) / 풀 草(초) / 오두막집 廬(려)

초가집을 세 번 찾아간다라는 뜻으로, 인재를 얻기 위해 끈기 있게 노력함을 일컫는 말.

※ 유비가 제갈공명을 군사(軍師)로 맞아들이기 위하여 세 번 찾아간 데서 유래, 신분이나 지위가 높은 사람이 자기 사람을 만들기 위해 간곡히 청하는 일.

> 三顧臣於草廬之中 諮臣以當世之事
>
> 【출전 : 삼국지(三國志) – 제갈량전(諸葛亮傳)】
>
> (선황제(先皇帝) 유비(劉備)께서는) 세 차례나 풀로 지붕을 이은 초라한 나(제갈량)의 집으로 찾아오셔서, 당면한 세상일을 의논하셨습니다.

三十六計走爲上計 삼십육계주위상계

석 三(삼) / 열 十(십) / 여섯 六(육) / 셀 計(계) / 달릴 走(주) / 할 爲(위) / 위 上(상)

서른여섯 가지 계책 중에서 달아나는 것이 제일 좋은 계책이라는 뜻으로, 일의 형편이 아주 불리할 때는 달아나서 몸의 안전을 꾀하는 것이 상책임을 일컫는 말.

> 檀公三十六策 走爲上策 計汝父子唯有走耳
>
> 【출전 : 남제서(南齊書)】
>
> 단공(檀公 : 송나라 명장 단도제)의 36가지 계책 중에서는 달아나는

것이 제일 좋은 계책이 된다고 했다. 이제 너희 부자(父子)에게 남은 건 다만 한 가지 달아나는 길만이 있을 뿐이다.

三人成虎 삼인성호

석 三(삼) / 사람 人(인) / 이룰 成(성) / 범 虎(호)

세 사람이 하는 똑같은 말이면 호랑이도 만든다라는 뜻으로, 아무리 근거 없는 말일지라도 여러 사람이 같은 말을 하면 사실로 믿게 됨을 일컫는 말.

夫市之無虎也明矣 然而三人言而成虎

【출전 : 한비자(韓非子)】

"대체로 저자거리에 호랑이 따위가 나타나지 않는다는 것은 뻔한 일이지만, 세 사람이 똑같이 호랑이가 나타났다고 하면 그런 일이 사실이 되고 맙니다. 〔내가 인질로 가는 한단(邯鄲 : 위나라의 수도) 땅은 아득히 멀며, 나에 대한 근거 없는 소문이 사실이라고 왕에게 전해질 것입니다. 왕께서는 그 점을 굽어 살피소서.〕"

三從之義 삼종지의

석 三(삼) / 좇을 從(종) / 갈(어조사) 之(지) / 옳을 義(의)

여자가 지켜야 할 세 가지 도리라는 뜻으로, 어려서는 아버지를 따르고, 시집가서는 남편을 따르며, 남편이 죽은 뒤에는 아들(자식)을 따라야 함을 일컫는 말.

婦人有三從之義 無專用之道 故未嫁從父
旣嫁從夫 夫死從子

【출전 : 의례(儀禮) – 상복(喪服)】

여자에게는 세 가지 따라야 할 가르침이 있으니, 출가하기 전 집에서
는 아버지를 따르고, 시집가서는 남편을 따르며, 남편이 죽고 나서는
자식(아들)을 따라야 한다.

三寸之舌 삼촌지설

석 三(삼) / 마디 寸(촌) / 갈(어조사) 之(지) / 혀 舌(설)

세 치 혀라는 뜻으로, 세 치 길이밖에 안 되는 사람의 짧은 혀.
즉, 세 치 길이밖에 안 되는 사람의 짧은 혀가 백만의 군사보다
더 강함을 일컫는 말.

三寸之舌而 疆於百萬之師

【출전 : 사기(史記) – 평원군열전(平原君列傳)】

세 치의 혀가 백만 명의 군사보다 더 강하다(백만 군사의 위력으로도
되지 않을 일을 말로써 상대를 설복시켜 뜻을 이룬다).

喪家之狗 상가지구

복(服)입을 喪(상) / 집 家(가) / 갈(어조사) 之(지) / 개 狗(구)

초상집의 개. 주인 없는 개라는 뜻으로, 초라한 모습으로 먹을
것을 찾아다니는 사람을 빈정거리어 일컫는 말.

鄭人或謂子貢曰 東門有人 其顙似堯
其項類皐陶 其肩類子産 然自要以下
不及禹三寸 纍纍若喪家之狗 子貢以實告孔子
孔子欣然笑曰 形狀未也 而似喪家之狗 然哉然哉

【출전 : 사기(史記) - 공자세가(孔子世家)】

(공자가 정(鄭)나라에 갔을 때, 제자들과 길이 서로 어긋나 버렸다. 공자는 홀로 성곽의 동쪽 문 밖에 우두커니 서서 제자들이 찾아오기를 기다리고 있었다. 그 모습을 본) 정나라 사람이 자공에게 말했다.
"동문 밖에 사람이 있는데, 그 이마는 요(堯) 임금과 같고, 그 목은 고요(皐陶 : 순임금과 우임금을 섬긴 어진 재상)와 같고, 그 어깨는 자산(子産 : 공자보다 일찍 나온 정나라의 재상)과 같은데 허리 아래로는 우(禹)임금보다 세 치〔寸〕가 모자라는데, 두리번거리는 모양이 흡사 '초상집의 개'와 같더군요."
자공이 들은 대로 공자에게 고하자, 공자가 웃으며 말했다.
"모습에 대한 비평은 그 훌륭한 사람에게 미치지 못하지만, 초상집의 개와 같다는 말은 과연 그럴듯 하구나."

常山蛇勢 상산사세

항상 常(상) / 산 山(산) / 뱀 蛇(사) / 기세 勢(세)

상산의 뱀 형세라는 뜻으로, 병법(兵法)에서 임기응변으로 대응할 수 있으며 틈이나 결점이 없는 완전한 무결한 진법(陣法)을 일컫는 말.

故善用兵者 譬如率然 率然者常山之蛇也
擊其首則尾至 擊其尾則首至
擊其中則首尾俱至

【출전 : 손자(孫子) - 구지(九地)】

용병(用兵)에 능숙하기로는, 솔연(率然 : '당장' 또는 '잠깐 사이'라는 뜻)과 같은 것이다. 솔연은 상산(常山)에 있는 뱀의 이름인데, 이 뱀은 사람이 머리를 치면 꼬리로 덤벼들고, 꼬리를 치면 머리로 덤벼들고, 허리를 치면 머리와 꼬리로 함께 덤벼든다.
〔『손자병법(孫子兵法)』에 군대는 이 상산의 뱀처럼 긴밀한 유기체가 되어야 함을 강조했다.〕

桑田碧海 상전벽해 ▶ 滄海桑田(창해상전)

뽕나무 桑(상) / 밭 田(전) / 푸를 碧(벽) / 바다 海(해)

뽕나무밭이 변하여 푸른 바다가 된다라는 뜻으로, 세상일의 변천이 심함을 비유하여 일컫는 말.

行逢女兒長嘆息 今年落花顔色改
明年花開復誰在 景聞桑田變成海

【출전 : 신선전(神仙傳) – 마고(麻姑) 선녀 이야기】

(낙양의 어린 소녀 고운 제 얼굴이 아까운지)
떨어지는 꽃잎 바라보며 깊은 한숨 짓는다.
금년에 꽃이 지면 그 얼굴엔 나이 또 들어
내년에 피는 꽃은 누가 볼 것인가
(이미 송백이 부러져 땔감이 되는 것을 보았는데)
다시 뽕나무밭이 변해 바다가 된다는 것을 듣는다.

桑中之約 상중지약

뽕나무 桑(상) / 가운데 中(중) / 갈(어조사) 之(지) / 묶을 約(약)

뽕나무밭에서의 약속이라는 뜻으로, 남녀 사이의 불륜의 관계, 밀약 등을 일컬음.

采采唐矣 沫之鄉矣 云誰之思 美孟姜矣
期我乎桑中 要我乎上宮 送我淇之上矣

【출전 : 시경(詩經)】

여기에 풀을 뜯는다. 매란 마을에서,
누구를 생각하는가? 아름다운 매강이로다.
나와 뽕밭에서 약속하고 나를 다락으로 맞아들여
나를 강물 위에서 보내 준다.

上濁下不淨 상탁하부정

위 上(상) / 흐릴 濁(탁) / 아래 下(하) / 아닐 不(부) /
깨끗할 淨(정)

윗물이 흐리면 아랫물이 깨끗할 수 없다라는 뜻으로, 윗사람이 정직하지 못하면 아랫사람도 정직하지 못하게 됨을 일컫는 말.
☞ 윗물이 맑아야 아랫물이 맑다

上下寺不及 상하사불급

위 上(상) / 아래 下(하) / 절 寺(寺) / 아닐 不(부) / 미칠 及(급)

어느 쪽 절에서도 제대로 얻어 먹지 못한다는 뜻으로, 돌보아 주는 사람이 너무 많으면 오히려 서로 미루는 바람에 누구의 도움도 받지 못함을 비유하여 일컫는 말.

兩寺之狗 上下寺不及　　　　　　　　【출전 : 송남잡식】

위 아래 두 절에 속해 있는 개는 어느 한 쪽 절에서도 제대로 얻어먹지 못한다.

上下撑石 상하탱석 ▶ 下石上臺(하석상대)

위 上(상) / 아래 下(하) / 버틸 撑(탱) / 돌 石(석)

윗돌을 빼서 아랫돌을 괴고 아랫돌을 빼서 윗돌 괸다라는 뜻으로, 일을 당하여 임시변통으로 간신히 견딤을 일컫는 말.

塞翁之馬 새옹지마 ▶ 人間萬事塞翁之馬(인간만사새옹지마)

변방 塞(새) / 늙은이 翁(옹) / 갈(어조사) 之(지) / 말 馬(마)

변방에 사는 노인의 말이라는 뜻으로, 세상일에는 변화가 많아 어느 것이 화(禍)가 되고, 어느 것이 복(福)이 될지 알 수 없다는 뜻. 인생의 길흉화복(吉凶禍福)은 항상 변하여 미리 예단할 수 없음을 일컫는 말.

※ 塞翁(새옹) : 변경의 성채 부근에 살고 있는 노인.

近塞上之人 有善術者 馬無故亡而入胡 人皆弔之
其父曰 此何遽不爲福乎 居數月 其馬將胡駿馬而歸
人皆賀之 其父曰 此何遽不能爲禍乎 家富良馬
其子好騎 墮而折其髀 人皆弔之 其父曰
此何遽不爲福乎 居一年 胡人大入塞

丁壯者 引弦而戰 近塞之人 死者十九
此獨以跛之故 父子相保 故福之爲禍
禍之爲福 化不可極 深不可測也

【출전 : 회남자(淮南子) – 인간훈(人間訓)】

북방 국경 가까이에 점을 잘 치는 사람이 살고 있었는데, 어느 날 그 사람의 말이 오랑캐 땅으로 달아나 버렸다. 마을 사람들이 찾아와 위로하자, 그는 태연하게 말했다.
"말이 달아난 것이 복이 될는지 누가 아오?" 하며 조금도 걱정하는 기색이 없었다.
몇 달이 지나서 달아난 말이 오랑캐의 준마(駿馬)를 이끌고 돌아왔다. 사람들이 축하의 말을 하자 그는 또, "이 일이 화가 될 수도 있지." 하며 조금도 기뻐하는 기색이 없었다.
그 집에는 좋은 말이 불어났으므로, 아들은 말타기를 즐겨 말을 타다가 떨어져 넓적다리뼈가 부러졌다. 사람들이 위로하자 그는 또, "이 일이 복이 될 수도 있는지 누가 알 겠소?" 하였다.
그 후 1년이 지나서 오랑캐가 쳐들어왔다. 젊은이들은 활을 쏘며 싸웠다. 그리고 성 가까이에 사는 사람들은 열이면 아홉 명이 죽었다. 그러나 그 집 아들은 다리를 다쳤기 때문에 병정에 끌려가지 않아 아버지와 함께 무사하였다.
이와 같이 복이 화가 되고, 화가 복이 되는 그 변화는 끝이 없고 그 깊이 또한 헤아릴 수가 없는 것이다. 그야말로 인간만사 새옹지마여서 인생의 길흉화복은 예측할 수 없다.

生寄死歸 생기사귀

날 生(생) / 붙어살 寄(기) / 죽을 死(사) / 돌아갈 歸(귀)

삶은 붙어사는 것이요, 죽음은 어디론가 돌아간다라는 뜻으로, 인간이 이 세상에 사는 것은 잠시 몸을 의지하여 지내고 있는 것이며, 죽는다는 것은 원래의 곳으로 되돌아가는 것임을 일컫는 말.

禹仰天嘆曰 吾受命於天 竭力以勞萬民
生寄也 死歸也
【출전 : 사략(史略)】

우(禹)임금이 하늘을 우러러 탄식하길. "나는 하늘로부터 천명을 받아 있는 힘을 다하여 백성을 위해 노력하였다. 삶은 잠시 붙어사는 것이지만 죽음은 어디론가 되돌아가는 것이다."

西施臏目 서시빈목 ▶ 效顰(효빈)

서쪽 西(서) / 베풀 施(시) / 찡그릴 臏(빈) / 눈 目(목)

미인 서시가 눈살을 찌푸린다라는 뜻으로, 함부로 남의 흉내를 내어 세상 사람의 웃음거리가 됨을 일컫는 말.

※ 西施(서시) : 월나라의 미인. 월나라 왕 구천이 오나라에게 패한 후 미인계를 쓰기 위하여 오왕 부차에게 보냈다. 구천은 와신상담하며 군사를 키우고, 부차는 서시의 치마폭에 놀아나다 망했다.

西施病心而矉其里 其里之醜人 見而美之
歸亦棒心而矉其里 其里之富人見之
堅閉門而不出 貧人見之 挈妻子而去之走
彼知美矉 而不知矉之所以美
【출전 : 장자(莊子) - 천운(天運)】

서시(西施)는 가슴앓이가 도져 고향으로 돌아가 늘 눈썹을 찌푸리고 있었다. 마을의 못생긴 어떤 여자가 그 모습을 보고 어쩌면 저렇게 아름다울까 생각하고, 집으로 돌아가 똑같이 가슴에 손을 대고 눈썹을 찌푸려 보였다. 너무도 흉한 모습에 마을의 부자는 문을 걸어 잠그고 밖으로 나가지 않았으며, 가난한 사람들은 처자를 데리고 마을에서 달아나 버렸다.

이 추녀는 서시가 눈썹을 찌푸린 모습이 아름답다는 것을 알았지만, 어째서 서시가 눈썹을 찌푸려도 아름답게 보이는가라는 데까지는 알지 못했던 것이다.

書足以記姓名 서족이기성명

글 書(서) / 발 足(족) / 써 以(이) / 기록할 記(기) / 이름 名(명) / 성씨 姓(성)

글은 자신의 이름자만 쓸 수 있으면 충분하다라는 뜻으로, 학문만을 내세우는 것을 비웃어 일컫는 말.

項籍少時 學書不成 去學劍 又不成 項梁怒 籍曰
書足以記姓名而已 劍一人敵 不足學 學萬人敵
【출전 : 사기(史記) ― 항우본기(項羽本記)】

항적[項籍 : 항우(項羽)]은 어렸을 때, 글 배우기를 중도에 그만두었다. 그리고 검술을 배웠으나, 이것도 제대로 되지 않았다. 숙부인 항량이 그것을 나무라자. 항우가 말하였다.

"글은 제 이름자만 쓸 수 있으면 그것으로 충분합니다. 그리고 검술은 어차피 한 사람을 상대로 하는 것이니, 배울 만한 것이 못 됩니다. 여러 병사들을 대적하는 것을 배우겠습니다."

席卷之勢 석권지세 ▶ 席卷(捲)(석권)

자리 席(석) / 두루마리 卷(권) / 갈(어조사) 之(지) / 기세 勢(세)

자리를 만다라는 뜻으로, 자리를 말듯이 한쪽에서 땅을 공격해 전체를 차지하는 것으로, 어느 한부분을 자신의 손아귀에 넣고 좌지우지함을 일컫는 말.

> 雖無出兵甲 席卷常山之險 折天下之脊
> 天下後服者先亡
>
> 【출전 : 전국책(戰國策) – 초책(楚策)】

군대를 내보내지 않더라도 상산(常山)의 견고한 땅을 자리 말듯이 공략해 버리고, 천하의 등뼈에 해당하는 부분을 꺾어 버릴 것이므로, (많은 나라들 중 늦게) 항복하려는 자가 먼저 망하게 될 것입니다.

先覺者 선각자

먼저 先(선) / 깨달을 覺(각) / 놈 者(자)

앞서 깨달은 사람이라는 뜻으로, 누구보다도 일찍 깨달아 눈을 뜨고 실행하는 사람을 일컫는 말.

> 天之生此民也 使先知覺後知
> 使先覺覺後覺也
> 予天民之先覺者也
>
> 【출전 : 맹자(孟子) – 만장(萬章)】

하늘은 이 세상에 사람을 만들 때, 먼저 사물의 이치를 깨달은 사람으로 하여금 뒤늦은 사람을 가르쳐 깨닫도록 했다. 그러므로 먼저 사람의 도리를 깨달은 사람은 뒤에 깨닫는 사람을 가르쳐 깨우치게 한 것이다.

先憂後樂 선우후락

먼저 先(선) / 근심 憂(우) / 뒤 後(후) / 즐길 樂(락)

근심은 남보다 먼저 걱정하고, 즐거움은 남보다 나중 기뻐한다라는 뜻으로, 군자[志士・仁人]의 마음가짐.

☞ 위정자(爲政者)나 지도자의 마음가짐.

居廟堂之高 則憂其民 處江湖之遠 則憂其君
是進亦憂 退亦憂 然則何時而樂耶 其必曰
先天下之憂而憂 後天下之樂而樂乎

【출전 : 송사(宋史) - 범중엄전(范仲淹傳)】

(지도자는) 조정에 있을 때는 백성을 걱정하고, 강호(초야)에 있을 때에는 군주의 일을 걱정해야 한다. 그것은 벼슬할 때에도 걱정하고, 물러나서도 걱정한다는 것이다. 그렇다면 대체 언제 즐겨야 하겠는가. 그것은 필시 세상 근심을 먼저 걱정하고, 백성이 기뻐하는 것을 본 연후에 즐겨야 한다고 할 것이다.

先卽制人 선즉제인

먼저 先(선) / 곧 卽(즉) / 마를 制(제) / 사람 人(인)

남보다 먼저 선수를 치면 남을 제압할 수 있다라는 뜻으로, 선수를 빼앗기면 남에게 제압당함을 일컫는 말.

江西皆反 此亦天亡秦之時也
吾聞先卽制人 後則爲人所制

【출전 : 사기(史記) - 항우본기(項羽本紀)】

강서 지방 모두가 반기를 들었습니다. 이것은 아마 하늘이 진나라를 멸하고자 하는 것입니다. 남보다 먼저 선수를 치면 남을 제압할 수 있지만, 선수를 빼앗기면 남에게 제압당하고 만다는 말이 있지 않습니까?
〔강동의 회계군수 은통은 항량을 불러 거병을 의논했으나 항량은 오히려 은통의 목을 베고 스스로 회계군수가 되었다.〕

雪膚花容 설부화용

눈 雪(설) / 살갗 膚(부) / 꽃 花(화) / 얼굴 容(용)

눈처럼 흰 살결과 꽃처럼 아름다운 얼굴이라는 뜻으로, 아름다운 여인의 용모를 일컫는 말.

雪上加霜 설상가상

눈 雪(설) / 위 上(상) / 더할 加(가) / 서리 霜(상)

눈 위에 또 서리가 내린다라는 뜻으로, 어려운 일이 겹침을 일컫는 말.
☞ 불행이 겹쳐 옴.

說往說來 설왕설래

말씀 說(설) / 갈 往(왕) / 올 來(래)

말이 가고 말이 온다라는 뜻으로, 옳고 그름을 따지느라고 서로 옥신각신함.

聲東擊西 성동격서

소리 聲(성) / 동녘 東(동) 칠 擊(격) / 서녘 西(서)

동쪽을 친다고 소문내고 실제로는 서쪽을 친다라는 뜻으로, 상대를 기만하여 교묘하게 공격함을 일컫는 말.

城下之盟 성하지맹

성 城(성) / 아래 下(하) / 갈(어조사) 之(지) / 맹세 盟(맹)

성 아래에서의 맹세라는 뜻으로, 패전국이 적군에게 항복하고 맺는 굴욕적인 강화의 맹약을 일컫는 말.

爲城下之盟而還 【출전 : 춘추좌씨전(春秋左氏傳)】

〔초(楚)나라가 교(絞)나라를 침공했는데, 교나라는 약소국(弱小國)이므로, 초군(楚軍)은 계책을 세워 교나라 군사를 성 밖으로 유인해 내어 이를 대파했다.〕
결국 교나라 군사들은 성 아래에서 굴욕적인 강화의 맹약을 맺고 초군은 돌아갔다.

城狐社鼠 성호사서

성 城(성) / 여우 狐(호) / 사직 社(사) / 쥐 鼠(서)

성벽에 숨어 사는 여우와 묘당에 기어든 쥐새끼라는 뜻으로, 탐욕스럽고 흉포한 벼슬아치를 비유하여 일컫는 말.

※ 여우나 쥐는 사람들이 모두 잡아 죽이려 하지만, 궁성에 숨어 있고

묘당 안에 도사리고 있기 때문에 궁성이나 묘당을 훼손할까 두려워 잡아 없애기 어렵다는 말로, 임금의 주위에 있는 탐욕스럽고 흉포한 관리들을 뜻함.

歲月不待人 세월부대인

해 歲(세) / 달 月(월) / 아닐 不(부) / 기다릴 待(대) / 사람 人(인)

세월은 사람을 기다려주지 않는다라는 뜻으로, 짧은 시간이라도 아껴서 노력하지 않으면 뒷날 후회해도 이미 때가 늦음을 일컫는 말.

盛年不重來 一日難再晨
及時當勉勵 歲月不待人

【출전 : 도잠 시(陶潛詩)】

한창 젊은 시절은 두 번 다시 오지 않고,
하루에 아침 또한 두 번 오지 않는다.
시기를 놓치지 말고 힘써 노력하라.
흘러가는 세월은 사람을 기다리지 않는다.

少年易老學難成 소년이로학난성

적을 少(소) / 해 年(년) / 쉬울 易(이) / 늙을 老(로) / 배울 學(학) / 어려울 難(난) / 이룰 成(성)

소년은 늙기 쉬우나 학문은 이루기가 어렵다는 뜻으로, 젊었을 때 열심히 노력해야 함을 일컫는 말.

少年易老學難成 一寸光陰不可輕
未覺池塘春草夢 階前梧葉已秋聲

【출전 : 주자(朱子) – 권학문(勸學文)】

소년은 늙기 쉬우나 학문은 이루기가 어렵다.
한순간의 세월도 헛되이 보내지 마라.
연못가의 봄풀이 채 꿈도 깨기 전에
섬돌 앞 오동나무 잎이 가을을 알린다.

小貪大失 소탐대실

적 小(소) / 탐낼 貪(탐) / 큰 大(대) / 잃을 失(실)

작은 것을 탐내다가 오히려 큰 것을 잃어 버림.

束手無策 속수무책

묶을 束(속) / 손 手(수) / 없을 無(무) / 꾀 策(책)

손이 묶여 있어 꾀를 낼 수 없다라는뜻으로, 손을 묶인 듯이, 어찌할 방책이 없이 꼼짝 못하게 됨을 일컫는 말.

松茂栢悅 송무백열

소나무 松(송) / 성할 茂(무) / 잣나무 栢(백) / 기쁠 悅(열)

소나무가 빽빽하면 잣나무가 좋아한다라는 뜻으로, 남이 잘되는 것을 기뻐함을 비유하여 일컫는 말.

宋襄之仁 송양지인

송나라 宋(송) / 도울 襄(양) / 갈(어조사) 之(지) / 어질 仁(인)

송나라 양공(襄公)의 인정이라는 뜻으로, 쓸데없는 인정을 베푸는 어리석음을 일컫는 말.

有襄公玆父者 欲霸諸侯 與楚戰
公子目夷請及其未陣擊之
公曰 君子不困於阨 遂爲楚所敗
世笑以爲宋襄之仁

【출전 : 십팔사략(十八史略)】

송나라 양공이 제후의 패자가 되려고 초나라와 전쟁을 하였다. 송나라는 진지를 구축하고 초나라는 구축하지 못했다. (송나라 목이가, "초군이 강을 건너오기 전에 쳐부숴야 합니다." 라고 제안했다.)
"그건 정정당당한 싸움이 될 수 없다. 정정당당하게 싸워 이기지 못한다면 어떻게 참다운 패자가 될 수 있겠는가." 하며 듣지 않았다.
강을 건너온 초나라 군사가 진지를 구축하고 있을 때, 공자 목이가 또 권했다.
"적군이 진지를 구축하기 전에 쳐야합니다."
"군자는 사람이 어려운 때 괴롭히지 않는다."
양공은 군자인 체하다가 초군에게 괴멸당했다.
그 후 사람들은 그를 '송나라 양공의 어짊' 이라고 비웃었다.

水鏡之人 수경지인

물 水(수) / 거울 鏡(경) / 갈(어조사) 之(지) / 사람 人(인)

물과 거울 같이 흐린 데가 없는 사람이라는 뜻으로, 모범이 될 만한 사람. 총명한 사람을 비유하여 일컬음. 또는 물과 거울 같이 맑고 밝게 사람을 비춘다는 비유로도 쓰임.

垂簾聽政 수렴청정

드리울 垂(수) / 발 簾(렴) / 들을 聽(청) / 정사 政(정)

발을 드리우고 정사(政事)를 듣는다라는 뜻으로, 임금이 어린 나이로 즉위하였을 때 왕대비나 대왕대비가 정사를 돌보던 일을 일컫는 말.

> 天后垂簾於御座後 政事大小皆預聞之
>
> 【출전 : 구당서(舊唐書) － 고종기(高宗紀)】
>
> 천후〔天后 : 측천무후(則天武后)〕는 발을 어좌(御座) 뒤에 치고 크고 작은 정사(政事)를 모두 들었다.

水覆難再收 수복난재수 ▶ 覆水不返盆(복수불반분)

물 水(수) / 엎을 覆(복) / 어려울 難(난) / 두 再(재) / 거둘 收(수)

엎지른 물은 두 번 다시는 거둘 수 없다라는 뜻으로, 한 번의 실수라도 다시는 돌이킬 수 없음을 일컫는 말. 또는 이혼한 부부는 다시는 되돌릴 수 없음을 일컫는 말.

> 雨落不上天 水覆難再收
> 君情如妾意 各自東西流
>
> 【출전 : 이백 시(李白詩) － 첩박명(妾薄命)】

비가 한 번 내리면 다시는 하늘로 올라가지 않는다.
또한 그릇의 물을 엎어 버리면 다시는 거둘 수 없다.
군주(무제)의 애정과 첩(아교)의 마음은
제각기 동쪽과 서쪽으로 갈라져서 흘러간다.

手不釋卷 수불석권 ▶ 手不廢卷(수불폐권)

손 手(수) / 아닐 不(불) / 풀 釋(석) / 책 卷(권)

손에서 책을 내려 놓지 않는다라는 뜻으로, 열심히 공부함을 일컫는 말.

首鼠兩端 수서양단

머리 首(수) / 쥐 鼠(서) / 두 兩(양) / 실마리 端(단)

쥐가 머리만 내밀고 나갈까말까 망설인다라는 뜻으로, 머뭇거리며 진퇴나 거취를 결정짓지 못하고 관망함을 일컫는 말.

與長孺共一老禿翁 何爲首鼠兩端

【출전 : 사기(史記) – 위기무안후열전(魏其武安侯列傳)】

그대(한안국)와 함께 저 늙은이를 해치우려했는데, 어찌하여 쥐가 구멍에서 머리만 내밀고 나갈까말까 망설이는 것처럼 꾸물대기만 하는가.

漱石枕流 수석침류 ▶ 枕流漱石(침류수석)

양치질할 漱(수) / 돌 石(석) / 베개 枕(침) / 흐를 流(류)

돌로 양치질하고 흐르는 물을 베개 삼는다라는 뜻으로, 남에게 지기 싫어하는 마음이 강하거나, 잘못된 주장을 억지로 꿰어 맞추려는 행동을 일컫는 말.

袖手傍觀 수수방관

소매 袖(수) / 손 手(수) / 곁 傍(방) / 볼 觀(관)

팔짱을 끼고 그냥 보고만 있다라는 뜻으로, 간섭하거나 거들지 않고 그대로 내버려둠을 일컫는 말.

> 不善爲斲 血指汗顏 巧匠傍觀 縮手袖間
>
> 【출전 : 한유(韓愈)】
>
> 서투른 목수가 나무를 깎는데, 손가락에 피를 흘리고 이마에는 땀을 흘리며 애를 쓰는데도 솜씨 좋은 목수는 곁에서 팔짱을 끼고 그저 바라보고만 있다.

水魚之交 수어지교

물 水(수) / 고기 魚(어) / 갈(어조사) 之(지) / 사귈 交(교)

물과 물고기가 사귀다라는 뜻으로, 물고기가 물을 떠나서 살 수 없듯이 서로 필요로 하는 아주 가까운 사이를 일컫는 말.

☞ 부부가 화목하거나 임금과 신하 사이의 두터운 교분.

> 劉備曰 孤之有孔明 猶魚之有水也
> 願諸君勿復言 羽飛乃止
>
> 【출전 : 삼국지(三國志)】

유비가 말하길, "내가 제갈공명을 얻은 것은 마치 물고기가 물을 맞난 것과 같다. 제군들은 다시는 아무 말도 하지 말라!"
그 뒤부터 관우와 장비도 다시는 불평하지 않았다. 군신의 사이가 친밀한 것을 가리키는 말이다.

樹欲靜而風不止 수욕정이풍부지

나무 樹(수) / 하고자할 欲(욕) / 고요할 靜(정) / 말이를 而(이) /
바람 風(풍) / 아닐 不(부) / 그칠 止(지)

나무는 가만히 있으려고 하지만, 불어오는 바람이 가만히 내버려두지 않는다라는 뜻으로, 자식이 어버이를 봉양하고자 하나 어버이는 이미 돌아가시고 이 세상에 계시지 않음을 한탄하여 일컫는 말.

樹欲靜而風不止 子欲養而親不待也
往而不可得見者親也

【출전 : 한시외전(韓詩外傳)】

나무가 아무리 조용해지기를 원하지만 불어오는 바람이 가만히 내버려두지 않습니다. 자식이 어버이를 봉양하고자 하나 어버이는 이미 돌아가시고 이 세상에서 기다려 주지 않습니다. 돌아가시고 나면 다시는 뵙지 못하는 것이 부모입니다.

誰怨誰咎 수원수구

누구 誰(수) / 원망할 怨(원) / 허물 咎(구)

누구를 원망하거나 누구를 탓할 수 없음을 일컫는 말.

守株待兔 수주대토

지킬 守(수) / 그루터기 株(주) / 기다릴 待(대) / 토끼 兔(토)

나무 그루터기를 지키며 토끼가 부딪치기를 기다린다라는 뜻으로, 되지도 않을 일을 고집하는 어리석음.

☞ 융통성이 없음.

宋人有耕田者 田中有株 兔走觸株 折頸而死
因釋其耒而守株 冀復得兔 兔不可復得
而身爲宋國笑

【출전 : 한비자(韓非子)】

송나라 때 어떤 농부가 밭을 갈고 있었는데, 갑자기 토끼 한 마리가 뛰어오다가 밭 가운데 있는 그루터기에 부딪쳐 목이 부러져 죽는 것을 보았다. (토끼 한 마리를 공짜로 얻은 농부는 농사일보다는 토끼를 잡는 쪽이 더 수지가 맞겠다는 생각에) 농사일을 집어치우고 매일 밭두둑에 앉아 그루터기를 지키며 토끼가 오기만 기다렸다. 그러나 토끼는 두 번 다시 나타나지 않았다. 결국 온 나라 사람들에게 웃음거리만 되고 말았다.

壽則多辱 수즉다욕 ▶ 壽辱多(수욕다)

장수 壽(수) / 곧 則(즉) / 많을 多(다) / 욕될 辱(욕)

오래 살면 그만큼 욕되는 일이 많다라는 뜻으로, 오래 살면 욕된 일(수치스러운 일)을 많이 겪음을 일컫는 말.

堯曰 多男子則多懼 富則多事 壽則多辱

【출전 : 장자(莊子) – 천지(天地)】

요임금이 말하길, "자식이 많으면 제대로 자랄지 어떨지 늘 걱정이 된다. 또 부자가 되면 잃지나 않을까 걱정하게 되며 오래 살면 그만큼 욕된 일이 더 많아진다."

誰知烏之雌雄 수지오지자웅

누구 誰(수) / 알 知(지) / 까마귀 烏(오) / 갈(어조사) 之(지) / 암컷 雌(자) / 수컷 雄(웅)

까마귀의 암수를 누가 알 수 있겠는가라는 뜻으로, 자기가 잘났다고 하고 자기가 잘했다고 하며, 남을 헐뜯고 자기를 내세우는 사람을 일컫는 말.

謂山蓋卑 爲岡爲陵 民之訛言 寧莫之懲
召彼故老 訊之占夢 具曰予聖 誰知烏之雌雄

【출전 : 시경(詩經)】

산을 보고 낮다고 하지 마라. 뫼가 되고 언덕이 된다.
백성의 거짓된 말을 어찌하여 막지 못하는가?
저 옛날 늙은이들을 불러 꿈을 점쳐 묻는다.
모두 내가 성인이라지만 누가 까마귀의 암수를 알 수 있으랴?

水至淸則無魚 수지청즉무어 ▶ 水淸無魚(수청무어)

물 水(수) / 이를 至(지) / 맑을 淸(청) / 곧 則(즉) / 없을 無(무) / 물고기 魚(어)

물이 너무 맑으면 물고기가 살지 않는다라는 뜻으로, 청렴결백의 도가 지나치면 따르는 사람이 없음을 비유하여 일컫는 말.

水至淸則無魚 人至察則無徒

【출전 : 공자가어(孔子家語)】

물이 지나치게 맑으면 물고기가 살지 못하며, 사람이 지나치게 살펴 따지면 (맑으면) 따르는 사람이 없다.

脣亡齒寒 순망치한

입술 脣(순) / 망할 亡(망) / 이 齒(치) / 찰 寒(한)

입술을 잃으면 이가 시리다라는 뜻으로, 가까운 사이의 한쪽이 망하면 다른 한쪽도 그 영향을 받아 온전치 못함을 비유하여 일컫는 말.

宮之奇諫曰 虢虞之表也 虢亡虞必從之 晉不可啓
寇不可翫 一之謂甚 其可再乎 諺所謂輔車相依
脣亡齒寒者 其虞虢之謂也

【출전 : 춘추좌씨전(春秋左氏傳)】

〔진(晉)나라가 우(虞)나라 땅을 지나서 괵(虢)나라를 침공하고자 하였다.〕진나라의 속셈을 알고 있는 우나라의 궁지기(宮之奇)가 우왕에게 말하였다.

"괵나라는 우나라의 울타리입니다. 괵나라가 망하면 우나라도 반드시 따라서 망하게 됩니다. 진나라를 끌어들여서는 안 되고 행동을 같이 해서도 안 됩니다. 전에도 한 번 그런 실수를 했는데 똑같은 실수를 되풀이해서야 되겠습니까? 속담에 소위 '수레의 짐받이 판자와 수레바퀴는 서로 의지하고 입술이 없어지면 이가 시리다'고 한 말이 곧 우나라와 괵나라를 두고 말한 것입니다. (그러므로 진의 군사를 통과시켜서는 안 됩니다.)"

順天者存逆天者亡 순천자존역천자망

좇을 順(순) / 하늘 天(천) / 놈 者(자) / 있을 存(존) /
거스를 逆(역) / 망할 亡(망)

하늘을 따르는 자는 살아남고 하늘을 거스르는 자는 망한다라
는 뜻으로, 올바른 자연의 이치에 순응하는 자는 오래 살아남을
수 있고, 그것을 거스르는 자는 망하게 됨을 일컫는 말.

孟子曰 天下無道 小役大 弱役強 斯二者天也
順天者存 逆天者亡

【출전 : 맹자(孟子) - 이루(離婁)】

맹자께서 말하길, "세상 천하에 올바른 도(道)가 행해지지 않으면, 작
은 나라는 큰 나라의 부림을 당하지 않을 수 없고, 약한 나라는 강한
나라에 종속해야 한다. 이것은 모두 자연의 이치이다. 곧, 자연의 이
치에 순응하는 자는 오래 살아남을 수 있고, 그것을 거스르는 자는
망하게 된다."

述而不作 술이부작

지을 述(술) / 말이을(어조사) 而(이) / 아닐 不(부) / 지을 作(작)

이어받되 지어내지 않는다라는 뜻으로, 옛 성인(聖人)이나 현인
(賢人)의 가르침을 이어받아, 개인적인 창작의 보탬이 없이 그
대로 후세에 전하는 것을 일컫는 말.

子曰 述而不作 信而好古 窃此於我老彭

【출전 : 논어(論語) - 술이(述而)】

공자께서 말씀하시길, "옛날의 성현의 가르침을 이어받되, 나 자신의 새로운 생각이나 창작을 만들지 않으며, 옛것을 믿으며 좋아하고 있다. 그런 점에서 나는 나 자신을 노팽((老彭) : 은(殷)나라의 뛰어난 정치가로, 공자가 이상(理想)으로 삼는 팽조(彭祖))과 비교해 본다."

是是非非 시시비비

옳을 是(시) / 아닐 非(비)

옳은 것은 옳고 그른 것은 그르다라는 뜻으로, 특정의 입장에 얽매이지 않고 사물의 옳은 것은 옳다고 찬성하고, 그른 것은 그르다고 반대하여 올바르게 판단함을 일컫는 말.

是是非非謂之智 非是是非謂之愚

【출전 : 순자(荀子)】

옳은 것을 옳다고 판단하고, 그렇지 않은 것을 그렇지 않다고 판단하는 것은 '지(智)'이며, 옳은 것을 옳지 않다고 판단하고, 옳지 않은 것을 옳다고 판단하는 것은 '우(愚)'이다.

尸位素餐 시위소찬

주검 尸(시) / 자리 位(위) / 흴 素(소) / 먹을 餐(찬)

자리만 차지하고 녹(綠)만 받아먹는다라는 뜻으로, 분수에 걸맞지 않는 높은 자리에 앉아 하는 일 없이 공으로 녹(祿)만 받아먹음을 일컫는 말.

今朝廷大臣 上不能匡主 下無以益民
皆尸位素餐者也

【출전 : 한서(漢書) – 주운전(朱雲傳)】

오늘날 조정 대신들은 위로는 임금을 바로잡지 못하고 아래로 백성들을 유익하게 하지 못하면서 그저 공적 없이 자리만 차지하여 녹(綠)만 타먹는 사람들이다.
〔시위(尸位)의 시(尸)는 시동(尸童)을 말한다. 옛날 중국에서는 제사지낼 때 조상의 혈통을 이은 어린아이를 조상의 신위에 앉혀 놓고 제사를 지냈는데, 그때 신위에 앉아 있는 아이가 시동이다. '시위'는 그 시동이 앉아 있는 자리이다. 그러므로 아무것도 모르면서, 아무 실력도 없으면서 남이 만들어 놓은 높은 자리에 앉아 있는 것을 가리켜 시위라고 한다. '소찬(素餐)'은 맛없는 반찬이란 뜻으로 공으로 먹는 것을 뜻한다.〕

食少事煩 식소사번

밥 食(식) / 적을 少(소) / 일 事(사) / 번거로울 煩(번)

먹을 것은 적고 번거로운 일은 많다라는 뜻으로, 수고는 많이 하지만 얻는 것이 적음. 즉 건강을 돌보지 않고 일만 많이 함을 일컫는 말.

司馬懿曰 食少事煩 安能久乎

【출전 : 삼국지(三國志)】

사마의(司馬懿)가 말하길, "먹는 것은 적고 일은 번거로우니 어떻게 오래 지탱할 수 있겠소."

食言 식언

밥 食(식) / 말씀 言(언)

말[言]을 먹어 삼키다라는 뜻으로, 앞서 한 말이나 약속과 다르게 말함을 일컫는 말.

> 爾尚輔予一人 致天之罰 予其大賚汝
> 爾無不信 朕不食言 爾不從言
> 予則拏戮汝 罔有攸赦
>
> 【출전 : 서경(書經) – 탕서(湯誓)】

〔은(殷)나라 탕(湯)임금이 하(夏)나라의 걸왕(桀王)을 치기 위해 군사를 일으켰다.〕
"그대들은 나 한 사람을 도와 하늘의 벌을 이루도록 하라. 나는 그대들에게 큰 상을 주리라. 내 말을 믿어라. 나는 내가 한 말에 대해 식언하지 않는다(거짓말을 하지 않는다). 그대들이 내 말에 따르지 않는다면 나는 곧 그대들을 용서치 않으리라."

識字憂患 식자우환

알 識(식) / 글자 字(자) / 근심 憂(우) / 근심 患(환)

글자를 아는 것이 도리어 근심을 사게 됨.

> 人生識字憂患始 姓名粗記可以休
>
> 【출전 : 소동파 – 석창서취묵당시(石蒼舒醉墨堂詩)】

인생은 글자를 알 때부터 근심 걱정이 시작된다. 자기 이름자만 대충 쓸 줄 알면 그만둘 일이다.

信賞必罰 신상필벌

믿을 信(신) / 상줄 賞(상) / 반드시 必(필) / 벌줄 罰(벌)

어김없이 상을 주고 꼭 벌을 준다라는 뜻으로, 공이 있는 사람은 반드시 상을 주고, 죄를 범한 사람은 반드시 벌을 주는 일을 일컫는 말.

主之所用也七術 所察也六微 七術 一曰衆端參觀
二曰必罰明威 三曰信賞盡能

【출전 : 한비자(韓非子)】

군주가 신하를 쓰기 위해서는 일곱 가지의 계책[술(術)]과 신하에 대하여 관찰해야 할 여섯 가지의 기미가 있다. 일곱 가지의 술(術)이란, 첫째로 많은 일을 기초로 하여 사물을 검증(檢證)하는 것이고, 둘째는 죄를 범한 자는 반드시 벌하여, 군주의 위엄을 보여 주는 것이다. 셋째로는 공이 있었던 자에게는 어김없이 상을 주어, 그 사람의 능력을 충분히 발휘시키도록 하는 것이다.

身體髮膚受之父母 신체발부수지부모

몸 身(신) / 몸 體(체) / 터럭 髮(발) / 살갗 膚(부) / 받을 受(수) / 갈(어조사) 之(지) / 아비 父(부) / 어미 母(모)

내 몸과 터럭과 피부까지도 부모로부터 받은 것이다라는 뜻으로, 몸은 부모로부터 받은 것으로 받은 은혜가 매우 깊음.

夫孝德之本也 身體髮膚受之父母 不敢毀傷
孝之始也 立身行道 揚名於後世 以顯父母
孝之終也

【출전 : 효경(孝經)】

효(孝)라는 것은 덕(德)의 근본이다. 사람의 몸은 부모로부터 받은 것이므로, 소중히 여기는 것이 효의 시작이다. 입신출세하여 올바른 일을 하고, 이름을 후세에 남겨 부모의 존재를 세상 사람들에게 나타내 보이는 것이야말로 효의 완성이라 할 수 있다.

神出鬼沒 신출귀몰

신 神(신) / 날 出(출) / 귀신 鬼(귀) / 빠질 沒(몰)

귀신처럼 자유자재로 나타났다 사라진다라는 뜻으로, 자유자재로 나타났다 사라져 그 변화를 헤아릴 수 없음.

善者之動也 神出而鬼行 星耀而玄運 進退詘伸

【출전 : 회남자(淮南子)】

용병(用兵)에 능한 자의 움직임은 신속하여 그 변화를 헤아릴 수 없으며, 별이 빛나는 듯 하늘이 순환하는 듯, 행동이 자유로우며 흔적 또한 남기지 않는다.

身土不二 신토불이

몸 身(신) / 흙 土(토) / 아닐 不(불) / 두 二(이)

몸과 태어난 땅은 둘이 될 수 없다라는 뜻으로, 자기 몸과 같은 땅에서 산출된 것이라야 체질에 잘 맞음을 일컫는 말.

【『동의보감』 '약식동원론(藥食同源論)'에서 온 말.】

實事求是 실사구시

열매 實(실) / 일 事(사) / 구할 求(구) / 옳을 是(시)

구체적인 사실에서 옳은 것을 구한다라는 뜻으로, 사실에 근거하여 사물의 진리나 진상을 탐구하는 일. 또는 그런 학문적 태도를 일컫는 말.

> ### 修學好古 實事求是
>
> "학문을 닦아 옛것을 좋아하며, 일을 실사되게 하여 옳은 것을 찾는다."
> 〔눈으로 보고 귀로 들으며, 손으로 만져 보는 것과 같은 실험과 연구를 거쳐 어느 누구도 부정하거나 부인할 수 없는 객관적인 사실을 통해 정확한 판단, 정확한 해답을 얻는 것을 말한다.〕

心正則筆正 심정즉필정

마음 心(심) / 바를 正(정) / 곧 則(즉) / 붓 筆(필)

마음이 바르면 글씨도 바르다라는 뜻으로, 글씨〔書〕는 사람의 마음을 나타냄을 일컫는 말.

> ### 心正則筆正 筆正乃可法矣
>
> 【출전 : 당서(唐書) - 유공권전(柳公權傳)】
>
> 마음이 바르면 저절로 붓의 글씨(씀씀이)도 바르게 된다. 붓 쓰는 것이 바르게 된다면 바로 그것을 규범(規範)으로 삼으면 되는 것이다.

十年磨一劍 십년마일검

열 十(십) / 해 年(년) / 갈 磨(마) / 한 一(일) / 칼 劍(검)

십년간 한 칼을 간다라는 뜻으로, 여러 해를 두고 무예(武藝)를 열심히 수련함. 목적을 달성하기 위하여 오랫동안 때를 기다림을 일컫는 말.

十年磨一劍 霜刃未曾試 今日把以君 誰有不平事

【출전 : 가도시(賈島詩) - 검객(劍客)】

10년 동안 한 자루의 칼을 갈아서 서릿발과 같은 칼날을 아직 한 번도 시험해 보지 않았다. 오늘 이 칼을 그대에게 보이노니, 누군가 불평할 일이 있는가.
(지금 비로소 이 칼을 보여주는 것이니 어느 놈이고 불의를 꾀하는 자는 없는가. 내가 당장 한 칼로 벨 테다.)

十目所視 십목소시

열 十(십) / 눈 目(목) / 바 所(소) / 볼 視(시)

열 눈이 보고 있다라는 뜻으로, 세상의 눈을 속일 수 없음. 세상에 비밀이 없음을 일컫는 말.

曾子曰 十目所視 十手所指 其嚴乎

【출전 : 대학(大學)】

증자가 말하길, "우리의 사고(思考)나 행동을 열 눈이 보며, 열 손가락으로 가리키고 있으니, 충분히 두려워하고 삼가해야만 한다."

十伐之木 십벌지목 ▶ 十斫木無不顚(십작목무부전)

열 十(십) / 칠 伐(벌) / 갈(어조사) 之(지) / 나무 木(목)

열 번 찍어 안 넘어가는 나무 없다라는 뜻으로, 무슨 일이든지 꾸준히 노력하면 성공함. 또는, 아무리 굳은 사람도 여러 사람에게서 같은 거짓말을 들으면 곧이듣게 됨.

十襲而藏 십습이장

열 十(십) / 엄습할 襲(습) / 말이을(어조사) 而(이) / 감출 藏(장)

열 번이나 묶은 뒤에 감춘다는 뜻으로, 아주 소중하게 간직함을 일컫는 말.

十匙一飯 십시일반

열 十(십) / 숟가락 匙(시) / 한 一(일) / 밥 飯(반)

열 사람이 한 술씩만 보태어도 한 사람이 먹을 밥은 된다라는 뜻으로, 여러 사람이 힘을 합하면 한 사람쯤은 구제할 수 있음을 일컫는 말.

十顚九到 십전구도

열 十(십) / 넘어질 顚(전) / 아홉 九(구) / 이를 到(도)

열 번 구르고 아홉 번 넘어진다는 뜻으로, 많은 실패를 거듭하면서 온갖 고생을 겪음을 일컫는 말.

蛾眉 아미

나방 蛾(아) / 눈썹 眉(미)

누에나방의 눈썹이라는 뜻으로, 누에나방의 촉수처럼 길게 굽어 있는 아름다운 눈썹으로, 미인의 눈썹을 일컬음.

> 手如柔荑 膚如凝脂 領如蝤蠐
> 齒如瓠犀 螓首蛾眉
>
> 【출전 : 시경(詩經) – 위풍(衛風)】
>
> 손은 부드러워 띠(볏과의 풀)의 싹과 같고 피부는 하얗게 엉긴 기름과 같다. 목덜미는 흰 나무굼벵이 같고, 이는 곱게 늘어선 표주박 속의 박씨와 같다. 넓고 네모난 이마에 누에나방의 촉수처럼 길게 굽어 있는 눈썹은 아름답기 그지없다.

阿附迎合 아부영합

언덕 阿(아) / 붙을 附(부) / 맞을 迎(영) / 합할 合(합)

남의 비위를 맞추고 자기 주장이 없다라는 뜻으로, 남의 비위를 맞추기 위하여 알랑거려 붙좇고 자기의 생각을 상대편이나 세상 풍조에 맞춤.

石顯貴幸 專權爲姦邪 皆阿附畏事顯 不敢言

【출전 : 한서(漢書) – 왕존전(王尊傳)】

석현(石顯)은 군주의 총애를 받아 간사한 무리들과 어울리며 권력을 남용하고 정사를 어지럽혔다. 그렇지만 모두 석현을 두려워하여 알랑거리고 섬겼으며, 감히 말을 하려고도 하지 않았다.

阿鼻叫喚 아비규환

언덕 阿(아) / 코 鼻(비) / 부르짖을 叫(규) / 부를 喚(환)

아비지옥에서의 울부짖음이라는 뜻으로, 불교에서 말하는 가장 고통스러운 아비지옥에서 울부짖음과 같이 참혹한 고통 가운데서 살려달라고 울부짖는 것을 일컫는 말.

我田引水 아전인수

나 我(아) / 밭 田(전) / 끌 引(인) / 물 水(수)

자기 논(밭)에 물대기라는 뜻으로, 자기에게 유리하게 생각하거나 행동함.

惡木盜泉 악목도천

악할 惡(악) / 나무 木(목) / 훔칠 盜(도) / 샘 泉(천)

굽은 나무와 훔친 샘물이라는 뜻으로, '더워도 굽은 나무 그늘에서는 쉬지 않으며, 목이 말라도 도(盜)란 나쁜 이름이 붙은 샘물을 마시지 않는다'라는 뜻으로, 아무리 곤란해도 부끄러운 일을 하지 않음을 일컫는 말.

安堵 안도

편안할 安(안) / 울타리 堵(도)

편안한 울타리 속이라는 뜻으로, 자기가 사는 곳에서 편안히 지냄. 또는, 불안이 가시고 마음을 놓임을 일컫는 말.

> 卽降 願無虜掠吾族家妻妾 令安堵
>
> 【출전 : 사기(史記) – 전단열전(田單列傳)】
>
> 항복하게 되면, 부디 우리의 일가권속과 처첩(妻妾)들을 포로로 잡거나 약탈하지 마시고 제 사는 곳에서 편안히 살게 해주십시오.

暗中摸索 암중모색

어두울 暗(암) / 가운데 中(중) / 본뜰 模(모) / 찾을 索(색)

어둠 속에서 더듬어 찾다라는 뜻으로, 확실한 방법을 모르는 상태에서 일의 실마리나 해결책을 찾으려고 애씀을 일컫는 말.

> 卿自難記 若遇何・劉・沈・謝
> 暗中模索者 亦可識之
>
> 【출전 : 수당가화(隋唐嘉話)】
>
> (어떤 사람이 그를 보고 기억력이 나쁜 사람이라고 험담하는 것을 듣자, 허경종(許敬宗)은 이렇게 대꾸했다.)

"자네 같은 인물이야 기억하기 어렵지만, 하손(何遜)이나 유효작(劉孝綽), 심약(沈約), 사조(謝朓)와 같은 대가를 만난다면, 어둠 속에서 손으로 더듬어도 알아볼 수 있다네."

殃及池魚 앙급지어

재앙 殃(앙) / 미칠 及(급) / 못 池(지) / 물고기 魚(어)

재앙이 연못의 물고기에 미치다라는 뜻으로, '성문에 난 불을 못에 있는 물로 껐더니 물이 말라 그곳의 물고기가 다 죽었다'는 고사에서, 뜻하지 않는 곳에 재앙이 미침을 일컫는 말.

動員多人 盡出以淵水 無寶珠 曾殃及池魚

【출전 : 여씨춘추(呂氏春秋)】

많은 사람들을 동원하여 연못의 물을 다 퍼내고 보니 여의주는 없고, 엉뚱하게도 연못의 물고기만 죽게 되었다.

仰不愧於天 앙불괴어천 ▶ 俯仰不愧天地(부앙불괴천지)

우러러볼 仰(앙) / 아닐 不(불) / 부끄러워할 愧(괴) /
~에(어조사) 於(어) / 하늘 天(천)

하늘을 우러러 부끄럽지 않다라는 뜻으로, 무엇에 대하여 조금도 양심에 거리끼는 바 없이 부끄럽지 않음.

孟子曰 君子有三樂 而王天下 不與存焉 父母俱存
兄弟無故 一樂也 仰不愧於天 俯不怍於人 二樂也

天下英才 而教育之 三樂也

【출전 : 맹자(孟子) - 진심(盡心)】

맹자가 말하길, "군자에게는 세 가지 즐거움이 있다. 그러나 군주로서 천하에 군림하는 것은 이 세 가지 즐거움과는 관계가 없다. 부모가 함께 살아계시고, 형제가 무사하다는 것, 이것이 첫째 즐거움이오. 하늘을 우러러서도 부끄럽지 않고, 남들에 대해서도 거리낌이 없다는 것, 이것이 둘째 즐거움이다. 세상의 영재(英才)를 교육할 수 있다는 것, 이것이 셋째 즐거움이다."

弱冠 약관

약할 弱(약) / 갓 冠(관)

나이 20세에 관을 쓰다라는 뜻으로, 남자 나이 20세를 일컬음.
☞ 젊은이.

※ 옛날 중국에서는 20세가 되면 관(冠)을 쓰고 관례(冠禮)를 올렸음.

人生十年曰幼 學 二十曰弱 冠 三十曰壯
有室 四十曰強 而仕 五十曰艾 服官政
六十曰耆 指使 七十曰老 而傳
八十九十曰耄 七年曰悼 悼與耄
雖有罪 不加刑焉 百年曰期 頤

【출전 : 예기(禮記) - 곡례(曲禮)】

사람이 나서 10년을 유(幼 : 어린이)라 하여 이때부터 글을 배운다. 20세를 약(弱)이라 하여, 갓(冠)을 쓴다. 서른을 장(壯)이라 하며, 아내(집)를 맞이한다. 마흔을 강(強)이라 하고 벼슬을 한다. 쉰을 애(艾)

라 하며 중요한 관직을 맡는다. (애(艾)의 원뜻은 쑥잎의 뒷부분처럼 머리가 희어진다는 뜻이다.) 예순을 기(耆)라 하고, (노인들 축에 들게 되며) 남에게 명령을 내리고 부린다. 일흔을 노(老)라 하며 집안일을 자손에게 맡긴다. (유유자적하는 시기이다.) 여든·아흔을 모(耄)라 하고, 일곱 살 미만의 아이를 도(悼)라 하는데 도(悼)와 모(耄)는 설사 죄를 지어도 형벌을 가하지 않는 시기이다. 백 살을 기(期·紀)라 하며 자손에게서 봉양을 받는다.

良禽擇木 양금택목

어질 良(양) / 날짐승 禽(금) / 가릴 擇(택) / 나무 木(목)

현명한 새는 좋은 나무를 가려서 둥지를 튼다라는 뜻으로, 현명한 사람은 자기 능력을 키워 줄 훌륭한 사람을 가려서 섬길 줄 앎을 비유하여 일컫는 말.

☞ 환경이나 직업을 잘 검토하고서 선택해야 함.

良禽擇木乃下棲 不用漂流歎遲暮
【출전 : 장헌시(張憲詩) − 행로난(行路難)】

슬기로운 새는 좋은 나무를 골라서 깃들며, 정처 없이 떠돌며 늙음을 한탄하는 일이 없다.

羊頭狗肉 양두구육

양 羊(양) / 머리 頭(두) / 개 狗(구) / 고기 肉(육)

양의 머리를 내걸고 개고기를 판다라는 뜻으로, 겉과 속이 다르거나, 겉은 훌륭해 보이나 속은 변변치 않음을 일컫는 말.

君使服之於內 而禁之於外 猶懸牛首于門
而賣馬肉於內也 君何以不使內勿服
則外莫敢爲也

【출전 : 후한서(後漢書)】

"임금께서는 궁중에서는 여자에게 남장을 하게 하면서도, 궁중 밖 백성들에게는 금지하는 명령을 내렸습니다. 이것은 마치 소머리를 문에 걸어놓고, 말고기를 파는 것과 같은 것입니다. 왜 궁중에도 남장시키는 것을 금하지 않는 것입니까? 궁중에서 금한다면, 궁중 밖에서도 감히 남장하는 여자가 없게 될 것입니다."

梁上君子 양상군자

들보 梁(양) / 위 上(상) / 임금 君(군) / 아들 子(자)

대들보 위의 군자라는 뜻으로, 도둑을 빗대어 일컫는 말.

夫人不可不自勉 不善之人未必本惡 習以性成
遂至於此 梁上君子者是矣

【출전 : 후한서(後漢書)】

"대저 사람이란 자기 스스로 노력하지 않으면 안 된다. 착하지 않은 일을 하는 사람도 반드시 처음부터 악한 사람은 아니었다. 평소의 잘못된 버릇이 그만 성격으로 변해 나쁜 일을 하게 되는 것이다. 저 들보 위의 군자(君子)가 바로 그러하다."(도둑은 이 말에 깜짝 놀라 얼른 뛰어내려와 이마를 조아리며 살려 달라고 했다.)

良藥苦口 양약고구

어질 良(양) / 약 藥(약) / 쓸 苦(고) / 입 口(구)

좋은 약은 입에 쓰다라는 뜻으로, 바르게 충고하는 말은 귀에
거슬리지만 자기에게 이로움을 일컫는 말.

子曰 良藥苦於口利於病 忠言逆於耳而利於行
湯武以諤諤而昌 桀紂以唯唯而亡

【출전 : 공자가어(孔子家語) 육본편(六本篇). 설원(說苑) - 정간편(正諫篇)】

공자께서 말씀하시길, "좋은 약은 입에 써도 병에는 이롭고, 충성된
말은 귀에 거슬려도 행하는 데 이롭다. 은나라 탕(湯)왕과 주나라 무
왕(武王)은 곧은 말을 하는 충신이 있었기 때문에 번창했고, 하나라의
걸(桀)왕과 은나라의 주(紂)왕은 맹목적으로 복종한 신하들이 있었기
때문에 멸망했다."

아

養虎遺患 양호유환 ▶ 養虎後患(양호후환)

기를 養(양) / 범 虎(호) / 남길 遺(유) / 근심 患(환)

호랑이를 길렀다가 근심을 남긴다라는 뜻으로, 화근을 길러서
걱정거리를 남긴다라는 것으로 은혜를 베풀었다가 도리어 해를
당함을 일컫는 말.

此天亡楚之時也 不如因其機而遂取之 今釋弗擊
此所謂養虎自遺患也 漢王聽之

【출전 : 사기(史記) - 항우본기(項羽本記)】

지금이야말로 초나라가 망하려는 운명의 때인 것입니다. 이 틈을 타

서 초나라 땅을 빼앗아 버리는 것이 상책일 것입니다.
만약에 공격하지 않고 그대로 시기를 놓쳐 버린다면 그것은 호랑이를
길러서 두고두고 우환덩어리를 남겨 두는 것과 같을 것입니다.
한왕(漢王)은 이 말을 받아들여 초패왕 항우를 쳤다.

漁夫之利 어부지리

고기잡을 漁(어) / 사내 夫(부) / 갈(어조사) 之(지) / 이로울 利(리)

어부의 이익이라는 뜻으로, 둘이 다투고 있는 사이에 엉뚱한 사
람이(어부가) 이익을 얻게 됨을 일컫는 말.

今趙且伐燕 燕趙久相支 以敝大衆
臣恐强秦之爲漁父也 故願王之熟計之也
惠王曰 善 乃止

【출전 : 전국책(戰國策)】

"지금 조(趙)나라가 연(燕)나라를 치려고 하고 있습니다. 연나라와 조
나라가 오래도록 서로 맞서 많은 백성을 피폐하게 한다면 저는 아마
도 강한 진(秦)나라가 어부가 되지 않을까 합니다. 그러므로 왕께서
는 깊이 생각하십시오."
혜문왕이 "옳은 말이다." 하며 그 즉시로 연나라 공격을 중지하였다.

語不成說 어불성설

말 語(어) / 아닐 不(불) / 이룰 成(성) / 말씀 說(설)

말이 안 된다라는 뜻으로, 하는 말이 조금도 사리에 맞지 않음
을 일컫는 말.

言語道斷 언어도단

말 言(언) / 말씀 語(어) / 길 道(도) / 끊을 斷(단)

말문이 막힌다라는 뜻으로, 어이가 없어 말로 표현할 수 없음을 일컫는 말. 털어 놓고 말하지 못하는 깊은 진리나 도리.

言中有骨 언중유골

말 言(언) / 가운데 中(중) / 있을 有(유) / 뼈 骨(골)

말 속에 뼈가 있다라는 뜻으로, 말의 외양은 예사롭고 순한 듯하나 뼈 같은 속뜻이 있음을 일컫는 말.

餘桃之罪 여도지죄

남을 餘(여) / 복숭아 桃(도) / 갈(어조사) 之(지) / 허물 罪(죄)

먹다 남은 복숭아를 먹인 죄라는 뜻으로, 사람에 대한 애정이 있고 없음에 따라 칭찬받았던 일도 후에 화가 되어 벌을 받게 됨을 일컫는 말.

及彌子色衰愛弛 得罪於君 君曰
是固嘗矯駕吾車 又嘗啗以餘桃

【출전 : 한비자(韓非子) – 세난(說難)】

이윽고 세월이 흘러 미자하(彌子瑕)에 대한 임금의 총애가 다하여 그는 임금에게 죄를 얻었다. 임금이 소리치길, "이놈은 전날 허락도 없이 내 수레를 탔으며, 먹다 남긴 복숭아를 내게 준 일도 있다."

女丈夫 여장부

여자 女(여) / 어른 丈(장) / 사내 夫(부)

여걸(女傑)이라는 뜻으로, 남자같이 헌걸차고 기개(氣槪) 있는
여자를 일컫는 말.

☞ 남자 못지않은 여자. ※ 장부(丈夫)는 장성한 남자.

> 子胥行反顧 女子已自投於瀨水矣 於乎
> 貞明執操 貞明執操 其丈夫女哉
>
> 【출전 : 오월춘추(吳越春秋)】

〔오자서(伍子胥)가 초나라에서 오(吳)나라로 도망칠 때, 강의 여울목에
서 빨래를 하던 여자로부터 한 끼 도시락밥을 얻어먹는 신세를 졌다.
그 여성은 오자서가 보통 사람이 아님을 알아보고, 이를 비밀로 할
것을 맹세하고 오자서와 헤어졌다.〕
오자서가 조금 가다가 뒤돌아보니, 그 여성은 이미 강물에 몸을 던져
버린 뒤였다.
"아, 나와 약속한 그 지조를 지키고자 하는 뜻은 남자에 못지않은 여
자로다."

如足如手 여족여수

같을 如(여) / 발 足(족) / 손 手(수)

발이 손과 같다라는 뜻으로, 형제는 몸에서 떼어놓을 수 없는 팔
다리와 같다는 말. 형제의 의(義)가 두터움을 비유하여 일컫는 말.

> 蒼蒼烝民 (……) 誰無兄弟 如足如手
>
> 【출전 : 조고전장문(弔古戰場文)】

무수한 백성에게 ……, 형제가 하나도 없는 자가 있을 리가 없다. 형제라는 것은 손이나 발을 잘라낼 수 없는 것처럼 친밀하고 소중한 것이다.

逆鱗 역린

거스를 逆(역) / 비늘 鱗(린)

용의 턱밑에 거슬러 난 비늘이라는 뜻으로, 군주(임금)의 노여움에 비유하여 일컫는 말.

龍其喉下有逆鱗徑尺 若人有嬰之者 則必殺人
人主亦有逆鱗 說者能無嬰人主之逆鱗 則幾矣

【출전 : 한비자(韓非子) - 세난편(說難篇)】

(용이란 짐승은 잘 친하기만 하면 올라 탈 수도 있다.) 용의 턱밑에 직경이 한 자쯤 되는 역린(거슬러 난 비늘)이 있어, 만일 사람이 이것을 건드리는 일이 있으면 반드시 그 사람을 죽인다. 임금 또한 역린이 있다. 말하는 사람이 임금의 역린을 건드리지 않는다면 목적을 달성할 수 있을 것이다.

易姓革命 역성혁명 ▶ 易世革命(역세혁명)

바꿀 易(역) / 성씨 姓(성) / 가죽(고칠) 革(혁) / 목숨 命(명)

성을 바꾸어 변혁을 꾀한다라는 뜻으로, 왕조(王朝)가 바뀌는 것. 즉, 어떤 성(姓)을 가진 임금에서 다른 성을 가진 임금으로 교체하는 것을 일컫는 말.

※ 중국 고대의 정치사상으로, 천명(天命 : 하늘의 명령)에 의해 유덕(有德)한 사람이 왕위에 오르고, 천의(天意 : 하늘의 뜻)에 반하는 사람은 왕위를 잃는다는 뜻.

> 王者易姓受命 必愼如初 改正朔 易服色
> 推本天元 順承厥意
>
> 【출전 : 사기(史記) – 역서(曆書)】
>
> 국왕의 성이 바뀌고 하늘의 명을 받아 새 왕조를 세웠을 때는 시작을 신중히 해야만 한다. 달력을 개정하고, 복색(신분에 맞추어 입는 옷)을 바꿀 때는 천체운행(天體運行)의 법칙을 잘 관찰하여 하늘의 뜻에 따라 결정해야만 한다.

連理枝 연리지

잇닿을 連(연) / 다스릴 理(리) / 가지 枝(지)

나뭇가지가 이어지다라는 뜻으로, 화목한 부부. 또는 다정한 남녀 사이를 일컫는 말.

> 在天願作兆翼鳥 在址願爲連理枝
>
> 【출전 : 장한가(長恨歌)】
>
> 하늘에 있어서는 원컨대 비익의 새가 되고 땅에 있어서는 원컨대 연리지의 가지가 되겠다.

緣木求魚 연목구어

인연 緣(연) / 나무 木(목) / 구할 求(구) / 고기 魚(어)

나무에 올라가 물고기를 구한다라는 뜻으로, 불가능한 일을 하려함. 또는, 잘못된 방법으로 목적을 이루려함을 일컫는 말.

☞ 수고만 하고 아무 것도 얻지 못함.

王之所大欲可知已 以若所爲求若所欲
猶緣木而求魚也　　　　　【출전 : 맹자(孟子) - 양혜왕(梁惠王)】

"왕의 소원이 무엇인가를 알 수 있습니다. (땅을 넓히고 강대국인 진나라, 초나라에게 조공을 바치게 한 다음, 중원에 군림하여 사방 오랑캐들을 어루만지는 것입니다.) 그러나 이와 같은(전쟁을 일으켜서 신하의 목숨을 위태롭게 하는) 무력으로 그것을 얻으려 한다면 그것은 마치 나무에 올라가 물고기를 잡으려 하는 것과 같습니다."

燕雀鴻鵠 연작홍곡 ▶ 燕雀安知鴻鵠之志(연작안지홍곡지지)

제비 燕(연) / 참새 雀(작) / 큰기러기 鴻(홍) / 고니 鵠(곡)

제비나 참새 같은 작은 새가 어찌 기러기나 고니 같은 큰 새의 마음을 알 수 있으랴라는 뜻으로, 소인은 큰 인물의 원대한 뜻을 알지 못함을 비유하여 일컫는 말.

何富貴也 陳涉太息曰 嗟乎
燕雀安知鴻鵠之志哉
　　　　　【출전 : 사기(史記) - 진섭세가(陳涉世家)】

〔뒷날 우리 다같이 크게 부귀를 얻게 되면 오늘의 이 정리를 잊지 않겠다." 그러자 동료들이 웃으며 말하였다.〕
"지금 남에게 고용되어 밭이나 갈고 날품팔이 하는 주제에 어찌 부귀 따위를 바란단 말인가."

진섭은 크게 한숨을 쉬며 말하길, "아, 제비나 참새 같은 작은 새가 어찌 큰 기러기나 고니 같은 큰 뜻을 알겠나."

吮疽之仁 연저지인

빨 吮(연) / 종기 疽(저) / 갈(어조사) 之(지) / 어질 仁(인)

종기를 입으로 빨아 주는 어짊이라는 뜻으로, 부하를 극진히 사랑함의 비유. 순수한 의도라기보다 어떤 목적 달성을 위한 가면적인 선행을 일컫는 말.

非然也 往年吳公吮其父 其父戰不旋踵
遂死於敵 吳公 今又吮其子
妾不知其死所矣 是以哭之
【출전 : 사기(史記) − 손자오기열전(孫子吳起列傳)】

(오기 장군은 전쟁터에서 병사들의 피고름을 빨아주며 보살펴 주었다.)
"그런 것이 아닙니다. 지난해에도 그애 아버지의 종기를 빤 일이 있었는데, 그애 아버지는 싸움터에서 돌아오지 못하고 끝까지 싸우다 죽었습니다. 오장군이 내 자식의 종기를 빨았으니 그애도 언제 어디서 죽을지 알 수가 없습니다. 그래서 우는 것입니다."

拈華微笑 염화미소

집을 拈(념) / 꽃 華(화) / 작을 微(미) / 웃을 笑(소)

연꽃을 들어 미소 짓는다라는 뜻으로, 말로 하지 않고 마음에서 마음으로 전하는 뜻을 일컫는 말.

※ 석가가 설법 중에 연꽃을 들어 보였을 때, 오직 제자 가섭(迦葉)만이 그 뜻을 알고 빙그레 웃었다는 고사에서 유래.

영취산에서 석가가 설법을 할 때, 한마디 말도 하지 않고 단지 연꽃을 들어 보였다. 제자들은 그 뜻을 헤아리지 못했다. 그때 가섭 혼자만이 빙그레 미소를 지었다. 석가는 가섭에게 깨달음의 깊은 뜻을 가르쳤다. 【출전 : 오등회원(五燈會元)】

傲慢無道 오만무도

거만할 傲(오) / 게으를 慢(만) / 없을 無(무) / 길 道(도)

거만하고 교만하여 버릇이 없다라는 뜻으로, 태도나 행동이 건방지고 버릇이 없음.

寤寐不忘 오매불망

깰 寤(오) / 잠잘 寐(매) / 아닐 不(불) / 잊을 亡(망)

자나깨나 잊지 못함을 일컫는 말.

窈窕淑女 寤寐求之
求之不得 寤寐思服
悠哉悠哉 輾轉反側　　【출전 : 시경(詩經) - 관저편(關雎篇)】

품위 있고 정숙한 숙녀를 자나깨나 바란다.
구해도 얻을 수 없으니 자나깨나 생각한다.
생각하고 또 생각하며 이리 뒤척 저리 뒤척이네.

吾鼻三尺 오비삼척

나 吾(오) / 코 鼻(비) / 석 三(삼) / 자 尺(척)

내 코가 석 자라는 뜻으로, 곤경에 처하여 자기 일조차 감당할
수 없는데 어찌 남을 도울 수 있겠는가를 일컫는 말.

烏飛梨落 오비이락

까마귀 烏(오) / 날 飛(비) / 배 梨(이) / 떨어질 落(락)

까마귀 날자 배 떨어진다라는 뜻으로, 우연의 일치로 어떤 일이
일어나 의심을 받게 됨을 비유하여 일컫는 말.

吾舌尙在 오설상재

나 吾(오) / 혀 舌(설) / 오히려 尙(상) / 있을 在(재)

내 혀가 아직 성하게 남아 있다라는 뜻으로, 몸은 비록 망가졌
어도 혀만 있다면 희망이 (천하를 움직일 수) 있음.

> "내 혀가 그대로 있는가 보구려(視吾舌尙在下)."
> 아내가 웃으며, "혀는 그대로 있어요." 하니,
> 장의는, "그럼 됐소." 했다.
>
> 【출전 : 사기(史記) – 장의열전(張儀列傳)】

五十步百步 오십보백보

다섯 五(오) / 열 十(십) / 걸음 步(보) / 일백 百(백)

오십 보나 백 보나 도망치기는 마찬가지라는 뜻으로, 오십 보
도망친 사람이 백 보 도망친 사람을 비웃는다는 말에서, 조금의
차이가 있으나 본질적으로는 같음을 일컫는 말.

王好戰 請以戰喩 塡然鼓之 兵刃旣接
棄甲曳兵而走 或百步而後止
或五十步而後止 以五十步 笑 百步則何如

【출전 : 맹자(孟子) － 양혜왕(梁惠王)】

"왕께선 전쟁을 좋아하시니 싸움으로 비유하겠습니다. 북을 크게 울
려 양쪽 군사가 접전할 때, 갑옷과 투구 등 무기를 버리고 달아나는
자가 나와, 어떤 자는 백 보, 어떤 자는 오십 보 달아나다가 멈추었다
고 칩시다. 이때 오십 보 달아난 자가 백 보 달아난 자를 (자기보다
겁쟁이라고 말하고) 비웃었다고 한다면 어떻게 하겠습니까?"
(그런 바보 같은 놈이 어디 있소? 오십 보든 백 보든 도망치기는 마
찬가지가 아니오?)

吳牛喘月 오우천월

나라이름 吳(오) / 소 牛(우) / 헐떡거릴 喘(천) / 달 月(월)

오나라 물소가 달을 보고 헐떡거린다라는 뜻으로, 지나치게 쓸
데없는 걱정을 함을 비유하여 일컫는 말.

※ 吳牛(오우) : 중국 남방에서 농경에 쓰이는 더위를 싫어하는 물소.

滿奮畏風 在晉武帝坐 北窓作琉璃屛風
實密似疎 奮有難色 帝笑之 奮答曰
臣猶吳牛 見月而喘

【출전 : 세설신어(世說新語)】

만분(萬分)은 바람을 몹시 두려워했다. 어느 날 진무제(晉武帝)와 같이 있을 때, 마침 북쪽 창이 훤히 비치는 유리병풍으로 둘러쳐져 있어, 실제로는 틈이 없고 바람이 새지 않는데도 만분은 난색을 표명했다. 왕이 이를 보고 웃자 만분은, "저는 마치 남쪽 오나라의 소가 달만 보아도 헐떡인다는 말과 같습니다." 라고 하였다.

吳越同舟 오월동주

나라이름 吳(오) / 넘을 越(월) / 함께 同(동) / 배 舟(주)

적대 관계에 있는 오나라 사람과 월나라 사람이 같은 배를 타고 있다라는 뜻으로, 원수끼리 함께 있게 되는 경우. 또는, 원수끼리도 위급한 경우를 당하면 서로 함께 협력하게 됨을 일컫는 말.

※ 吳越(오월) : 적대 관계에 있는 오나라와 월나라.

夫吳人與越人相惡也 當其同舟而濟遇風
其相救也 如左右手　　　　　【출전 : 손자(孫子) - 구지(九地)】

오나라 사람과 월나라 사람은 서로 미워하는 사이이다.
그렇지만 같은 배를 타고 건너다가, 큰 바람을 만나게 되면 서로 돕기를 좌우의 손이 함께 협력하듯 한다.

烏合之卒 오합지졸

까마귀 烏(오) / 합할 合(합) / 갈(어조사) 之(지) / 군사 卒(졸)

까마귀 떼가 모인 것처럼 모인 군사라는 뜻으로, 훈련이 안 된 군사들, 규율도 통일성도 없는 군중이나 집단.

卜者王郞假名因執 驅集烏合之卒 遂震燕趙之地

【출전 : 후한서(後漢書)】

무속인인 왕랑(王郞)은 그럴듯한 명목을 내걸고 시세(時勢)에 편승하여, 까마귀 떼처럼 모여서 시끄럽게 떠들기만 하는 무리들을 끌어 모아 마침내 연(燕)나라와 조(趙)나라 땅에서 위세를 떨치게 되었다.

玉不琢不成器 옥불탁불성기

구슬 玉(옥) / 아닐 不(불) / 쫄 琢(탁) / 이룰 成(성) / 그릇 器(기)

옥도 다듬지 않으면 그릇이 될 수 없다라는 뜻으로, 천성이 뛰어난 사람이라도 학문이나 수양을 쌓지 않으면 훌륭한 인물이 될 수 없음을 일컫는 말.

玉不琢不成器 人不學不知道

【출전 : 예기(禮記) - 학기(學記)】

옥도 갈고 닦아서 광택을 내지 않으면 훌륭한 그릇이 되지 않는다. (그와 마찬가지로) 사람도 학문과 수양을 쌓지 않고서는 사람으로서의 도리를 알지 못한다.

屋上架屋 옥상가옥

지붕 屋(옥) / 위 上(상) / 시렁 架(가)

지붕 위에 또 지붕을 얹는다라는 뜻으로, 부질없는 일을 더 보태어 함을 비유하여 일컫는 말.

오나라의 옛 서울인 건업(建業)은 뒤로는 산을 등지고 앞은 양자강을 바라보는 풍광이 아름다운 도성으로 가히 강남의 중심지였다. 유중(庾仲)이라는 시인〔낙양의 종이 값을 올린 좌사를 말함〕이 옛 건업의 번영과 풍경을 찬양하는 시를 읊었다.
도성 사람들은 앞을 다투어 이 시를 배껴 벽에 걸어놓고 감상했다. 이로 인해 종이가 모자라게 되어 낙양의 종이 값이 오르는 사태까지 이르렀다. 허나 그 시를 본 태부(太傅) 사안석(謝安石)은 이렇게 비웃었다.
"이 시는 마치 지붕 위에 또 지붕을 얹은 것같이 똑같은 소리만 거듭하고 있을 뿐이다. 그런 것을 보고 떠들어대는 자들의 속셈을 모르겠다." (결국 남의 것을 모방해서 만든 서투른 문장이란 뜻이다.)

【출전 : 세설신어 - 문학편】

玉石混淆 옥석혼효

옥 玉(옥) / 돌 石(석) / 섞일 混(혼) / 섞일 淆(효)

옥과 돌이 섞여 있다라는 뜻으로, 좋은 것과 나쁜 것. 또는, 훌륭한 것과 하찮은 것이 함께 뒤섞여 있어 분간할 수가 없음을 일컫는 말.

以礫切之至言爲駿拙 以虛華之小辯爲姸巧
眞僞顚倒 玉石混淆

【출전 : 포박자(抱朴子) - 외편(外篇)】

"이로써 잘 정돈된 말은 치졸하다 하고, 공허하고 하찮은 말을 아름답고 곱다고 한다. 참과 거짓이 서로 뒤바뀌고, 옥(玉)과 돌이 서로 섞여 구별이 되지 않게 되는 것이다."
(가짜가 진짜 행세를 한다면, 진짜는 어이없어 눈을 돌리게 되는 세상이다. 옥보다 돌이 많은데 어찌 가려낼 수 있겠는가.)

玉碎 옥쇄

구슬 玉(옥) / 부술 碎(쇄)

옥처럼 아름답게 부서져 흩어진다라는 뜻으로, 명예나 충절을 지키어 기꺼이 목숨을 바침. 또는, 천자(天子)가 재난을 만남을 일컫는 말.

> 景皓云 豈得棄本完遂他姓
> 大丈夫寧可玉碎 不能瓦全
>
> 【출전 : 북제서(北齊書) – 원경안전(元景安傳)】

〔북제의 원경안(元景安)은 집안이 죄를 얻어 죽임을 당하자 성(姓)씨를 고치겠다고 하였다.〕 그러자 같은 가문의 원경호(元景皓)가 말하길, "왜 제 집안 성을 버리고 다른 성씨를 좇으려 하는가. 대장부라면 차라리 옥처럼 아름답게 부서져 흩어질 것이지. 보잘것없는 기와처럼 목숨을 부지하겠단 말인가."

屋烏之愛 옥오지애 ▶ 愛及屋烏(애급옥오)

집 屋(옥) / 까마귀 烏(오) / 갈(어조사) 之(지) / 사랑 愛(애)

사랑하는 사람이 사는 집 지붕에 있는 까마귀까지 사랑한다라는 뜻으로, 그 사람을 사랑하면 그 주위의 모든 것을 사랑하게 됨을 일컫는 말.

> 臣聞 愛其人者 兼屋上之烏
> 憎其人者 惡其餘胥
>
> 【출전 : 세원(說苑) – 귀덕(貴德)】

"신〔태공망(太公望) 여상(呂尚)〕이 듣기에, '어떤 사람을 사랑하게 되면 그 사람의 집 지붕에 있는 까마귀까지도 사랑스럽게 보이고, 어떤 사람을 미워하게 되면, 그 사람의 유족(遺族)까지 미워하게 된다'고 하였습니다."

溫故(古)知新 온고지신

따뜻할 溫(온) / 예 故(고) / 오랠 古(고) / 알 知(지) /
새로울 新(신)

옛 것을 익히고 새 것을 안다라는 뜻으로, 옛 것을 앎으로써 그 것을 통해 새로운 것을 찾아냄.

子曰 溫故而知新 可以爲師矣

【출전 : 논어(論語) - 위정편(爲政篇)】

공자가 말하길, "옛 것을 익혀 새 것을 알면 다른 사람의 스승이 될 수 있다."
(다른 사람의 스승이 된 사람은 새로운 도리를 깨달아야 된다.)

蝸角之爭 와각지쟁

달팽이 蝸(와) / 뿔 角(각) / 갈(어조사) 之(지) / 다툴 爭(쟁)

달팽이 뿔 위에서의 싸움이라는 뜻으로, 사소한 일로 벌이는 다툼. 또는 인간세계의 아무리 큰 다툼이라 해도 우주적인 관점에서 보면 보잘것없는 작은 다툼에 불과함을 일컫는 말.
☞ 아무 이익도 없는 일로 다툼.

蝸牛角上爭何事 石火光寄此身

【출전 : 장자(莊子) – 칙양(則陽)】

"달팽이의 뿔 위에서 무엇을 다투고자 하는가. 아니면 석화(돌이 맞부딪칠 때 일어나는 불. 몹시 빠른 것)의 빛 가운데 몸을 의지하겠다는 말인가?" (위나라니, 제나라니 떠들어 보았자 아무 것도 아닌 존재일 뿐이다.)

臥薪嘗膽 와신상담

누울 臥(와) / 섶자리 薪(신) / 맛볼 嘗(상) / 쓸개 膽(담)

섶에서 잠을 자고 쓸개를 맛본다라는 뜻으로, 원수를 갚기 위해, 또는 목적을 달성하기 위해 때를 기다리며 온갖 고난을 참고 견딤.

※ 와신상담이란 문자는 부차의 '와신(臥薪)'과 구천의 '상담(嘗膽)' 이 합쳐져 된 말임.

夫差志復讐 朝夕臥薪中 出入使人呼曰
夫差而忘越人之殺而父邪

【출전 : 십팔사략(十八史略) – 춘추전국(春秋戰國)】

부차는 자기 나라로 돌아오자 장작 위에 자리를 펴고 자며, 방문 앞에 사람을 세워놓고서 드나들 때마다, "부차야, 너는 월나라 군대가 죽인 아비 원수를 잊었느냐?" 하고 외치게 했다.

越王勾踐反國 乃苦身焦思 置膽於坐 坐臥卽仰膽
飲食亦嘗膽也 曰 女忘會稽之恥邪

【출전 : 사기(史記) – 월세가(越世家)】

월나라 왕 구천은 자기 나라로 돌아오자, 일부러 몸과 마음을 괴롭히며, 자리 옆에 쓸개를 달아 두고 앉고 누울 때마다 늘 쓸개를 씹으며 쓴맛을 되씹었다. 또 음식을 먹을 때에도 쓸개를 씹고 나서, '너는 회계의 치욕을 잊었는가?'라고 자신을 타이르곤 했다.

完璧 완벽

완전할 完(완) / 옥 璧(벽)

완전한 구슬(구슬을 온전히 보존하여 돌아오다)이라는 뜻으로, 조금의 결점이 없이 완전무결함. 원래의 뜻은 소중한 것을 흠집 내지 않고 무사히 가지고 돌아가다를 일컫는 말.

☞ 빌린 것을 무사히 되돌려 주다의 뜻.

相如曰 王必無人 臣願奉璧往 使城
入趙而璧留秦 城不入 臣請完璧歸趙

【출전 : 사기(史記) − 인상여(藺相如)】

(조나라 혜문왕은 당대 최고의 보물로 알려져 있던 화씨벽(和氏璧)을 손에 넣게 되었다. 그러자 이 소문을 전해들은 진나라 소양왕이 열다섯 개의 성(城)을 줄 터이니 화씨벽과 맞바꾸자고 사신을 보내왔다.) 인상여가 말하길, "마땅히 사람이 없으면 신이 구슬을 가지고 가겠습니다. 만일 성읍이 조나라로 들어온다면 구슬을 진나라에 두고, 성읍이 들어오지 않으면 신은 구슬〔璧〕을 온전〔完〕히 하여 조나라로 돌아오겠나이다."

王侯將相寧有種乎 왕후장상영유종호

임금 王(왕) / 제후 侯(후) / 장수 將(장) / 재상(서로) 相(상) /

어찌(부사) 寧(녕) / 있을 有(유) / 씨 種(종) / 그런가 乎(호)

왕이나 제후, 장수, 재상이 어찌 씨가 따로 있겠는가라는 뜻으로, 제왕과 제후, 장수와 재상이 되는 것은 가문이나 혈통이 따로 있는 것이 아니라, 그 사람의 재능이나 노력에 의한 것이라는 말. 곧 부귀영화는 실력만 있으면 누구나 차지할 수 있음을 비유하여 일컫는 말.

且壯士不死卽已 死卽擧大名耳
王侯將相寧有種乎

【출전 : 사기(史記) − 진섭세가(陳涉世家)】

"장부가 죽지 않으면 모르되, 이왕 죽을 바엔 대의명분을 위해 죽어야 할 것이 아닌가. 왕후와 장상이 어떻게 씨가 따로 있을 수 있겠는가? (누구나 마음먹으면 될 수 있는 것이다.)"

遼東之豕 요동지시 ▶ 遼東豕(요동시)

빛날 燎(요) / 동녘 東(동) / 갈(어조사) 之(지) / 돼지 豕(시)

요동지방의 돼지라는 뜻으로, 자기 혼자만 대단한 것으로 알고 우쭐해 하는 것으로 자기가 최고인 체함. 세상에 흔한 것을 모르고 혼자 득의양양하여 자랑함을 비유하여 일컫는 말.

※ 遼東(요동) : 만주의 남쪽과 요하 동쪽 지역 이름.

遼東有豕 生子白頭 異而獻之 行至河東
見群豕皆白 懷慙而還

【출전 : 주숙원(朱叔元)】

옛날 요동지방에서 흰 머리의 돼지새끼가 태어나서, 이것을 진귀한 것으로 여긴 요동 사람이 조정에 진상하려고 하동(河東)까지 갔다. 그런데 그곳에 있는 돼지를 보니, 모두 머리가 흰 돼지인지라 부끄럽게 여기고 되돌아갔다.

要領不得 요령부득 ▶ 不得要領(부득요령)

구할 要(요) / 옷깃 領(령) / 아닐 不(불) / 얻을 得(득)

옷의 허리띠와 깃을 잡을 수 없다라는 뜻으로, 마(허리띠)와 깃 부위를 잡아 올려야 옷을 제대로 입을 수 있는 데서 허리띠와 깃이 요긴한 곳을 가리키는 말로 변하게 되었다. 사물의 중요한 부분을 잡을 수 없거나, 말이나 글의 중요한 부분을 잡을 수 없음을 일컫는 말.

※ 옛날에는 '요령부득'이 두 가지 다른 뜻으로 쓰였다. 하나는 '요령(要領)'의 '요(要)'는 허리의 '요(腰)'와 같은 뜻으로 쓰이는 경우인데 이때의 '요령부득'은 제 명에 죽지 못함을 말한다.

다른 하나는 죄인을 사형에 처할 때, 무거운 죄는 허리를 베고 가벼운 죄는 목을 베었다. '요'는 허리를 말하고 '령'은 목을 뜻한다. 그러므로 '요령부득'은 허리와 목을 온전히 보존하지 못한다는 뜻이다. 그러나 오늘날 우리가 쓰는 '요령'이란 말은 옷의 허리띠와 깃을 말한다.

騫從月氏至大夏 竟不能得月氏要領 留歲餘還

【출전 : 사기(史記) - 대완전(大宛傳)】

장건은 대월지국으로부터 대하국에 이르렀지만, 결국 대월지국 왕의 요령을 얻을 수가 없었다. 그래서 그곳에 1년여 이상 머무른 뒤 돌아왔다.

燎原之火 요원지화

불탈 燎(요) / 근원(벌판) 原(원) / 갈(어조사) 之(지) / 불 火(화)

무서운 기세로 타 나가는 벌판의 불이라는 뜻으로, 세력이 대단해서 막을 수가 없음.

☞ 뜬소문이 널리 퍼짐.

若火之燎 于原 不可嚮邇 其猶可撲滅
則惟汝衆 自作弗靖

【출전 : 서경(書經) − 반경(盤庚)】

"(너희들은 어찌 내게 알리지도 않고, 서로 뜬소문을 퍼뜨리며, 민중들을 공포 속으로 몰아넣고 있느냐.) 들판에 불길이 번지면 아무도 그 불길 속으로 향해 접근할 수 없고, 더구나 그것을 끄는 것은 생각도 할 수 없다. 그대들은 스스로 떳떳치 못한 짓을 저지른 것으로 내게 허물이 있는 것은 아니다."

窈窕淑女 요조숙녀

그윽할 窈(요) / 정숙할 窕(조) / 맑을 淑(숙) / 여자 女(녀)

아름답고 정숙하며 품위 있는 여자라는 뜻으로, 우아하고 고운 여자를 일컫는 말.

關關雎鳩 在河之洲 窈窕淑女 君子好逑

【출전 : 시경(詩經) − 주남(周南)】

사이좋게 서로 울어대는 암수 한 쌍의 물새는 강의 모래톱에 있네. 우아하고 고운 여자야말로 군자(君子)의 좋은 짝이로다.

欲速不達 욕속부달

하고자할 欲(욕) / 빠를 速(속) / 아닐 不(부) / 통할 達(달)

일을 속히 하려고 하면 도리어 이루지 못함.

> 見小利 欲速則不達 見小利則大事不成
>
> 【출전 : 논어(論語) - 자로편】
>
> 일을 빨리 처리하려 하지 말고 작은 이익을 보지 말라. 빨리 하려 하면 일이 잘 되지 않고, 작은 이익을 보면 오히려 큰 일이 이루어지지 않는다.

龍頭蛇尾 용두사미

용 龍(룡) / 머리 頭(두) / 뱀 蛇(사) / 꼬리 眉(미)

머리는 용이고 꼬리는 뱀이라는 뜻으로, 처음은 좋으나 끝이 좋지 않음을 일컫는 말.

龍虎相搏 용호상박

용 龍(룡) / 범 虎(호) / 서로 相(상) / 칠 搏(박)

용과 범이 서로 싸운다라는 뜻으로, 역량과 세력이 비슷한 두 강자가 서로 어울려 싸움을 비유하여 일컫는 말.

寓公移山 우공이산

어리석을 愚(우) / 공변될 公(공) / 옮길 移(이) / 메 山(산)

어리석은 사람이 산을 옮긴다라는 뜻으로, 아무리 어려운 일이라도 끝까지 노력하면 목적을 달성할 수 있음을 일컫는 말.

☞ 약삭빠른 자보다는 우직한 자가 더 큰일을 해냄.

北山愚公者 年且九十 面山而居 懲山北之塞
出入之迂也 聚室而謀曰 吾與汝畢力平險
指通予南 達于漢陰 可乎

【출전 : 열자(列子) – 탕문(湯問)】

북산에 우공(어리석은 사람)이란 사람이 나이는 벌써 아흔이 가까웠다. 그는 높고 험한 두 산을 마주 대하고 살고 있었는데, 산의 북쪽이 길을 막고 있으므로, 출입할 때마다 멀리 돌아다니는 것이 번거로워 가족들을 모아 놓고 상의를 하였다.
"나는 너희들과 같이 힘을 합하여 저 높고 험한 산을 평평한 평야로 만들고, 예주(預州 : 하남성)의 남쪽으로 길을 터 한수의 남쪽까지 갈 수 있도록 만들고 싶은데, 너희들 생각은 어떠냐?"

牛刀割鷄 우도할계

소 牛(우) / 칼 刀(도) / 나눌 割(할) / 닭 鷄(계)

소 잡는 칼로 닭을 잡는다라는 뜻으로, 작은 일을 하는데 너무 큰 힘을 사용함을 비유하여 일컫는 말.

牛溲馬勃 우수마발

소 牛(우) / 오줌 溲(수) / 말 馬(마) / 우쩍일어날 勃(발)

쇠오줌과 말똥이라는 뜻으로, 가치 없는 말이나 글, 또는 품질이 떨어지거나 나쁜 약재의 원료를 일컬음.

牛耳讀經 우이독경

소 牛(우) / 귀 耳(이) / 읽을 讀(독) / 날 經(경)

쇠귀에 경 읽기라는 뜻으로, 아무리 가르치고 일러주어도 알아듣지 못함을 비유하여 일컫는 말.

愚者一得 우자일득 ▶ 千慮一得(천려일득)

어리석을 愚(우) / 사람 者(자) / 한 一(일) / 얻을 得(득)

어리석은 사람이라도 하나쯤은 얻을 것이 있다라는 뜻으로, 아무리 어리석어도 여러 일을 하거나 생각하다 보면 때로는 하나쯤 슬기로운 것도 있음을 일컫는 말.

> 廣武君曰 臣聞 智者千慮 必有一失 愚者千慮
> 必有一得 故曰 狂夫之言 聖人擇焉
>
> 【출전 : 사기(史記) − 회음후열전(淮陰侯列傳)】
>
> "신(臣)이 듣기에, '지혜로운 사람도 천 번 생각하면 반드시 한 번의 실수가 있고, 어리석은 자라도 천 번 생각하면 반드시 한 번은 좋은 생각이 있다' 하였습니다. 그러므로 광인(狂人)의 말일지라도 성인(聖人)이 취할 일이 있을 것입니다."

迂直之計 우직지계

멀 迂(우) / 곧을 直(직) / 갈(어조사) 之(지) / 셈할 計(계)

돌아가는 길을 지름길로 만드는 계책이라는 뜻으로, 멀리 돌아가는 듯하지만 그것을 지름길로 만드는 계책을 일컬음.

迂其途 而誘之以利 後人發 先人至
此知迂直之計者也

【출전 : 손자(孫子) – 군쟁(軍爭)】

멀리 돌아서 적을 속여 이롭게 하고, 적보다도 뒤에 출발해서 먼저 당도하는 것. 그것이 '돌아가는 길을 지름길로 만드는 계책'을 아는 자이다.

羽化登仙 우화등선

깃 羽(우) / 화할 化(화) / 오를 登(등) / 신선 仙(선)

몸에 날개가 나고 신선이 되어 하늘에 올라간다라는 뜻으로, 술에 취하여 좋은 기분에 도취됨을 비유하여 일컫는 말.

※ 세상을 떠나는 것의 의미로도 쓰임.

浩浩乎如馮虛御風 而不知其所止
飄飄乎如遺世獨立羽 化而登仙

【출전 : 소식(蘇軾) – 전적벽부(前赤壁賦)】

허공에 떠서 훨훨 바람을 타고 그칠 바를 모르듯, 훌쩍 세상을 버리고 홀로 되어 날개를 달고 신선이 되어 하늘로 오르는 것만 같다.

雲泥之差 운니지차 ▶ 天壤之差(천양지차)

구름 雲(운) / 진흙 泥(니) / 갈(어조사) 之(지) / 다를 差(차)

구름(하늘)과 진흙(땅)의 차이라는 뜻으로, 서로가 매우 동떨어져 있음을 비유하여 일컫는 말.

運用之妙 운용지묘

돌 運(운) / 쓸 用(용) / 갈(어조사) 之(지) / 묘할 妙(묘)

기능을 부리어 아름다움을 살린다라는 뜻으로, 법칙은 그것을 쓰고 부리는데 따라 달라지는 것으로, 임기응변의 활용이 중요함을 일컫는 말.

> 陣而後戰 兵法之常 運用之妙 存乎一心
>
> 【출전 : 송사(宋史) - 악비전(岳飛傳)】
>
> 진지(陣地)를 갖추고 나서 싸우는 것은 병법에 흔히 있는 계책(常策)이지만, 그때그때 상황에 따라 응용의 폭을 넓혀 쓰는 것은 사람의 마음에 달려 있는 것이다.

雲雨之樂 운우지락 ▶ 巫山之夢(무산지몽)

구름 雲(운) / 비 雨(우) / 갈(어조사) 之(지) / 즐거울 樂(락)

구름과 비의 즐거움이라는 뜻으로, 남녀가 육체적으로 어울리는 즐거움을 일컫는 말.

> "옛날 선왕(先王 : 회왕)께서 일찍이 고당에 오신 적이 있었습니다. 곤해서 낮잠을 주무셨는데 꿈에 한 부인이 나타나더니, '첩은 무산(巫山)의 선녀(仙女)이옵니다. 고당에 왔다가 왕께서 고당에 오셨다는 말을 듣고 왔습니다. 바라옵건대 잠자리를 받들어 올릴까 하옵니다.' 라고 청했습니다. 그래서 왕이 그녀를 사랑하시게 되었는데, 그녀가 떠

날 때에 말하기를, '첩은 무산 남쪽 높은 절벽 위에 살고 있습니다. 아침에는 구름이 되고 저녁에는 지나가는 비(行雲)가 되어 아침저녁으로 양대(陽臺)에서 임금님을 그리며 지나가겠습니다.' 하는 것이었습니다. 이튿날 아침, 선왕께서 무산 남쪽을 바라보니 과연 선녀의 말대로 높은 봉우리에 아침 햇살에 빛나는 아름다운 구름이 걸려 있었습니다. 그래서 왕은 그곳에 사당을 세우고 사당 이름을 조운묘(朝雲廟)라고 불렀습니다."

【출전 : 송사(宋史) - 고당부(高唐賦)】

運籌帷帳 운주유장 ▶ 運籌帷幄(운주유악)

움직일 運(운) / 산가지 籌(주) / 휘장 帷(유) / 장막 帳(장)

장막 안에서 산가지를 움직인다라는 뜻으로, 장막 안에서 작전을 세우는 일. 직접 싸움에는 나가지 않고 작전 계획을 짜는 일을 일컫는 말.

夫運籌帷帳之中 決勝於千里之外 吾不如張良
鎭國家 撫百姓 給餽饟不絶糧道 吾不如蕭何
運百萬之軍 戰必勝 攻必取 吾不如韓信

【출전 : 사기(史記) - 고조본기(高祖本紀)】

"그대는 하나만 알고 둘은 모른다. 내가 산가지를 장막 안에서 움직여 천 리 밖의 승리를 얻게 하는 것은 장량만 못하고, 나라를 편안히 하고 백성을 어루만져 주며, 군대의 보급을 끊어지지 않게 하는 것은 소하만 못하며, 백만의 군사를 거느리고 싸우면 반드시 이기고, 치면 반드시 빼앗는 것은 내가 한신만 못하다."
(내가 천하를 얻을 수 있었던 것은 이 세 사람을 제대로 쓸 수 있었기 때문이다.)

遠交近攻 원교근공

멀 遠(원) / 사귈 交(교) / 가까울 近(근) / 칠 攻(공)

먼 나라와는 친교를 맺고 가까운 나라는 침략한다라는 뜻으로,
멀리 떨어진 나라와는 친하게 지내고, 가까이 이웃하고 있는 나
라는 침략해 들어가는 외교정책을 일컫는 말.

王不如遠交而近攻 得寸則王之寸也
得尺亦王之尺也

【출전 : 사기(史記) – 범저(范雎)】

"왕〔진(秦)의 소양왕(昭襄王)〕께서는, 멀리 떨어져 있는 나라와는 동맹
(친교)을 맺은 후, 배후를 견제시키고 가까운 나라는 공격하는 것이
가장 상책입니다. (가까운 나라라면) 단 한 치 한 자의 땅이라도 얻게
된다면 그대로 왕의 영토가 되는 것입니다."

遠水不救近火 원수불구근화

멀 遠(원) / 물 水(수) / 아닐 不(불) / 구원할 救(구) /
가까울 近(근)

멀리 있는 물로는 가까이에서 난 불을 끄지 못한다라는 뜻으로,
먼 곳에 있으면 급할 때 전혀 도움이 되지 않음.

失火而取水於海 海水雖多 火必不滅矣
遠水不救近火也 今晉與楚雖強 而齊近
魯患其不救乎

【출전 : 한비자(韓比子) – 세림(說林)】

"(멀리 있는 월(越)나라 사람을 불러다가 물에 빠진 사람을 구하려 한 다면, 월나라 사람이 아무리 헤엄을 잘 친다 하더라도 물에 빠진 사 람은 살지 못할 것입니다.)
바닷물을 길어다가 불을 끄려고 한다면 바닷물이 아무리 많아도 불을 끌 수는 없듯이, 먼 곳의 물로는 가까운 곳의 불을 끄지 못합니다. 지 금 삼진(三晉)과 초나라가 아무리 강하다고는 하지만 제나라가 그들 나라보다 가까이 있기 때문에 노나라의 위급함을 구해 줄 수는 없습 니다."

鴛鴦之契 원앙지계

원앙 鴛(원) /원앙 鴦(앙) / 갈(어조사) 之(지) / 맺을 契(계)

원앙새처럼 암수가 떨어지지 않는 맺음이라는 뜻으로, 부부가 화목하고 즐겁게 삶을 비유하여 일컫는 말.

※ 鴛鴦(원앙) : 원앙새의 수컷〔鴛〕과 암컷〔鴦〕. 항상 함께 있으므로 사이좋은 부부의 비유.

춘추전국 시대 송(宋)나라 강왕(康王) 때, 한빙(韓憑)이라는 시종이 있 었는데, 한빙의 아내 하씨(河氏)는 보기 드문 미인이었다. 강왕은 한 빙을 변방으로 쫓아버리고 하씨를 취했다.
한빙은 아내의 편지조차 받지 못한 채 한이 깊어져 변방에서 자살하 고 말았다. 그 소식을 들은 하씨는 그때부터 옷이 해어져 삭도록 만 들었다. 그리고는 강왕과 성벽을 산책할 때 성벽 아래로 몸을 던지고 말았다. 시종하던 신하들이 놀라 옷소매를 잡았으나 삭을 대로 삭은 옷은 옷소매만 잡힐 뿐이었다.
하씨는 부디 시체만은 남편 곁에 묻어달라는 애절한 유언을 남겼으나 화가 난 강왕은 하씨의 무덤을 그 남편의 무덤 맞은편에 멀리 바라보 도록 만들었다.
얼마의 세월이 지났을 때 사람들은 양쪽의 무덤에서 똑같이 가래나무

가지가 뻗어 나와 마침내 서로가 하나로 뒤엉킨 채 자라는 모습을 보게 되었다. 또 나무 위에는 한 쌍의 원앙이 보금자리를 만들고 결코 그곳을 떠나지 않고 서로 목을 감은 채 슬피 울었다.

송나라 사람들은 한빙과 하씨의 사랑을 애달프게 여겨 이 나무를 '상사수(相思樹)'라고 이름 붙였다.

怨入骨髓 원입골수

원망할 怨(원) / 들 入(입) / 뼈 骨(골) / 골 髓(수)

원한이 뼛속까지 들어가 있다라는 뜻으로, 원한이 뼛속에 사무침. 깊은 원한을 품음.

穆公之怨此三人 入於骨髓 願令此三人歸
令我君得自快烹之

【출전 : 사기(史記) – 진본기(秦本記)】

"진나라 왕 목공(穆公)은 싸움을 패전으로 이끈 세 사람에 대한 원한이 골수에 배어 있을 것입니다. 그러니 저 세 사람을 진나라로 돌려보내어, 목공으로 하여금 직접 이들을 기름가마에 넣어 한을 풀게 해 주십시오."

圓鑿方枘 원조방예

둥글 圓(원) / 구멍 鑿(조) / 모 方(방) / 장부 枘(예)

둥근 구멍에 네모난 자루를 넣는다라는 뜻으로, 사물이 서로 맞지 않거나 일이 어긋남을 일컫는 말.

持方枘欲內圓鑿 其能入乎

【출전 : 사기(史記) – 맹가(孟軻)】

〔원조(圓鑿)는 끌로 뚫은 둥근 구멍을 뜻하고, 방예(方枘)는 네모난 나무로 끼우는 것으로〕 네모난 나무로 된 자루를 가지고 둥근 구멍에 끼우려고 한다면 들어갈 리가 있겠는가.

越犬吠雪 월견폐설

넘을 越(월) / 개 犬(견) / 짖을 吠(폐) / 눈 雪(설)

월나라 개가 눈을 보고 짖는다. 월나라는 날씨가 따뜻해 눈이 오는 일이 없어 개가 눈이 오는 것을 보면 이상하게 여겨 짖는다는 뜻으로, 어리석고 식견이 좁은 사람이 예삿일에 의심을 품거나 크게 놀람을 비유하여 일컫는 말.

月旦評 월단평

달 月(월) / 아침 旦(단) / 끊을 評(평)

매월 초하루에 하는 인물평이라는 뜻으로, 인물에 대한 평을 일컫는 말.

初劭與靖俱有高名 好共覈論鄕黨人物
每月更其品題 故汝南俗有月旦評焉

【출전 : 후한서(後漢書) – 허소전(許劭傳)】

허소는 허정과 함께 관상을 잘 보기로 명성이 자자했다. 두 사람은

고향 사람들의 인물을 평했는데, 매달 초하루마다 인물에 대한 평을
달리 표현했기 때문에 여남에서는 '월단평'이라는 속어가 생기게 되
었다.
〔조조가, "내가 어떤 사람인지 비평해 보시오."
무서운 난폭한 자로 이름이 알려져 있는 조조인지라 허소는 조심스러
워 좀체 말을 하지 못했으나 조조로부터 위협적인 재촉을 받고 마지
못해 입을 열었다. "당신은 태평성대에서는 간사한 도적이 될 것이요,
그러나 어지러운 세상이라면 영웅(姦雄)이 되고도 남을 인물입니다
(君淸平之姦敵 亂世之英雄)." 이 말을 들은 조조는 크게 기뻐하여 일
어나 가버렸다.
그러나 『십팔사략』에서는 허소가, "그대는 잘 다스려진 세상에서는
능력 있는 신하가 될 것이요, 어지러운 세상에서는 간사한 영웅이 될
것이다(子治世之能臣 亂世之奸雄)."라고 말한 것으로 되어 있다.〕

 # 月滿則虧 월만즉휴

달 月(월) / 찰 滿(만) / 곧 則(즉) / 이지러질 虧(휴)

달도 차면 기운다라는 뜻으로, 무슨 일이든 성하면 쇠퇴하게 됨
을 일컫는 말.

語曰 日中則移 月滿則虧 物盛則衰
天地之常數也

【출전 : 사기(史記) - 채택(蔡澤)】

옛말에, "해는 바로 위까지 떠오르면 지기 시작하고, 달은 만월이 되
면 이지러진다. 사물은 한창 성할 때를 지나면 쇠퇴하게 마련이라는
것이 천지만물의 이치이다.

月明星稀 월명성희

달 月(월) / 밝을 明(명) / 별 星(성) / 드물 稀(희)

달이 밝으면 별빛이 희미해진다라는 뜻으로, 능력 있는 사람이 나타나면 주위 사람들의 존재가 희미해짐을 일컫는 말.

☞ 한 영웅이 나타나면 다른 군웅(群雄)의 존재가 희미해진다는 뜻.

> 月明星稀 烏鵲南飛 繞樹三巾 何枝可依
>
> 【출전 : 조조시(曹操詩) - 단가행(短歌行)】
>
> 마치 달빛이 빛나서 뭇별들의 빛이 희미해지는 것과 같이, 달빛 아래 남쪽으로 날아가는 까치가 깃들일 나무를 찾아 빙빙 돌지만, 몸을 의탁할 가지도 없다.

越畔之思 월반지사

넘을 越(월) / 밭두렁 畔(반) / 갈(어조사) 之(지) / 생각할 思(사)

밭두렁을 넘으려는 생각이라는 뜻으로, 자신의 분수를 지키고 남의 직분을 침범하지 않도록 삼가는 마음을 일컫는 말.

> 子産曰 政如農攻 日夜思之 思其始而成其終
> 朝夕而行之 行無越思 如農之有畔 其過鮮矣
>
> 【출전 : 춘추좌씨전(春秋左氏傳)】
>
> 자산〔子産 : 정(鄭)나라의 재상〕이 말하길, "정치는 농사일과 같아서 주야로 신중히 생각해서 대응해야만 한다. 항상 깊이 생각하고 계획대로 끝까지 성취하며, 날마다 조석으로 생각대로 행하여, 행위가 사고(思考)를 넘지 말아야만 한다. 마치 논밭에 경계선이 있듯이, 남의 논밭을 침범하는 일이 드물게 하라."

月下氷人 월하빙인 ▶ 月下老人(월하노인)

달 月(월) / 아래 下(하) / 얼음 氷(빙) / 사람 人(인)

달 아래 늙은이와 얼음 밑에 있는 사람이라는 뜻으로, 월하로 (月下老)와 빙상인(氷上人)이 합쳐진 말로, 결혼을 중매해 주는 사람. 중매인(中媒人)을 일컫는 말.

> 唐韋固 少未娶 旅次宋城 遇異人月下檢書
> 固問 答曰 天下之婚爾
> 【출전 : 태평광기(太平廣記)】

두릉(杜陵) 사람 위고가 젊었을 때 송성으로 여행하여 …… 달빛 아래 서 책을 보는 사람을 만났다. 위고가 물으니 세상 사람들을 혼인시키 는 일을 한다고 답했다.

> 令狐策夢立氷上 與氷下人語 問索紞 紞曰
> 氷上爲陽 氷下爲陰 陰陽事也
> 【출전 : 진서(晉書)】

영호책이란 사람이 얼음 위에서 얼음 밑에 있는 사람과 이야기하는 꿈을 꾸었다. 그래서 색담을 찾아가 해몽을 청했더니 색담은 이렇게 대답했다.
"얼음 위는 양(陽 : 남자)이고 얼음 밑은 음(陰 : 여자)이므로, 음양, 즉 남녀에 관한 일입니다. (아마 당신은 어떤 이의 중매로 얼음이 풀리는 시기에 결혼하게 될 것입니다.)"

危急存亡之秋 위급존망지추

위태할 危(위) / 급할 急(급) / 생존할 存(존) / 망할 亡(망) /

갈(어조사) 之(지) / 가을 秋(추)

죽느냐 사느냐 하는 위급한 시기라는 뜻으로, 국가의 존망에 관한 중요한 시기. 또는 위기를 모면하여 살아남느냐의 기로를 일컫는 말.

今天下三分 益州罷敝 此誠危急存亡之秋也

【출전 : 제갈량(諸葛亮) – 전 출사표(前出師表)】

지금 천하가 위(魏)·오(吳)·촉(蜀), 셋으로 나누어져 있는데, 그 중에서도 촉한의 땅 익주(益州) 백성이 가장 쇠약해져 있습니다. 그야말로 나라가 살아남느냐 멸망하느냐, 위급한 시기라 할 수 있습니다.

韋編三絶 위편삼절

가죽 韋(위) / 엮을 編(편) / 석 三(삼) / 끊을 絶(절)

가죽으로 맨 책의 끈이 세 번이나 닳아 끊어지다라는 뜻으로, 독서에 열중함을 일컫는 말.

孔子晚而喜易 讀易韋編三絶

【출전 : 사기(史記) – 공자세가(孔子世家)】

공자가 『역경(易經)』을 좋아해서 『역경』을 되풀이 해 여러 번 읽어서 죽간(竹簡)을 맨 가죽끈이 여러 번 끊어질 정도였다.

有教無類 유교무류

있을 有(유) / 가르칠 教(교) / 없을 無(무) / 무리 類(류)

가르침은 있으나 종류는 없다라는 뜻으로, 모든 사람을 가르쳐 이끌어 줄 뿐, 가르치는 상대를 차별하지 않음을 일컫는 말.

사람이 깨끗한 마음으로 찾아오면 그 깨끗한 마음을 받아들일 뿐, 그가 과거에 어떤 일을 한 것까지 따질 것이야 있겠느냐. (그의 과거를 따지는 그런 심한 차별을 할 것까지는 없다.)

【출전 : 논어(論語) – 위령공편】

柔能制剛 유능제강

부드러울 柔(유) / 능할 能(능) / 마를 制(제) / 굳셀 剛(강)

부드러운 것이 강하고 굳센 것을 이김(제압함)을 일컫는 말.

天下柔弱 莫過於水 而攻堅强者 莫之无勝
其无以易之 弱之勝强 柔之勝剛
天下莫不知 莫能行

【출전 : 노자(老子) – 36장】

세상에서 부드럽고 약하기는 물보다 더한 것이 없다. 그러나 굳고 강한 것을 공격하는 데는 능히 이보다 나은 것이 없다. 그로써 능히 이를 깨치는 것이 없기 때문이다. 약한 것이 강한 것을 이기고, 부드러운 것이 굳센 것을 이긴다는 것은 천하에 알지 못하는 사람이 없건만, 능히 행하지를 못한다.

有德者必有言 유덕자필유언

있을 有(유) / 덕 德(덕) / 사람 者(자) / 반드시 必(필) /
말씀 言(언)

덕이 있는 사람은 반드시 본받을 만한 훌륭한 말을 함.

子曰 有德者必有言 有言者不必有德
仁者必有勇 勇者不必有仁

【출전 : 논어(論語) - 헌문(憲問)】

공자가 말하길, "덕이 있는 사람은 반드시 본받을 만한 훌륭한 말을 하는 법이지만, 훌륭한 말을 하는 자가 모두 덕을 갖춘 것은 아니다. 인간다운 사람은 반드시 용기를 가지고 있지만, 용기 있는 사람에게 반드시 인간다움이 갖추어져 있는 것 또한 아니다."

有無相通 유무상통

있을 有(유) / 없을 無(무) / 서로 相(상) / 통할 通(통)

있는 것과 없는 것을 서로 보완하여 융통하다라는 뜻으로, 서로 교역함.

料多少 計貴賤 以其所有 易其所無 買賤鬻貴
是以羽毛不求而至 竹箭有餘於國

【출전 : 관자(管子) - 소광(小匡)】

"양(量)의 적고 많음을 요량하고 값의 높낮음 등을 따져, 자기가 가지고 있는 것을 가지고 있지 않은 것과 서로 교역(交易)하며, 값을 싸게 사서 비싸게 팔도록 하면, 이 나라에서 부족한 깃털 같은 옷감이 저절로 모여들고, 대나무 화살도 남아돌게 됩니다."

有備無患 유비무환 ▶ 居安思危(거안사위)

있을 有(유) / 갖출 備(비) / 없을 無(무) / 근심 患(환)

미리 준비가 되어 있으면 근심할 것이 없다.

惟事事 乃其有備 有備無患

【출전 : 서경(書經) – 열명(說命)】

모든 일을 시기에 맞추어 실행해 나간다면, 거기서 사물에 대한 대비를 할 수 있고, 일에 대한 대비가 되어 있으면 근심할 것이 없다.

維新 유신

맬 維(유) / 새로울 新(신)

모든 것을 새롭게 고쳐 매다라는 뜻으로, 묵은 제도를 새롭게 고침.

文王在上 於昭于天 周雖舊邦 其命維新 有周不顯
帝命不時 文王陟降 在帝左右

【출전 : 시경(詩經) – 문왕편(文王偏)】

문왕의 덕이 높고 또 높아 해처럼 온 하늘에 빛나고 있다. 주나라가 천 년이나 전통을 지닌 오랜 제후의 나라였지만, 우리 문왕의 높고 높은 덕으로 말미암아, 하느님께서 통일천하의 새로운 사명을 내리셨다. 주나라가 어찌 찬란하게 일어나지 않을 수 있겠는가? 하느님의 명령이 어찌 때에 맞추어 내리지 않을 리 있겠는가? 문왕의 혼령은 임의로 하늘과 땅을 오르내리시며 늘 상제의 옆에 계신다.

流言蜚語 유언비어

흐를 流(유) / 말씀 言(언) / 날 蜚(비) / 말 語(어)

흐르는 말과 나는 말이라는 뜻으로, 아무 근거 없이 널리 퍼진

소문. 터무니없이 떠도는 말.

☞ 뜬소문.

乃有蜚語 爲惡言聞上

【출전 : 서경(書經), 사기(史記)】

전혀 사실무근인 나쁜 소문이 나돌아, 그것이 황제의 귀에 들어왔다.

類類相從 유유상종

무리 類(유) / 서로 相(상) / 쫓을 從(종)

같은 무리끼리 서로 따른다라는 뜻으로, 같은 무리끼리 서로 오
가며 사귐. 비슷한 사람끼리는 자연 서로 왕래하여 모이기 쉬움
을 일컫는 말.

※ 착한 사람의 주위에는 저절로 착한 사람이 모이고, 나쁜 사람 주위
에는 저절로 나쁜 사람이 모인다. 또는 각각의 공통점에 따라서 모
든 것이 분류된다는 뜻.

方以類聚 物以群分 吉凶生矣

【출전 : 역경(易經) - 계사전(繫辭傳)】

사방에서 같은 류(類)의 사람이 제각기 모이고, 천지간의 만물은 각각
무리를 이루어 다른 무리와는 뚜렷이 갈라지며, 그에 의거하여 길흉
(사물의 선악)이 생겨난다.

有終之美 유종지미

있을 有(유) / 끝날 終(종) / 갈(어조사) 之(지) / 아름다울 美(미)

끝냄이 있는 아름다움이라는 뜻으로, 시작한 일을 끝까지 잘하여 결과가 좋음. 처음부터 끝까지 훌륭하게 해내고, 좋은 성과를 올리는 것을 일컫는 말.

蕩蕩上帝 下民之辟 疾威上帝 其命多辟
天生烝民 其命匪諶 靡不有初 鮮克有終

【출전 : 시경(詩經)】

넓고 큰 덕이 있는 천제(天帝)는 백성의 임금이다. 포학한 천제는 내리는 영(令) 또한 포학한 것이 많다. 하늘은 만민을 만들었지만, 그 영은 믿지 못하는 바가 있다. 사람은 처음에는 천명(天命)을 잘 지키지만, 끝까지 잘 지켜 훌륭한 성과를 올리기는 어렵다.

殷鑑不遠 은감불원

은나라 殷(은) / 거울 鑑(감) / 아닐 不(불) / 멀 遠(원)

은나라가 거울삼아야 할 것이 멀지 있지 않다라는 뜻으로, 스스로 반성하여 교훈으로 삼아야 할 실패의 원인은 먼 데 있지 않고 언제나 가까이에 있다. 또는 다른 사람의 실패를 자신의 거울로 삼아야 함을 일컫는 말.

殷鑑不遠 在夏后之世

【출전 : 시경(詩經) – 대아(大雅)】

은나라가 스스로를 반성할 만한 거울이 되는 것은 바로 가까이에 있다. 즉, 전대(前代)인 하(夏)나라의 말기가 그에 해당한다.

吟風弄月 음풍농월 ▶ 음풍영월(吟風咏月)

읊을 吟(음) / 바람 風(풍) / 희롱할 弄(농) / 달 月(월)

바람을 읊조리며 달을 가지고 논다라는 뜻으로, 맑은 바람과 밝은 달에 대하여 시를 짓고 즐겁게 놂을 일컫는 말.

見周茂叔後 吟風弄月以歸

【출전 : 송사(宋史)】

주돈이 선생을 뵙고부터는 바람을 쏘이며 시를 읊고 달을 보고는 돌아가곤 하였다.

泣斬馬謖 읍참마속 ▶ 揮淚斬馬謖(휘루참마속)

울 泣(읍) / 벨 斬(참) / 말 馬(마) / 일어날 謖(속)

울면서 마속의 목을 벤다는 뜻으로, 사사로운 정에 얽매이지 않는 공정한 집행. 기강을 바로 세우기 위해서, 또는 대의(大義)를 위해 자기가 신임하고 아끼는 신하나 부하를 법에 따라 엄단함을 일컫는 말.

※ 馬謖(마속) : 촉(蜀)나라의 장수. 제갈량(공명)이 가장 신임하는 부하장수.

謖違亮節度 擧動失宜 大爲郃所破
亮還于漢中 戮謖以謝衆

【출전 : 삼국지(三國志) － 촉서(蜀書), 십팔사략(十八史略)】

마속은 제갈량의 군령을 무시하고 자기 멋대로 진영을 바꾸어 행동하

아

다가 위나라 장합에게 크게 패하였다. 제갈량은 한중으로 돌아오자 마속을 죽이고 모든 이들에게 (자신이 마속을 지휘관으로 임명한 것을) 사과했다.

應接不暇 응접불가

응할 應(응) / 사귈 接(접) / 아닐 不(불) / 겨를 暇(가)

손님을 접대할 겨를이 없다는 뜻으로, 바쁜 모양. 어지럽게 변화하여 일일이 대응할 여가가 없음. 또는 아름다운 경치가 계속되어 인사할 겨를이 없음을 일컫는 말.

山川自相暎發 使人應接不暇

【출전 : 세설신어(世說新語)】

산과 강이 잇따라 변화하여, (서로 그림자를 비치고 스스로 아름다움을 다투어) 그것을 보고 있는 사람에게 그 변화 무쌍함에 일일이 대응할 겨를이 없다.

意氣揚揚 의기양양

뜻 意(의) / 기운 氣(기) / 오를 揚(양)

뜻한 바를 이루어 만족함이 얼굴에 나타난 모양. 자랑스럽게 행동하는 것을 일컫는 말.

其夫爲相御 擁大蓋 策駟馬 意氣揚揚 甚自得也

【출전 : 사기(史記)】

〔제(齊)나라 재상의 마부 안자(晏子)가 있었는데, 그의 아내가 문틈으로 남편의 거동을 살펴보았다.〕 그는 재상의 마부로서 커다란 양산을 세우고 네 마리의 말이 끄는 수레를 몰며, 의기양양하여 매우 자랑스러운 듯하였다.

疑心暗鬼 의심암귀 ▶ 竊斧之疑(절부지의)

의심할 疑(의) / 마음 心(심) / 어두울 暗(암) / 귀신 鬼(귀)

의심하는 마음은 없는 귀신도 나오는 듯이 느껴진다는 뜻으로, 의심하는 마음으로 사물을 보면, 있지도 않은 두려움을 품게 됨. 선입관은 분별력을 잃게 됨을 일컫는 말.

人有亡鈇者 疑其隣之子
作動態度無爲而不竊鈇(斧)

【출전 : 열자(列子) - 설부(說符)】

어떤 사람이 도끼를 잃어버렸는데 그것을 이웃집 아이가 훔쳐간 것이 아닌가하고 의심하기 시작하였다. (의심하면 할수록) 그 아이의 행동이 도끼를 훔친 것처럼 여겨졌다. (얼마 후 산에서 잃어버렸던 도끼를 발견하였다.)

異端 이단

다를 異(이) / 끝 端(단)

자기가 믿는 이외의 도(道)라는 뜻으로, 전통이나 권위에 반항하는 설이나 이론', 시류에 어긋나는 사상이나 학설, 정통(正統) 이외의 설, 또는 정통에서 벗어나 이의를 내세우는 설을 일컫는 말.

子曰 攻乎異端 斯害也已

【출전 : 논어(論語) – 위정(爲政)】

공자가 말하길, "정통이 아닌 학문이나 사상을 연구하는 것은 해로운 것이다."
('이단을 치면 해가 멈춘다'고 읽으면, 이단과 투쟁해야만 그 해독을 근절할 수 있다는 뜻이 되고, '이단을 배우면 그 해가 그친다'고 읽으면 이단의 설을 연구해야만 그 해가 그친다는 뜻으로 해석할 수도 있다.)

以卵投石 이란투석

～로써 以(이) / 알 卵(란) / 던질 投(투) / 돌 石(석)

달걀로 돌을 친다라는 뜻으로, 약한 것으로 강한 것을 이기려는 어리석음을 일컫는 말.

☞ 무익한 짓을 함.

以桀詐堯 譬之若以卵投石 以指撓沸
若赴水火 入焉焦沒耳

【출전 : 순자(荀子) – 의병(義兵)】

걸왕과 같은 폭군이 요(堯)임금 같은 위대한 군주를 속인다는 일은 마치 계란으로 돌을 치거나, 손가락으로 끓는 물을 젓는다든지, 또는 끓는 물이나 타는 불 속으로 뛰어들어가는 것과 같아서 물에 빠져 죽거나 불에 타 죽을 뿐이다.

移木之信 이목지신

옮길 移(이) / 나무 木(목) / 갈(어조사) 之(지) / 믿을 信(신)

나무를 옮기기로 한 믿음이라는 뜻으로, 남을 속이지 않고 약속을 지키는 신의와 신용을 일컫는 말.

진(秦)나라 효공(孝公) 때 상앙(商鞅)이란 명재상이 있었다. 상앙은 법률을 제정해 놓고도 즉시 공포하지 않았다. 그 이유는 백성들이 믿어줄지 의문이었기 때문이었다. 그래서 상앙은 한 가지 계책을 내어 남문의 나무에 이렇게 써 붙였다.
"이 나무를 북문(北門)으로 옮겨 놓는 사람에게는 십 금(十金)을 주겠다"
그러나 아무도 옮기려 하는 사람이 없었다. 그러자 오십 금(五十金)을 주겠다고 써 붙였더니 이번에는 옮기는 사람이 있었다. 상앙은 약속대로 즉시 오십 금을 주었다. 그리고 법령을 공포하자 백성들은 조정을 믿고 법을 잘 지켰다.

以心傳心 이심전심 ▶ 拈華微笑(염화미소)

～로써 以(이) / 마음 心(심) / 전할 傳(전)

마음에서 마음으로 전한다는 뜻으로, 뜻이 통함. 말이나 글에 의하지 않고 마음에서 마음으로 전달됨을 일컫는 말.

佛滅後 附法於滅迦葉 以心傳心

【출전 : 전등록(傳燈錄)】

부처님이 돌아가신 뒤에 법을 가섭(迦葉)에게 붙였는데, 마음으로써 마음에 전하였다. (석가세존께서 가섭존자(迦葉尊者－摩訶迦葉)에게 불교의 진리를 전했는데, 그것은 이심전심(以心傳心)으로 이루어졌다는 것이다.)

以夷制夷 이이제이 ▶ 以夷攻夷(이이공이)

~로써 以(이) / 오랑캐 夷(이) / 마를 制(제)

오랑캐를 이용하여 오랑캐를 제압한다는 뜻으로, 다른 나라끼리 서로 싸우게 함으로써 그 세력을 억제하여 자국(自國)의 이익과 안전을 꾀하는 외교정책.

> 公請擇人使潘羅支 兵法所謂以夷制夷
>
> 【출전 : 왕안석(王安石)】
>
> 공〔매순(梅詢)〕이 이민족인 반라지를 등용케 한 것은 병법에서 말하는, 다른 나라끼리 서로 싸우게 하여 우리나라에 대한 외국의 압력을 제압하는 것이다.

以佚待勞 이일대로

~로써 以(이) / 편안할 佚(일) / 기다릴 待(대) / 수고로울 勞(로)

적과 싸움에서 이쪽을 편안히 쉬게 하여 상대가 지치기를 기다림.

> 以近待遠 以佚待勞 以鮑待飢 此治力者也
>
> 【출전 : 손자(孫子) - 제7편 군쟁(軍爭)】
>
> 우리 군대를 싸움터 가까이 대기시켜 두고 적이 쳐들어오기를 기다리며, 이쪽은 편안히 쉬게 하여 적이 지치기를 기다리고, 이쪽은 충분한 군량미를 확보해 두고 적이 식량 부족으로 배고프기를 기다린다. 이것은 힘을 이용하는 방법이다.

人面獸心 인면수심

사람 人(인) / 낯 面(면) / 짐승 獸(수) / 마음 心(심)

얼굴은 사람의 모습이나 마음은 짐승과 같다는 뜻으로, 남의 은혜를 모르거나 마음이 몹시 흉악함을 일컫는 말.

夷狄之人貪而 利 被髮左衽 人面獸心

【출전 : 한서(漢書) – 흉노전(匈奴傳)】

오랑캐들은 이익에 대하여 대단히 탐욕스럽고 머리는 상투를 틀지 않은 쑥대머리이고, 옷은 왼섶을 안으로 들어가게 입으며, 얼굴은 사람처럼 보이지만 마음속은 들짐승처럼 거칠고 냉혹하다.

人生感意氣 인생감의기

사람 人(인) / 날 生(생) / 느낄 感(감) / 뜻 意(의) / 기운 氣(기)

사람은 자신을 알아주는 상대방의 마음에 감동한다는 뜻으로, 사람은 결코 돈이나 명예 등의 사욕(私慾) 때문에 움직이는 것이 아니라 사람의 마음에 의해서 움직임을 일컫는 말.

季布無二諾 侯嬴重一言 人生感意氣 功名誰復論

【출전 : 위징시(魏徵詩)】

한(漢)나라 장군 계포(季布)는 한 번 승낙하면 반드시 그 약속을 지켰으며, 전국시대 위(魏)나라의 은사(隱士) 후영(侯嬴)은 스스로 목숨을 끊어 한마디 말로 그 약속을 지켰다. 인생은 의기에 감동하여 죽고 살고 하는 것이다. 앞날의 공(功)이나 명예 따위는 논할 바가 아니다.

人生如朝露 인생여조로

사람 人(인) / 날 生(생) / 같을 如(여) / 아침 朝(조) / 이슬 露(로)

인생은 아침 해와 함께 사라져버리는 이슬과 같은 존재라는 뜻으로, 인생의 짧고 덧없음을 일컫는 말.

來時大夫人已不幸 陵送葬至陽陵 子卿婦 年少
聞已更嫁矣 獨有女弟二人 兩女一男
今復十餘年 存亡不可知 人生如朝露
何久自苦如此　　　　　【출전 : 한서(漢書) － 소무전(蘇武傳)】

내가 출전하려 할 때 불행히도 자네 모친이 별세하여 장례에 참석한 적이 있었네. 그때 자네의 아내는 아직 젊어 재혼했었다네. 다만 두 여동생과 딸 둘, 그리고 아들 하나가 남아 있었지만 이미 10년이 넘은 옛일로 생사조차 알 수 없네. 인생은 아침 이슬과 같이 덧없는 것이라네. 귀공은 무엇 때문에 그토록 오랫동안 스스로를 괴롭히고 있는가?

仁者無敵 인자무적

어질 仁(인) / 사람 者(자) / 없을 無(무) / 원수 敵(적)

어진 사람은 널리 사람을 사랑하므로 적이 없다.

王往而征之 夫誰與王敵 故曰 仁者無敵
　　　　　【출전 : 맹자(孟子) － 양혜왕(梁惠王)】

(적국의 정치가 백성을 괴롭히고 있을 때) 왕이 가서 이를 치면, 누구도 왕에게 적대하는 자가 없을 것입니다. 그러므로 어진 사람에게는 적이 없다고 하는 것입니다.

仁者不憂 인자불우

어질 仁(인) / 사람 者(자) / 아닐 不(불) / 근심 憂(우)

어진 사람은 도리(道理)에 따라 행하고 양심에 거리낌이 없으므로 근심 하지 않는다.

子曰 知者不惑 仁者不憂 勇者不懼

【출전 : 논어(論語) - 자한(子罕)】

공자가 말하길, "지혜로운 사람은 미혹(迷惑)하는 일이 없고, 어진 사람은 근심할 일이나 걱정할 일이 없으며, 용기 있는 사람은 두려워할 일이 없다."

仁者樂山 인자요산

어질 仁(인) / 사람 者(자) / 좋아할 樂(요) / 산 山(산)

어진 사람은 산을 좋아한다는 뜻으로, 어진 사람은 모든 일을 도의(道義)에 따라서 행하기 때문에, 행동이 신중하고 덕이 두터워 그 마음이 산과 같으므로 산을 좋아함을 일컫는 말.

子曰 知者樂水 仁者樂山

【출전 : 논어(論語) - 옹야(雍也)】

공자가 말하길, "지혜로운 사람은 (움직임이 있는) 물을 즐기고, 어진 덕이 있는 사람은 (듬직한) 산을 좋아한다."

一擧兩得 일거양득 ▶ 一石二鳥(일석이조)

한 一(일) / 들 擧(거) / 두 兩(양) / 얻을 得(득)

한 가지 일로 두 가지 이익을 거둠.

춘추시대 변장자(變莊子)라는 사람이 어느 날 산에 호랑이가 나타났다고 하는 말을 듣고 잡으러 갈 때 하인이 그를 말리며 말하길, "그렇게 서두를 필요가 없습니다. 호랑이 두 마리가 소를 잡아먹으려고 서로 싸울 것입니다. 둘이 싸우면 힘이 약한 놈은 견디지 못하고 죽을 것이고 힘센 놈도 상처를 입게 될 것입니다. 그때 상처 입은 놈을 잡으면 한 번에 두 마리의 호랑이를 잡게 될 것입니다.
변장자는 그 하인의 말대로 두 마리의 호랑이가 싸우는 것을 지켜보고 있다가 상처투성이의 이긴 놈을 쉽게 때려잡을 수 있었다.

【출전 : 춘추후어(春秋後語)】

一犬吠形百犬吠聲 일견폐형백견폐성

한 一(일) / 개 犬(견) / 짖을 吠(폐) / 모양(그림자) 形(형) /
일백 百(백) / 소리 聲(성)

한 마리의 개가 그림자를 보고 짖어대면 온 마을의 개가 그 소리에 따라 함께 짓는다는 뜻으로, 한 사람이 뜬소문을 퍼뜨리면 많은 사람들이 그것을 믿어버림을 일컫는 말.

諺曰 一犬吠形 百犬吠聲 世之疾 此因久矣哉

【출전 : 잠부론(潛夫論 : 잠부란 숨어 사는 사람이란 뜻)】

속담에, '한 마리의 개가 어떤 그림자를 보고 겁을 먹고 짖으면 백 마리의 개가 그 소리에 놀라서 함께 짖어댄다'고 했다. 세상의 이 같은 병은 참으로 오래된 것이다.

一刀兩斷 일도양단

한 一(일) / 칼 刀(도) / 두 兩(양) / 끊을 斷(단)

칼을 한 번 쳐서 두 동강이를 낸다는 뜻으로, 어떤 일을 머뭇거림 없이 과감히 처리함. 또는 단칼에 베어 버림을 일컫는 말.

克己者是從根源上一刀兩斷 便斬絶了 更不復萌

【출전 : 주자어류(朱子語類)】

극기(克己)란 사물의 근본에서부터 해결하는 것이다. 그것을 단칼에 베어버리듯, 해결해 버리고 나면 다시는 문제가 일어나지 않는다.

一鳴警人 일명경인

한 一(일) / 울 鳴(명) / 노랄 警(경) / 사람 人(인)

한 번 울어 사람들을 놀라게 한다는 뜻으로, 한 번 시작하면 큰 일을 함을 일컫는 말.

어느 날 순우곤이 위왕을 만나 말하길, "제가 재미있는 수수께끼를 하나 알고 있는데 성상께서 맞혀 보시겠습니까? 우리나라에 큰 새가 한 마리 있는데 지금 성상께 기거하시는 궁궐 안에 있는 나무 위에 앉은 지 삼 년이 되었어도 그 동안 날아다니지도 않고 한 번 울지도 않고 있는데 왕께옵선 이 새가 왜 그러는지 아십니까?"
위왕은 그 숨은 뜻을 알아차리고 말하였다. 큰 새란 자기를 가리키는 뜻으로 즐거움만 일삼으며 뜻있는 일을 하고자 함이 없는 자신을 질책하는 것임을 알았다.
"그대는 몰라서 그러는데 그 새가 한 번 날개를 치고 나르게 되면 장차 하늘을 찌를 것이고, 한 번 울게 되면 장차 사람들을 깜짝 놀라게 할 것일세!"

【출전 : 사기(史記)】

日暮途遠 일모도원

해 日(일) / 저물 暮(모) / 길 途(도) / 멀 遠(원)

해는 저물고 갈 길은 멀다는 뜻으로, 할 일은 많은데 날은 저물고(늙고 쇠약하여) 목적한 바를 이루지 못했음의 비유. 사태가 급박함을 일컫는 말.

> 爲我謝申包胥 吾日暮途遠 吾故倒行而逆施之
>
> 【출전 : 사기(史記) － 오자서열전(伍子胥列傳)】
>
> 나를 대신해서 신포서에게 고맙다는 말을 전해 주게. 나는 지금 해는 저물어 가는데 목적지까지는 아직 멀어서 사리에 맞는 정상적인 도리를 거슬러서 복수할 수밖에 없었다고 말이다. (이치에 따라 행할 겨를이 없다.)

一瀉千里 일사천리

한(오로지) 一(일) / 쏟을 瀉(사) / 일천 千(천) / 마을 里(리)

강물의 흐름이 빨라 단숨에 천 리 밖에 다다른다는 뜻으로, 일이 거침없이 진행됨을 비유하여 일컫는 말.

> 長川豁中流 千里瀉吳會
>
> 【출전 : 이백 시(李白詩)】
>
> 장강〔長江 : 양자강〕은 중류에 이르면 강의 폭이 넓어지고, 멀리 천리까지 힘차게 흘러 여기 오(吳)나라 땅에 모여들고 있다.

一魚濁水 일어탁수

한 一(일) / 물고기 魚(어) / 흐릴 濁(탁) / 물 水(수)

한 마리의 물고기가 온 물을 흐리게 한다는 뜻으로, 한 사람의
잘못으로 여러 사람이 그 해를 입게 됨을 일컫는 말.

一言以蔽之 일언이폐지

한 一(일) / 말씀 言(언) / ~로써 以(이) / 가릴 蔽(폐) /
갈(어조사) 之(지) /

한마디 말로 능히 그 뜻을 다한다는 뜻으로, 구구한 말은 다 소
용없음을 일컫는 말.

一葉落知天下秋 일엽낙지천하추

한 一(일) / 잎 葉(엽) / 떨어질 落(낙) / 알 知(지) / 하늘 天(천) /
아래 下(하) / 가을 秋(추)

나뭇잎 하나가 떨어지는 것을 보고 온 천하가 가을인 것을 안다
는 뜻으로, 한 가지 일을 보고 장차의 사물을 미리 짐작함. 작은
일을 보고 대세를 살피어 앎.

見一葉落而知歲之將幕 睹瓶中之氷而天下之寒
以近論遠　　　　　　【출전 : 회남자(淮南子) - 설산훈편(說山訓篇)】

나뭇잎 하나가 떨어지는 것을 보고 장차 한 해가 저물려는 것을 알
고, 병 속의 얼음을 보고 천하가 찬 것을 안다. 가까운 것으로써 먼
것을 앎을 말하는 것이다.

一以貫之 일이관지

한 一(일) / ~로써 以(이) / 꿰뚫을 貫(관) / 갈(어조사) 之(지)

하나로 꿰뚫었다는 뜻으로, 한 가지 이치로 모든 일을 꿰뚫고 있음. 또는 주의나 주장을 굽히지 않음을 일컫는 말.

子曰 非也 予一以貫之

【출전 : 논어(論語) - 위령공(衛靈公)】

〔공자께서 말씀하시길, "사(賜)야 너는 내가 많이 배우고 그것을 모두 기억하고 있다고 생각하느냐?"
자공(子貢)이 대답하길, "그러합니다. 그렇지 않습니까?" 하였다.〕
공자께서 말씀하시길, "그렇지가 않다. 나는 단 한 가지의 일로 모든 것을 꿰뚫어 본다."

一字千金 일자천금

한 一(일) / 글자 字(자) / 일천 千(천) / 쇠 金(금)

글자 한 자만으로 천금의 가치가 있다는 뜻으로, 아주 빼어난 글씨나 문장을 일컫는 말.

布咸陽市門 懸千金其上 有能增損一字者予千金

【출전 : 사기(史記) - 여불위열전(呂不韋列傳)】

(진나라 수도) 함양 성문 앞에 진열해 두고 다시, 그 위에 천금을 매달아 놓고 큰 간판을 써 붙였다. 능히 한 글자라도 줄이거나 늘일 수 있는 사람에게 천금을 주겠다.

一場春夢 일장춘몽

한 一(일) / 마당 場(장) / 봄 春(춘) / 꿈 夢(몽)

하나의 봄꿈이라는 뜻으로, 헛된 영화의 덧없음을 비유. 덧없는
인생을 일컫는 말.

> 内翰昔日富貴 一場春夢 坡然之
> 里人呼此媪爲春夢婆
>
> 【출전 : 후정록(侯鯖錄)】

"한림학사(翰林學士)가 지난날 부귀했던 것은 짧은 봄날 밤의 덧없는
꿈이었다."라고 했는데 동파도 그 말이 맞다고 하였다. 그래서 마을
사람들은 이 노부인을 '춘몽(春夢) 할머니'라 부르게 되었다.

一寸光陰 일촌광음 ▶ 光陰如矢(광음여시)

한 一(일) / 마디 寸(촌) / 빛 光(광) / 그늘 陰(음)

촌각(寸刻)이라는 뜻으로, 매우 짧은 시간.

> 少年易老學難成 一寸光陰不可輕
> 未覺池塘春草夢 階前梧葉已秋聲
>
> 【출전 : 주희 시(朱熹詩)】

젊은 날은 빨리 지나가고 학문을 이루기는 어렵다. 아주 짧은 시간이
라도 헛되이 보내서는 안 된다. 연못가 둑의 싹트는 봄풀과 같은 젊
은 날의 꿈이 채 깨기도 전에 뜰 앞의 오동잎이 떨어지고, 어느새 가
을바람이 불어 오는 구나.

日就月將 일취월장

날 日(일) / 나아갈 就(취) / 달 月(월) / 장차 將(장)

날마다 달마다 성장하고 발전한다는 뜻으로, 학업이 날이 가고 달이 갈수록 진보하고 발전함을 일컫는 말.

維予小子 不聰敬止 日就月將
學有緝熙于光明

【출전 : 시경(詩經) – 주송(周頌)】

나는 별 볼일 없는 소인배로 그리 총명하지도 신중하지도 않지만 학문에서 만큼은 날로 성취하고 달마다 진보하여 마침내 광명(光明)에 이르기 위해 노력하고자 한다.

一敗塗地 일패도지 ▶ 肝腦塗地(간뇌도지)

한 一(일) / 패할 敗(패) / 진흙 塗(도) / 땅 地(지)

한 번 패하여 간과 뇌가 땅에 뒹군다는 뜻으로, 단 한 번의 패배로 다시는 일어날 수 없게 됨을 일컫는 말.

今置將不善 一敗塗地

【출전 : 사기(史記) – 고조본기(高祖本紀)】

이에 장수가 좋지 못하거나 잘하지 못한다면, 단 한 번의 패배로 다시는 일어설 수 없게 될 것이다.

臨渴掘井 임갈굴정 ▶ 渴而穿井(갈이천정)

임할 臨(임) / 목마를 渴(갈) / 팔 掘(굴) / 우물 井(정)

목이 말라서야 우물을 판다는 뜻으로, 미리 준비하여 두지 않고 일이 급해서야 허둥지둥 서두름.

臨機應變 임기응변 ▶ 臨時變通(임시변통)

임할 臨(임) / 때 機(기) / 응할 應(응) / 변할 變(변)

그때그때 처한 형편에 따라 알맞게 일을 처리함.

諸將每諮事 輒怒曰 吾自臨機應變

【출전 : 남사(南史)】

모든 장수들이 여러 가지로 의논을 벌이자, 그때마다 소명은 벌컥 화를 내며 말하길, "나는 그때그때의 형편에 따라서 알맞게 일을 대처할 수가 있으니 여러 말을 하지 말라."

立錐之地 입추지지 ▶ 彈丸之地(탄환지지)

설 立(입) / 송곳 錐(추) / 갈(어조사) 之(지) / 땅 地(지)

송곳 하나 꽂을 만한 땅이라는 뜻으로, 매우 좁아 조금의 여유도 없음을 가리킴. 또는 매우 좁은 땅을 일컫는 말.

煮豆燃萁 자두연기 ▶ 骨肉相殘(골육상잔)

끓일 煮(자) / 콩 豆(두) / 불사를 燃(연) / 콩깍지 萁(기)

콩을 삶는 데 콩대를 땔감으로 사용한다는 뜻으로, 형제를 같은 뿌리에서 생긴 콩과 콩대에 비유하여, 형제가 서로 다투고 죽이려 함을 일컫는 말. 형제간의 사이가 좋지 않음.

文帝嘗令東阿王七步作詩 不成者行大法
應聲便爲詩曰 煮豆燃萁 豆在釜中泣
本是同根生 相煎何太急 帝深有慙色

【출전 : 세설신어(世說新語)】

조식에게 문제(조비)가 일곱 발자국을 떼는 사이에 시를 지으라고 했다. 만약 짓지 못하면 국법으로 다스리겠다고 하자, 조식은 그 말을 듣자 곧 시를 지었다.

"콩을 삶는 데 콩대(콩깍지)로 불을 때니, 콩이 솥 가운데 있어 운다. 본래 이들은 같은 뿌리에서 나왔는데, 서로 삶기를 어찌 그리 급하게 구는가."

이에 문제가 심히 부끄러움을 감추지 못했다.

自勝者強 자승자강

스스로 自(자) / 이길 勝(승) / 사람 者(자) / 굳셀 強(강)

스스로 이기는 자가 강하다는 뜻으로, 자기 자신을 이기는 사람만이 이 세상에서 가장 강한 사람임을 일컫는 말.

知人者智 自知者明 勝人者有力 自勝者強

【출전 : 노자(老子)】

남을 알려고 하는 사람은 겉만을 아는 것이고 자기를 알려고 하는 사람은 진실로 속까지 아는 것이다. 남을 이기려는 자에게는 힘이 있지만, 자기 자신을 이기는 사람만이 제일 강한 사람이다.

自暴自棄 자포자기

스스로 自(자) / 사나울 暴(포 · 폭) / 버릴 棄(기)

스스로 몸을 해쳐 스스로를 버린다는 뜻으로, 실망이나 불만으로 절망 상태에 빠져서, 자신을 버리고 돌보지 아니함을 일컫는 말.

孟子曰 自暴者 不可與有言也 自棄者
不可與有爲也 言非禮義 謂之自暴也
吾身不能居仁由義 謂之自棄也 仁
人安宅也 義 人之正路也 曠安宅而弗居
舍正路而不由 哀哉

【출전 : 맹자(孟子) - 이루(離婁)】

맹자가 말하길, "스스로 자신의 몸을 해치는〔自暴〕 사람과는 더불어 말할 수 없고, 스스로 자신을 버리는〔自棄〕 사람과도 함께 일 할 수 없다.
예의에 벗어나는 말을 하는 사람은 스스로를 해친다 말하고, 자기의 몸은 인(仁)에 살거나 의(義)에 따르지 못한다고 하는 것은 스스로를 버린다고 말한다. 仁은 사람이 편안히 살 집이요, 義는 사람이 올바르게 걸어갈 길이다. 세상 사람들이 편안한 집을 비워두고서 살지 않으며, 이 올바른 길을 버리고서 따르지 않으니 슬픈 일이다."

張三李四 장삼이사 ▶ 甲男乙女(갑남을녀)

성씨(베풀) 張(장) / 석 三(삼) / 성씨(오얏나무) 李(이) / 넉 四(사)

장씨의 셋째아들과 이씨의 넷째아들이라는 뜻으로, 이름과 신분이 분명치 않은 평범한 사람들을 일컫는 말.

張三李四 猶云某甲某乙 蓋宋時俗語也

【출전 : 항언록(恒言錄)】

장삼이사(張三李四)라는 말은 갑(甲) 아무개, 을(乙) 아무개라고 부르는 것과 같다. 그것은 송(宋)나라 때부터 전해 내려온 속어(俗語)이다.

長袖善舞 장수선무

길 長(장) / 소매 袖(수) / 착할 善(선) / 춤출 舞(무)

소매가 길면 춤을 잘 출 수 있다라는 뜻으로, 재물이 넉넉하면 성공하기가 쉬움을 일컫는 말

猪突猛進 저돌맹진

돼지 猪(저) / 갑자기 突(돌) / 날랠 猛(맹) / 나아갈 進(진)

멧돼지처럼 곧바로 돌진한다는 뜻으로, 앞뒤 상황을 보려하지 않고 무모하게 돌진함을 일컫는 말. 또는 목숨을 돌보지 않고 용맹스럽게 싸움.

賊反荷杖 적반하장 ▶ 主客顚倒(주객전도)

도둑 賊(적) / 돌이킬 反(반) / 멜 荷(하) / 몽둥이 杖(장)

도적이 도리어 몽둥이를 든다는 뜻으로, 잘못한 사람이 오히려 잘한 사람을 나무라는 경우를 일컫는 말.

適材適所 적재적소

알맞을 適(적) / 인재 材(재) / 갈 適(적) / 바 所(소)

적당한 인재에 적당한 장소라는 뜻으로, 어떤 일에 가장 적당한 재능을 가진 사람에게 가장 적당한 임무를 맡기는 일을 일컫는 말.

前車覆轍 전거복철

앞 前(전) / 수레 車(거 · 차) / 엎을 覆(복 · 부) / 바퀴자국 轍(철)

앞서 지나간 수레가 엎어진 바퀴자국이라는 뜻으로, 앞의 실패를 거울삼아 똑같은 실패를 거듭하지 않음을 일컫는 말. 앞 사람의 실패. 실패의 전례를 일컬음.

前車覆轍 後車之戒　　　　　　　　【출전 : 한시(漢詩)】

앞서 지나간 수레가 엎어진 바퀴자국은 곧 뒤따라오는 수레의 경계가
된다.

戰戰兢兢 전전긍긍

싸움 戰(전) / 삼갈 兢(긍)

벌벌 떨다라는 뜻으로, 겁을 먹고 떠는 모양과 몸을 삼가 조심
하는 모양을 말함. 매우 두려워 벌벌 떨며 조심하는 모양. 몹시
두려워하여 삼가는 것을 일컫는 말.

不敢暴虎 不敢馮河 人知其一
莫知其他 戰戰兢兢 如臨深淵 如履薄氷
　　　　　　　　【출전 : 시경(詩經) - 소아(小雅)】

감히 맨손으로 호랑이를 잡지 못하고, 걸어서 황하(黃河)를 건너지는
못한다. 사람은 그 하나만 알고 그밖의 것을 알지 못한다.
소인(小人)은 하나의 가까운 걱정을 알면서, 다른 먼 두려움을 모른
다. 그리하여 깊은 못을 들여다볼 때와, 살얼음을 밟을 때처럼 매우
조심하고 두려워하며 삼가하여야 하는 것이다.

輾轉反側 전전반측　▶ 輾轉不寐(전전불매)

돌 輾(전) / 구를 轉(전) / 돌이킬 反(반) / 곁 側(측)

누워서 이리저리 뒤척거린다는 뜻으로, 근심과 걱정으로 잠을
이루지 못함을 일컫는 말.

求之不得 寤寐思服 悠哉悠哉 輾轉反側

【출전 : 시경(詩經) - 주남(周南)】

구하여도 얻을 수 없으니 자나깨나 생각한다. 이 생각 저 생각으로
밤마다 이리 뒤척 저리 뒤척 잠 못 이루네.

前程九萬里 전정구만리

앞 前(전) / 단위 程(정) / 아홉 九(구) / 일만 萬(만) / 마을 里(리)

앞길이 구만리라는 뜻으로, 앞날이 창창함. 나이가 아직 젊어
희망이 있고 장래가 있음을 일컫는 말.

轉禍爲福 전화위복 ▶ 因禍爲福(인화위복)

구를 轉(전) / 재앙 禍(화) / 할 爲(위) / 복 福(복)

화가 바뀌어 오히려 복이 된다는 뜻으로, 어떤 불행한 일이라도
끊임없는 노력과 강인한 의지로 이겨내면 불행을 행복으로 바
꾸어 놓을 수 있음을 일컫는 말.

越王勾踐棲於會稽 而後殘吳霸天下
此皆轉禍而爲福 因敗而爲功者也

【출전 : 전국책(戰國策) - 연책(燕策)】

월왕(越王) 구천(勾踐)은 오왕(吳王) 부차(夫差)와의 싸움에 패하여 (볼
모로 3년을 지낸 후) 회계(會稽) 땅에서 용서를 구하며 살았다. (그리
고 절치부심 기회를 엿보았는데) 오왕이 원정(遠征)을 나간 틈을 타서

오나라를 멸하고 천하의 패자(覇者)가 되었다.
이는 모두 재앙이었던 것이 복을 가져오게 하는 계기로 삼은 예이며,
실패를 성공으로 바꾸어 버린 것이다.

切磋琢磨 절차탁마

끊을 切(절) / 닦을 磋(차) / 쫄 琢(탁) / 갈 磨(마)

옥이나 돌 따위를 자르고 닦아 쪼며 갈아 빛을 낸다는 뜻으로,
학문이나 덕행을 배우고 닦음. 끊임없는 노력에 의해 자기의 역
량이나 소질을 힘써 갈고 닦음을 일컫는 말.

瞻彼淇奧 綠竹猗 有匪君子 如切如磋 如琢如磨

【출전 : 시경(詩經) ― 위풍(衛風)】

저 기수의 물가를 보니 푸른 대나무가 무성하구나.
빛나는 군자여! 칼로 자른 듯하고, 줄로 세운 듯하고 끌로 쪼인 듯하
고, 숫돌로 간 듯하구나.
(자른 듯하고 세운 듯하다는 것은 학문을 말한 것이고, 쪼인 듯하고
간 듯하다는 것은 스스로 닦는 것이다. 곧 절차는 학문을 뜻하고 탁
마는 수양을 이르는 것이다).

頂門一鍼 정문일침 ▶ 頂上一鍼(정상일침)

정수리 頂(정) / 문 門(문) / 한 一(일) / 바늘 鍼(침)

정수리에 침을 놓다라는 뜻으로, 남의 잘못에 대한 따끔한 비판
이나 타이름을 일컫는 말.

精神一到何事不成 정신일도하사불성

세밀할 精(정) / 신 神(신) / 한 一(일) / 이를 到(도) /
어찌 何(하) / 일 事(사) / 아니 不(불) / 이룰 成(성)

정신을 한곳에 집중시키면 이루지 못하는 일이 없다라는 뜻으로, 정신력을 한 곳으로 집중시키면 어떤 일이라도 이룰 수 있음을 일컫는 말.

陽氣發處 金石亦透 精神一到 何事不成

【출전 : 주자어류(朱子語類) – 학(學)】

양기(陽氣 : 만물이 생성하려고 하는 기운)가 생기는 곳에서는 쇠와 돌이라도 꿰뚫을 수가 있다. 정신을 한 곳에 집중시키면 어떤 일이라도 이룰 수 있다.

正正堂堂 정정당당

바를 正(정) / 당당할 堂(당)

태도나 수단이 공정하고 떳떳하다는 뜻으로, 공명정대한 모습을 형용하여 일컫는 말.

無要正正之旗 勿擊堂堂之陣

【출전 : 손자(孫子) – 군쟁(軍爭)】

공명정대(公明正大)하게 군기(軍旗)가 갖추어진 군대에게는 싸움을 걸어서도 안 되고, 당당하고 위엄 있는 진용(陣容) 또한 섣불리 공격해서도 안 된다.

鼎足而居 정족이거 ▶ 鼎足之勢(정족지세)

솥 鼎(정) / 발 足(족) / 어조사 而(이) / 살 居(거)

솥발로 지내다라는 뜻으로, 솥의 발처럼, 셋이 제각기 세력의 균형을 유지하고 서로 대립한 형세를 일컫는 말.

> 誠能聽臣之計 莫若兩利俱存之 參分天下
> 鼎足而居 其勢莫敢先動
>
> 【출전 : 사기(史記) - 회음후열전(淮陰侯列傳)】
>
> 진실로 저의 계책을 들어 주신다면, 한왕(漢王)과 초왕(楚王) 양쪽을 대립시키고 천하를 삼분하여, 솥의 발처럼 독립적으로 버티는 것이 상책입니다. 이 상황에서는 먼저 움직이려 해서는 안 됩니다.

井中之蛙 정중지와

우물 井(정) / 가운데 中(중) / 갈(어조사) 之(지) / 개구리 蝸(와)

우물 안 개구리라는 뜻으로, 좁은 우물 속의 개구리는 넓은 세상의 형편을 알지 못하는 것으로 소견이 매우 좁은 사람을 일컫는 말.

☞ 井蛙不可以語於海(정와불가이어어해)

庭訓 정훈

뜰 庭(정) / 가르칠 訓(훈)

집뜰에서 가르친다라는 뜻으로, 공자가 아들을 집뜰에서 틈틈

이 가르친 데서, 가정에서의 교육, 아버지가 아들에게 대하여
주는 교육을 일컫는 말.

☞ 가정교육

嘗獨立 鯉趨而過庭 曰 學詩乎 對曰
未也 曰 不學詩無以言 鯉退而學詩

【출전 : 논어(論語) – 계씨(季氏)】

(당신은 아버님으로부터 뭔가 특별한 가르침을 받은 일이 있습니까?)
"언젠가 아버님이 혼자 뜰에 서 계시기에 빠른 걸음으로 뜰을 지나치
는데, '시(詩)는 배웠느냐'고 물으시기에, '아니요, 아직입니다'고 말
씀드렸더니, '시(詩)를 배우지 않고서는 남과 올바른 말을 할 수가 없
다' 하셨으므로, 저는 그 뒤로부터 시경을 공부했습니다."

糟糠之妻 조강지처

술지게미 糟(조) / 쌀겨 糠(강) / 갈(어조사) 之(지) / 아내 妻(처)

술지게미와 쌀겨로 가난한 살림을 해온 아내라는 뜻으로, 가난
할 때부터 함께 고생했던 아내. 처음 장가든 아내를 일컫는 말.

貴易交 富易妻 人情乎 弘曰 臣聞
貧賤之交不可忘 糟糠之妻不下堂

【출전 : 후한서(後漢書) – 송홍전(宋弘傳)】

"신분이 올라 갈수록 친구를 바꾸고(교제하게 하는 사람도 달라지고),
부유해지면 아내를 바꾼다는 속담이 있는데, 그것이 인정이 아니겠는
가."
송홍이 대답하길, "저는 가난하고 빈천했을 때의 친구를(교분을) 잊어

朝令暮改 조령모개 ▶ 朝令夕改(조령석개)

아침 朝(조) / 명령 令(령) / 저물 暮(모) / 고칠 改(개)

아침에 내린 명령을 저녁에 다시 바꾼다는 뜻으로, 일관성 없이 법령이나 명령을 자주 바꿈.

急政暴虐 賦斂不時 朝令而暮改

【출전 : 사기(史記) - 재정경제사장(財政經濟史章)】

급하게 변조된 정사는 횡포를 부려 잔인하기 그지없다. 조세와 부역은 일정한 시기도 없이 아침에 명령이 내려오면 저녁에는 또 다른 명령이 고쳐 내려온다.

朝聞夕死 조문석사 ▶ 朝聞道夕死可矣(조문도석사가의)

아침 朝(조) / 들을 聞(문) / 저녁 夕(석) / 죽을 死(사)

아침에 도를 들어 깨달으면 저녁에 죽어도 좋다라는 뜻으로, 사람으로서 행해야 할 도리, 정신적인 깨달음의 중요성을 일컬음

子曰 朝聞道 夕死可矣

【출전 : 논어(論語) - 이인편(里仁篇)】

공자께서 말씀하시길, "아침에 도를 들으면, 저녁에 죽어도 괜찮다."

朝三暮四 조삼모사

아침 朝(조) / 석 三(삼) / 저녁 暮(모) / 넉 四(사)

아침에 세 개 저녁에 네 개라는 뜻으로, 눈앞에 보이는 차이만 알고 결과가 같은 것을 모르는 것. 또는 간사한 꾀로 남을 속이는 것을 일컫는 말.

與若芋 朝三而暮四 足乎 衆狙皆起而怒 俄而曰
與若芋 朝四而暮三 足乎 衆狙皆伏而喜

【출전 : 열자(列子) - 황제(黃帝), 장자(莊子) - 제물론(齊物論)】

"지금부터는 도토리 먹이를 아침에 세 개, 저녁에 네 개 주기로 하겠다." 그러자 여러 원숭이들이 모두 길길이 날뛰며 성을 냈다. 그러자 저공(狙公 : 원숭이를 기르는 사람)이 "그러면 아침에 네 개, 저녁에 세 개를 주면 어떻겠느냐?"라고 말하자 원숭이들은 뒹굴며 좋아했다.

助長 조장

도울 助(조) / 길 長(장)

도와서 성장시킨다라는 뜻으로, 쓸데없는 짓을 해서 도리어 해를 초래함을 비유하여 일컫는 말.

☞ 힘을 보태어 도움.

今日病矣 予助苗長矣 其子趨而往視之 苗則槁矣

【출전 : 맹자(孟子) - 공손추(公孫丑)】

(어떤 송나라 사람이 자기가 심은 곡식의 싹이 빨리 자라지 않음을

안타까이 여겨, 그 싹을 뽑아 올린 사람이 있었다. 그는 돌아가서 자기 집안 식구들에게 말했다.)
"오늘은 피곤하다. 모가 작기에 모가 빨리 자라도록 내가 도와주고 왔다." 라고 말했다.
그 아들이 놀라 밭으로 달려가 보니 새로 심은 모종이 뽑혀서 모두 말라죽어 있었다.

左袒 좌단 ▶ 左袒故事(좌단고사)

왼쪽 左(좌) / 웃통벗을 袒(단)

옷의 왼쪽 어깨를 벗는다는 뜻으로, 어느 한쪽을 편들어 동의함. 또는 뜻을 같이하여 힘을 보탬을 일컫는 말.

※ 자기편 쪽으로 붙는 것을 좌단(左袒)한다고 함.

爲呂氏右袒 爲劉氏左袒 軍中皆左袒 爲劉氏

【출전 : 사기(史記) – 여태후본기(呂太后本紀)】

"여씨를 위하는 사람은 오른쪽 어깨를 벗고, 유씨를 위하는 사람은 왼쪽 어깨를 벗어라" 하였더니, 모든 군이 왼쪽 어깨를 드러내어 유씨의 편을 들었다.

坐井觀天 좌정관천 ▶ 井中觀天(정중관천)

앉을 坐(좌) / 우물 井(정) / 볼 觀(관) / 하늘 天(천)

우물 속에 앉아 하늘을 쳐다본다라는 뜻으로, 견문이 매우 좁음을 일컫는 말.

坐井而觀天 曰天小者 非天之小也

【출전 : 한유(韓愈) - 원도(原道)】

우물 속에 앉아서 하늘을 쳐다보며 하늘이 작다고 말하는 사람도 있지만 하늘은 결코 작은 것은 아니다.

酒乃百藥之長 주내백약지장

술 酒(주) / 곧 乃(내) / 일백 百(백) / 약 藥(약) /
갈(어조사) 之(지) / 길 長(장)

술은 백 가지 약 중에 으뜸이다.

夫鹽 飮肴之將 酒百藥之長 嘉會之好 鐵田農之本

대저 소금은 먹는 반찬 가운데 으뜸이요, 술은 백 가지 약 중에 어른으로 모임을 좋게 하며, 철은 밭갈이 하는 농사의 근본이다.

走馬加鞭 주마가편

달릴 走(주) / 말 馬(마) / 더할 加(가) / 채찍 鞭(편)

달리는 말에 채찍을 가한다라는 뜻으로, 열심히 하는 사람을 더 부추기거나 몰아침.

走馬看山 주마간산

달릴 走(주) / 말 馬(마) / 볼 看(간) / 산 山(산)

달리는 말 위에서 산천을 구경한다라는 뜻으로, 이것저것을 살펴볼 틈이 없이 바삐 서둘러 대강대강 지나쳐 봄을 비유하여 일컫는 말.

酒池肉林 주지육림 ▶ 肉山酒池(육산주지)

술 酒(주) / 못 池(지) / 고기 肉(육) / 수풀 林(임)

술은 못을 이루고 고기는 숲을 이룬다는 뜻으로, 호화스럽게 차려놓고 흥청망청하는 술잔치를 일컫는 말.

慢於鬼神 大最樂戲於沙丘 以酒爲池 懸肉爲林
使男女倮相逐其間 爲長夜之飮

【출전 : 사기(史記) – 은본기(殷本紀)】

(그는 사구에다 큰 유원지와 별궁을 지었다.)
조상들의 혼령을 업신여기고, 많은 무희들과 미녀들을 사구(砂丘)에 불러 모아 즐겼다. 술로 연못을 채우고 고기로 숲을 만들었다. 뿐만 아니라 남녀들을 발가벗겨 서로 쫓고 쫓게 하며 미친 듯 춤추고, 밤낮 없이 술을 퍼마시고 즐겼다.

竹馬故友 죽마고우

대나무 竹(죽) / 말 馬(마) / 예 故(고) / 벗 友(우)

대나무로 만든 목마를 타고 놀던 옛 친구라는 뜻으로, 어릴 때부터 함께 자란 친구를 일컬음.

少時吾與浩共騎竹馬 我棄去
浩輒取之 故當出我下也

【출전 : 진서(珍書) – 은호전(殷浩傳)】

나는(환온) 어려서 은호와 같이 죽마를 타고 놀았는데, 내가 싫증이
나서 버리면 은호가 언제나 가지고 갔다. 그러므로 그는 내 자리 밑
에 앉는 것이 당연하다.

樽俎折衝 준조절충

술통 樽(준) / 도마 俎(조) / 꺾을 折(절) / 찌를 衝(충)

술자리에서 적의 창끝을 꺾어 막는다는 뜻으로, 술자리에서 평
화로운 교섭으로 유리하게 일을 처리함을 일컫는 말.

不出樽俎之間 而折衝千里之外 晏子之謂也

【출전 : 안자춘추(晏子春秋)】

"술자리에 앉아서 천리 밖의 일을 절충해 낸다는 것은 곧 안자를 이
름이다."
이렇듯 술자리에서 담소하며 적의 예봉을 피하고 유리하게 말끝을 맺
는다. 말하자면 천리 밖에서 적의 공격[衝]을 꺾어버린다는 것은 바
로 안자의 일을 말하는 것이다.

衆寡不敵 중과부적

무리 衆(중) / 적을 寡(과) / 아닐 不(부) / 원수 敵(적)

많은 것에 적은 것이 대적하지 못한다라는 뜻으로, 적은 수효로

는 많은 수효를 이기지 못함.

> 然則小固不可以敵大 寡固不可以敵衆
> 弱固不可以敵　　　【출전 : 맹자(孟子) – 양혜왕(梁惠王)】

작은 것은 큰 것을 대적하지 못하고, 수가 적은 편은 많은 편을 이길 수 없으며, 약소국은 강대국을 이길 수 없다. (약자는 강자에게 패하게 마련이다).

中原之鹿 중원지록

가운데 中(중) / 근원 原(원) / 갈(어조사) 之(지) / 사슴 鹿(록)

사냥꾼의 무리들이 한 마리의 사슴을 잡으려고 중원(中原)을 달린다는 뜻으로, 천하(天下 : 중원)의 군웅이 제위(帝位)를 다투는 모습을 비유하여 천자의 자리, 또는 천자를 일컬음.

舐犢之愛 지독지애

핥을 舐(지) / 송아지 犢(독) / 갈(어조사) 之(지) / 사랑 愛(애)

어미 소가 송아지를 핥아주는 사랑이라는 뜻으로, 어버이가 자식을 사랑하는 지극한 정을 일컫는 말.
☞ 자식을 깊이 사랑함.

指鹿爲馬 지록위마

손가락 指(지) / 사슴 鹿(록) / 할 爲(위) / 말 馬(마)

사슴을 가리켜 말이라고 우긴다라는 뜻으로, 윗사람을 농락하여 권세를 마음대로 휘두르는 짓을 일컫는 말.

☞ 억지를 써서 남을 궁지에 빠뜨리는 짓.

趙高欲爲亂 恐群臣不聽 乃先設驗 指鹿獻於二世曰
馬也 二世笑曰 丞相誤邪 謂鹿爲馬

【출전 : 사기(史記) - 진시황본기(秦始皇本紀)】

조고는 모반을 일으키려고 생각했지만 여러 신하들이 따라주지 않을 것을 두려워하여, 먼저 진나라 2세 황제(호해)의 의중을 떠보기 위해 사슴을 바치면서 말하길, "이것은 말입니다."
그러자 2세 황제가 웃으면서 말했다.
"승상이 잘못 본 것이오. 사슴을 가리켜 말이라고 하다니?"
(하며 좌우에 있는 중신들에게 물었다. 좌우에 있던 사람 중 어떤 사람은 잠자코 말하지 않았고, 어떤 사람은 말이라고 하여 조고에게 아첨하여 따랐으며, 어떤 사람은 사슴이라고 하였다. 조고는 사슴이라고 말한 사람들을 죄를 엮어 가둬버렸다. 그러자 여러 신하들은 모두 조고를 두려워하게 되었다.)

知足不辱 지족불욕

알 知(지) / 발 足(족) / 아닐 不(불) / 욕될 辱(욕)

만족할 줄 알면 욕되지 아니한다라는 뜻으로, 분수를 지켜 만족할 줄 알면 욕되지 아니함을 일컫는 말.

甚愛必大費 多藏必厚亡 知足不辱 知止不殆

【출전 : 노자(老子)】

(명예와 재물에) 집착하다 보면 반드시 스스로의 몸이 소비되

고, 그것을 너무 많이 가지고 있으면 거기에 (정신을 빼앗겨) 건강도 해친다. 분수를 지켜 만족할 줄을 알면 남에게서 욕을 보는 일도 없고, (욕망과 집착을) 억제할 수 있으면 위태로운 일도 당하지 않는다.

知足者富 지족자부

알 知(지) / 발 足(족) / 사람 者(자) / 부자 富(부)

만족할 줄 아는 자가 부자라는 뜻으로, 비록 가난하지만 만족할 줄 아는 사람은 정신적으로 부유함을 일컫는 말.

知足者富 強行者有志　　　　　　　　　　【출전 : 노자(老子)】

비록 가난할지라도 분수를 지켜 만족할 줄 아는 사람은 부자라 할 수 있고, 힘써 도(道)를 실천하려고 하는 사람은 뜻이 있는 사람이다.

知彼知己百戰不殆 지피지기백전불태

알 知(지) / 저 彼(피) / 몸 己(기) / 일백 百(백) / 싸움 戰(전) / 아닐 不(불) / 위태할 殆(태)

적을 알고 나를 알면, 백 번 싸워도 위태롭지 않다라는 뜻으로, 적의 형편과 나의 힘을 제대로 알면 결코 싸움에 지는 법이 없음을 일컫는 말.

知彼知己 百戰不殆 不知彼而知己 一勝一負
不知彼不知己 每戰必殆

　　　　　　　　　　　　　　　　【출전 : 손자(孫子) - 모공(謀攻)】

적의 실정을 제대로 알고 아군의 실정도 안 다음 싸운다면 백 번을 싸워도 위태롭지 않다. 적의 실정을 알지 못하고 아군의 실정만 안다면 한 번은 이기고 한 번은 진다. 그러나 적군을 알지 못하고 아군도 알지 못하면 싸울 때마다 모두 질 것이다.

盡人事聽天命 진인사청천명

다할 盡(진) / 사람 人(인) / 일 事(사) / 들을 聽(청) / 하늘 天(천) / 목숨 命(명)

사람이 해야 할 일을 다 하고 난 다음 하늘의 명을 듣는다라는 뜻으로, 해야 할 일을 다 하고 다음은 조용히 결과를 기다림을 일컫는 말.

謝公以宗社存亡決之 盡人事聽天命

【출전 : 독사관견(讀史管見) − 진기(晉紀)】

사공〔謝公 : 사안(謝安)〕이 말하길, 국가의 존망(사직)을 결정하는 데 있어서 사람이 할 수 있는 일을 다 하고 난 다음 나라의 존망을 운명에 맡겨야 한다.

震天動地 진천동지 ▶ 驚天動地(경천동지)

진동할 震(진) / 하늘 天(천) / 움직일 動(동) / 땅 地(지)

하늘에 떨치며 땅을 흔든다라는 뜻으로, 천지를 진동시킬 만큼 위엄이 천하에 떨침을 일컫는 말.

河流激盪 濤湧波裏 雷渀電洩 震天動地

【출전 : 수경주(水經註) - 하수(河水)】

물이 거세게 요동치며, 큰 파도가 일어나 천둥처럼 소리가 울리고, 천지를 뒤흔드는 듯하다.

進退兩難 진퇴양난 ▶ 進退維谷(진퇴유곡)

나아갈 進(진) / 물러날 退(퇴) / 둘 兩(양) / 어려울 難(난)

나아가기도 어렵고 물러서기도 어려운 상태라는 뜻으로, 궁지에 몰려 이러지도 저러지도 못하는 매우 난처한 처지에 놓여 있음.

疾風勁草 질풍경초

병 疾(질) / 바람 風(풍) / 굳셀 勁(경) / 풀 草(초)

몹시 세찬 바람에도 꺾이지 않는 억센 풀이라는 뜻으로, 아무리 어려운 일을 당해도 뜻이 흔들리지 않는 사람을 비유하여 일컫는 말.

疾風迅雷 질풍신뢰 ▶ 疾風甚雨(질풍심우)

병 疾(질) / 바람 風(풍) / 빠를 迅(신) / 천둥 雷(뢰)

거센 바람과 번개라는 뜻으로, 사태가 급변하거나 행동의 민첩함과 빠른 속도 따위를 일컫는 말.

군자는 집에 있을 때는 항상 문을 향해서 앉고 잘 때는 항상 동쪽으로 머리를 향해야 한다. 폭풍이나 심한 천둥, 호우 때에는 민첩하고 신속하게 대응해야 한다.

【출전 : 예기(禮記)】

疾行無善迹 질행무선적

병 疾(질) / 갈 行(행) / 없을 無(무) / 착할 善(선) / 자취 迹(적)

서둘러 한 일에는 그다지 좋은 결과가 없다는 뜻으로, 일을 신중하게 해야 함을 일컫는 말.

集大成 집대성

모을 集(집) / 큰 大(대) / 이룰 成(성)

여러 가지를 많이 모아 크게 이룬다라는 뜻으로, 모을 수 있는 자료를 모두 모은 다음 정리하는 것을 일컫는 말.

懲前毖後 징전비후

혼날 懲(징) / 앞 前(전) / 삼갈 毖(비) / 뒤 後(후)

지난날을 징계하고 뒷날을 삼간다는 뜻으로, 이전에 저지른 잘못을 교훈삼아 앞으로 일을 신중히 처리함을 일컫는 말.

故事成語

借刀殺人 차도살인

빌 借(차) / 칼 刀(도) / 죽일 殺(살) / 사람 人(인)

남의 칼을 빌려 사람을 죽인다라는 뜻으로, 남의 힘으로 목적을
달성함.

此日彼日 차일피일

이 此(차) / 날 日(일) / 저 彼(피)

이날저날이라는 뜻으로, 약속이나 기일 따위를 자꾸 미루는 모
양을 일컫는 말.

捉刀 착도

잡을 捉(착) / 칼 刀(도)

칼을 잡는 다는 뜻으로, 남의 손을 빌려 글을 씀. 남에게 대필시
킴을 일컫는 말.

위(魏)나라의 조조(曹操)가 흉노의 사신을 접견하는 자리에 황제의 위
엄을 보여줄 목적으로 최염이라는 무관을 왕으로 가장시키고 자신은
칼을 차고 옆에 서 있었다. 사신은 '위왕의 풍채는 늠름하지만 그 곁에
서 있는 무관이 도리어 왕으로 보이더라'라고 한 고사에서 생긴 말.

創業易守成難 창업이수성난

비롯할 創(창) / 사업 業(업) / 쉬울 易(이) / 지킬 守(수) /
이룰 成(성) / 어려울 難(난)

> 창업하기는 쉬우나 그것을 지켜 이루어 나가기는 어렵다는 뜻
> 으로, 사업(일)을 시작하는 것은 쉽지만 일단 이룩된 사업을 지
> 켜 나가기는 어려움을 일컫는 말.

玄齡昔從我定天下 備嘗艱苦 出萬死而遇一生
所以見草創之難也 魏徵與我安天下
慮生驕逸之端 必踐危亡之地 所以見守成難也

【출전 : 정관정요(貞觀政要) – 군도(君道)】

"방현령은 옛날 나를 따라 천하를 평정하는 사업에 참가하여, 어렵고
쓴맛을 낱낱이 맛보며 죽을 고생을 몇 번이고 넘겼기 때문에 사업을
처음으로 일으켜 시작하는 것이 어려운 일이라고 보았다. 그러나 위
징은 나와 함께 우리 제국을 안정시키려 노력하고 있기 때문에 교만
하고 게으른 마음이 일어나면 반드시 나라가 위기에 빠지게 되는 것
을 걱정하였기 때문에 옛사람들이 이루어놓은 일을 지키는 것이 더
어려운 일이라고 하는 것이다(남은 것은 수성뿐이니 우리 다같이 조
심하자)."

采薇歌 채미가

캘 采(채) / 고비 薇(미) / 노래 歌(가)

> 고비나 고사리를 캐는 노래라는 뜻으로, 백이(伯夷)와 숙제(叔齊)
> 가 지은 노래로, 주나라 무왕의 곡식을 먹을 수 없다 하여 수양산
> 에 숨어서 고사리만 캐먹다가 굶어죽었다는 고사에서 유래함.

登彼西山兮 采其薇矣 以暴易暴兮
不知其非矣 神農虞夏 忽然沒兮
我安適歸矣 于嗟徂兮 命之衰矣

【출전 : 사기(史記) − 백이열전(伯夷列傳)】

저 서산〔수양산(首陽山)〕에 올라 고사리를 캐어 먹자.
포학함으로 포학함을 바꾸고도 그 잘못을 모르니,
신농의 소박함과 순(舜)임금·우(禹)임금 같은 아름다운 풍속이 흔적
없이 사라졌으니, 나는 장차 어디로 가야 할까.
아아 슬프도다. 나는 가노라. 우리의 운명 또한 기박하구나.

天高馬肥 천고마비

하늘 天(천) / 높을 高(고) / 말 馬(마) / 살찔 肥(비)

하늘은 높고 말은 살찐다라는 뜻으로, 풍성한 가을. 또는 활동
하기 좋은 계절을 일컫는 말.

雲淨妖星落 秋高塞馬肥

【출전 : 두심언 시(杜審言詩)】

구름도 깨끗이 걷히고, 불길한 별〔妖星〕도 사라져,
가을 하늘은 높고, 변방의 말(한나라 요새의 말)이 살찔 때가 왔다.

千慮一失 천려일실 ▶ 智者一失(지자일실)

일천 千(천) / 생각할 慮(려) / 한 一(일) / 잃을 失(실)

천 가지 생각 가운데 한 가지 실책이라는 뜻으로, 지혜로운 사람이라도 많은 생각을 하다보면 하나쯤은 실수가 있을 수 있다는 말.

☞ 생각지도 않던 실수를 일컬음.

智者千慮必有一失 愚者千慮必有一得

【출전 : 사기(史記) – 회음후열전(淮陰侯列傳)】

지혜로운 사람도 반드시 천 번 생각에 한 가지 실수를 할 수 있고, 어리석은 사람일지라도 반드시 천 번 생각에 하나는 좋은 생각이 떠오를 수가 있다.

千里眼 천리안

일천 千(천) / 마을 里(리) / 눈 眼(안)

천 리 밖을 보는 눈이라는 뜻으로, 먼 곳에서 일어난 일을 직감적으로 알아맞히는 능력. 사물의 이면을 꿰뚫어 보는 능력을 일컫는 말.

楊使君有千里眼 那可欺之

【출전 : 위서(魏書) – 양일전(楊逸傳)】

양사군(楊使君)께서는 천리 앞을 내다보는 능력을 가지고 있는데, 어찌 이를 속일 수 있겠는가.

天方地軸 천방지축 ▶ 天方地方(천방지방)

하늘 天(천) / 사방 方(방) / 땅 地(지) / 굴대 軸(축)

어리석은 사람이 종작없이 덤벙이는 일. 너무 급박하여 방향을 잡지 못하고 함부로 날뛰는 일을 일컫는 말.

天壤之差 천양지차 ▶ 雲泥之差(운니지차)

하늘 天(천) / 흙 壤(양) / 갈(어조사) 之(지) / 다를 差(차)

하늘과 땅 만큼이나 큰 차이라는 뜻으로, 사물이 서로 엄청나게 다름.

天佑神助 천우신조

하늘 天(천) / 도울 佑(우) / 신 神(신) / 도울 助(조)

하늘이 돕고 신이 돕는다는 뜻으로, 생각지 않게 우연히 도움 받는 것을 일컫는 말.

天衣無縫 천의무봉

하늘 天(천) / 옷 衣(의) / 없을 無(무) / 꿰멜 縫(봉)

선녀(仙女)의 옷은 꿰맨 자리 같은 흠결이 없다라는 뜻으로, 시가(詩歌)나 문장이 흠잡을 데가 없음.
☞ 사물이 완전무결함.

徐視其衣並無縫 翰問之 謂翰曰
天衣本非針線爲也

【출전 : 태평광기(太平廣記) – 여선(女仙)】

그녀의 옷을 자세히 살펴보니 바느질한 곳을 전혀 찾아 볼 수 없었다. 그래서 곽한(郭翰)이 그 까닭을 묻자, 직녀는, "하늘의 옷은 본래 바늘과 실로 꿰매는 것이 아닙니다." 라고 대답하였다.

【출전 : 태평광기 – 곽한(郭翰)】

千載一遇 천재일우

일천 千(천) / 실을 載(재) / 한 一(일) / 만날 遇(우)

천 년에 한 번 만난다는 뜻으로, 좀처럼 얻기 어려운 좋은 기회나 어쩌다가 한 번 만남을 일컫는 말.

千載一遇 賢智之嘉會

【출전 : 원굉(袁宏) – 삼국명신서찬(三國名臣序贊)】

천 년에 한 번 좋은 기회를 만나게 된다는 것은 현인과 지혜 있는 사람의 아름다운 만남이다. (이런 기회를 만나면 그 누가 기뻐하지 않겠으며, 이를 놓치면 그 누가 한탄하지 않겠는가.)

天井不知 천정부지

하늘 天(천) / 우물 井(정) / 아닐 不(부) / 알 知(지)

천장을 모른다는 뜻으로, 물건 값 따위가 한없이 오르기만 함을 일컫는 말.

天地開闢 천지개벽

하늘 天(천) / 땅 地(지) / 열 開(개) / 열 闢(벽)

하늘과 땅이 처음으로 열린다는 뜻으로, 자연이나 사회의 큰 변동을 비유하여 일컫는 말.

天地者萬物之逆旅 천지자만물지역려

하늘 天(천) / 땅 地(지) / 사람 者(자) / 일만 萬(만) / 만물 物(물) / 갈(어조사) 之(지) / 거스를 逆(역) / 나그네 旅(려)

천지라는 것은 온갖 만물이 잠시 머물렀다 가는 여관과 같은 것이다.

> 夫天地者 萬物之逆旅 光陰者 百代之過客
> 【출전 : 이태백(李太白) − 춘야연도리 원서(春夜宴桃李園序)】
>
> 대개 하늘과 땅이란 것은 모든 것이 와서 잠시 묵어가는 여관과 같은 것이고, 세월이란 것은 끝없이 뒤를 이어 지나가는 나그네와 같은 것이다.

千枝萬葉 천지만엽

일천 千(천) / 가지 枝(지) / 일만 萬(만) / 잎 葉(엽)

한창 무성한 나뭇가지와 잎이라는 뜻으로, 일의 갈래가 어수선하게 많음을 비유하여 일컫는 말.

天地玄黃 천지현황

하늘 天(천) / 땅 地(지) / 검을 玄(현) / 누룰 黃(황)

하늘은 가물가물 하고 땅은 누렇다는 뜻으로, 우주자연의 광활함을 표현한 말임. 천자문(千字文)의 모두를 장식하는 구절.

※ 전자문은 주흥사(周興嗣)가 만들었음.

天眞爛漫 천진난만

하늘 天(천) / 참 眞(진) / 빛날 爛(난) / 질펀할 漫(만)

말이나 행동이 순진하고 참되다라는 뜻으로, 조금도 꾸밈이 없이 있는 그대로 언행이 나타남.

長丈餘 高可五寸許 天眞爛漫 超出物表

【출전 : 철경록(輟耕錄)】

길이는 1장(丈) 남짓, 높이는 다섯 치 정도인데, 거기에는 순진하고 참된 마음이 그대로 표현되어 있고, 속세를 초월한 경지(境地)가 그려져 있다.

千篇一律 천편일률

일천 千(천) / 책 篇(편) / 한 一(일) / 법 律(률)

천 가지 작품이 한 가지 율조라는 뜻으로, 여러 시문의 격조가 변화가 없이 비슷비슷함. 사물이 특성 없이 모두 판에 박은 듯함을 일컫는 말.

千篇一律 詩道未成 愼勿輕看 最能易人心手

【출전 : 예원치언(藝苑巵言)】

어느 것이나 비슷비슷하여 시의 작법(作法)이 아직 완성되어 있지 않다. 그러므로 시를 가볍게 보아서는 안 된다. 시는 읽는 사람의 심정을 바꾸어 버리기 때문이다.

鐵面皮 철면피 ▶ 厚顔無恥(후안무치)

쇠 鐵(철) / 낯 面(면) / 가죽 皮(피)

쇠처럼 두꺼운 낯가죽이라는 뜻으로, 뻔뻔스럽고 염치를 모르는 사람을 일컫는 말.

進士王光遠 干索權豪無厭 或遭撻辱 略無改悔
時人云 光遠顔厚如十重鐵甲

【출전 : 북몽쇄언(北蒙瑣言)】

진사인 왕광원(王光遠)은 권세가 호족(豪族)들에게 잘 보이려 찾아다니며 인사를 했는데, 혹은 회초리로 내쫓기는 굴욕을 당해도 그것을 후회하는 일이 없었다. 그러자 당시 사람들이 말했다.
"광원의 얼굴이 두껍기는 열 겹의 무쇠철갑과 같다."

轍鮒之急 철부지급 ▶ 涸轍鮒魚(학철부어)

수레바퀴 轍(철) / 붕어 鮒(부) / 갈(어조사) 之(지) / 급할 急(급)

수레가 지나간 바퀴자국에 생긴 물웅덩이에 있는 붕어의 위급함이라는 뜻으로, 눈앞에 닥친 다급한 위기나 처지를 일컫는 말.

周昨來有中道而呼者 周顧視車撤中有鮒魚焉
周問之曰 子何爲者耶 對曰 我東海
之波臣也 君豈有斗升之水而活我哉

【출전 : 장자(莊子) – 외물(外物)】

어제 제가〔장주(莊周)〕이곳으로 오는데 누가 나를 부르기에, 뒤돌아 보니 수레바퀴 자국의 물웅덩이에 있는 붕어였습니다.
"어찌된 일인가?" 하고 물었더니, "나는 동해(東海)에 있는 작은 물고 기입니다. 한두 바가지 물로 나를 살려줄 수 없겠소?" 라고 붕어가 말하는 것이었다.

鐵杵磨針 철저마침

쇠 鐵(철) / 절굿공이 杵(저) / 갈 磨(마) / 바늘 針(침)

쇠뭉치를 갈아 바늘을 만든다라는 뜻으로, 일을 성취하기 위해 모든 정성을 다하는 성실한 모습을 일컫는 말.

淸談 청담

맑을 淸(청) / 이야기 談(담)

속되지 않은 맑은 이야기라는 뜻으로, 세속을 떠나 속되지 않은 고상한 이야기.

☞ 남의 이야기를 높여 일컫는 말.

孔公緖淸談高論 噓枯吹生 並無軍旅之才

【출전 : 후한서(後漢書) – 정태전(鄭太傳)】

공공서는 세속을 떠나 속되지 않은 청아한 이야기를 나눈다든지, 죽은 것을 살리고 살아 있는 것을 죽게 하기도 하는 엉뚱한 인물평(人物評) 따위를 할 뿐 싸움은 할 줄 모릅니다.

淸白吏 청백리 ▶ 淸白宰相(청백재상)

맑을 淸(청) / 흰 白(백) / 관리 吏(리)

품행이 맑고 깨끗한 관리라는 뜻으로, 맑고 깨끗한 마음으로 재물을 탐하지 않는 벼슬아치를 일컫는 말.

靑雲之志 청운지지 ▶ 靑雲之交(청운지교)

푸를 靑(청) / 구름 雲(운) / 갈(어조사) 之(지) / 뜻 志(지)

청운의 뜻이라는 뜻으로, 고결하여 속세를 벗어나고 싶은 마음. 또는, 큰 공을 세우고자함을 일컫는 말.

☞ 입신출세(立身出世)를 바라는 마음.

宿昔靑雲志 蹉跎白髮年
唯知明鏡裏 形影自相憐
【출전 : 장구령(張九齡)의 조경견백발(照鏡見白髮)】

그 옛날 청운의 뜻을 품고 벼슬길에 나아갔건만
뜻을 이루지 못하고 다 늙은 지금에 와서 물러나고 말았다.
거울 속에 비친 그림자와 서로 마주보며 서글퍼하는 마음을 알아줄 사람이 그 누가 있으리오.

靑天白日 청천백일

푸를 靑(청) / 하늘 天(천) / 흰 白(백) / 날 日(일)

맑게 갠 하늘에서 밝게 비치는 해라는 뜻으로, 환하게 밝은 대낮, 또는 죄의 혐의가 모두 풀려나 깨끗해짐을 일컫는 말.

> 鳳凰芝草 賢愚皆以爲美瑞 靑天白日
> 如隷亦知其淸明　　　　　【출전 : 한유(韓愈) – 여최군서(與崔群書)】
>
> "봉황새와 지초(芝草 : 영지)가 상서로운 조짐이라는 것은 누구나 다 알고 있는 바이다. 그리고 '청천백일'이 맑고 밝다는 것은 종인들 모를 리 있겠는가!"

靑天霹靂 청천벽력

푸를 靑(청) / 하늘 天(천) / 벼락 霹(벽) / 천둥 靂(력)

맑게 갠 하늘의 날벼락이라는 뜻으로, 전혀 예상치 못한 재난이나 변고를 일컫는 말.

> 放翁病過秋 忽起作醉墨 正如久蟄龍 靑天飛霹靂
> 　　　　【출전 : 육유(陸游) – 9월 4일 계부명기작(九月四日 鷄鳴起作)】
>
> 나는〔방옹(放翁)〕병상에서 가을을 보내고, 어느 때 문득 일어나 술을 마시고 술김에 글을 썼다. 마치 오랫동안 몸을 숨기고 있던 용이 일거에 뛰어나온 것처럼, 푸른 하늘에 갑자기 천둥과 번개가 요란하게 울리는 듯한 기세가 있었다.
> 〔남송(南宋)의 시인 육유(陸遊)가 병상에서 일어나 자신이 쓴 필치(筆致)에 흥이 겨워 표현한 것이다.〕

靑出於藍 청출어람

푸를 靑(청) / 날 出(출) / 어조사 於(어) / 남빛 藍(람)

쪽풀〔藍〕에서 나온 푸른 물감이 쪽빛보다 더 푸르다라는 뜻으로, 제자가 스승보다 더 나음을 일컫는 말.

> 君子曰 學不可以已 靑取之於藍
> 而靑於藍 冰水爲之 而寒於水
>
> 【출전 : 순자(荀子) - 권학(勸學)】

군자가 말하길, "학문이란 중도에 그쳐서는 안 된다. 푸른 빛깔은 쪽에서 나왔지만 쪽보다 더 푸르고, 얼음 또한 물이 만들지만 물보다 차다." (학문에 힘쓰기를 계속하면 제자가 스승보다 뛰어나다.)

淸風明月 청풍명월

맑을 淸(청) / 바람 風(풍) / 밝을 明(명) / 달 月(월)

맑은 바람과 밝은 달이라는 뜻으로, 초가을 밤의 싱그러운 느낌이나 결백하고 온건한 성격. 또는 풍자와 해학으로 세상사를 논함을 비유하여 일컫는 말.

☞ 조용히 술을 마신다는 뜻으로도 쓰임.

> 有時獨醉曰 入吾室者但有淸風 對吾飮者唯當明月
>
> 【출전 : 남사(南史)】
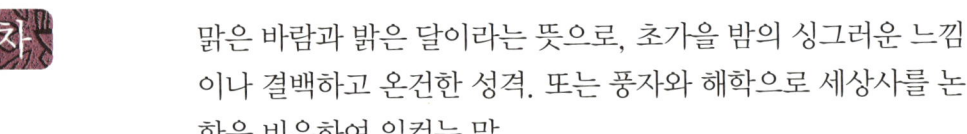

(사혜는 속세의 사람과 사귀기를 싫어하였는데) 어느 날 혼자서 술을 마시면서 말하길, "내 집을 찾아오는 것은 맑고 상쾌한 바람뿐이며, 나와 술잔을 나누는 것은 오로지 저 밝은 달뿐이다.

草木皆兵 초목개병

풀 草(초) / 나무 木(목) / 모두 皆(개) / 군사 兵(병)

(적을 두려워하여) 수풀이 다 적의 군사로 보인다라는 뜻으로, 어떤 일에 크게 놀라 신경이 예민해짐을 비유하여 일컫는 말.

八公山草木 風聲鶴唳 皆以爲兵

【출전 : 진서(珍書) – 부견재기(符堅載記)】

팔공산(八公山)의 초목과 바람소리, 학의 울음소리가 모두 적병인 줄 알았다.

焦眉之急 초미지급 ▶ 燒眉之急(소미지급)

그슬릴 焦(초) / 눈썹 眉(미) / 갈(어조사) 之(지) / 급할 急(급)

눈썹이 타는 급한 상황이라는 뜻으로, 매우 위급한 상황을 비유하여 일컫는 말.

寸鐵殺人 촌철살인

마디 寸(촌) / 쇠 鐵(철) / 죽일 殺(살) / 사람 人(인)

한 치밖에 안 되는 칼로 사람을 죽인다라는 뜻으로, 간단한 경구(警句)나 단어로 사물의 급소를 찌름을 비유하여 일컫는 말.

曾子之守約 寸鐵殺人者也

【출전 : 학림옥로(鶴林玉露)】

증자(曾子)의 간략한 말이나 사설은 한 치밖에 안 되는 작은 칼로 사람을 죽이는 식이다. (간단한 한마디 말과 글로써 상대를 제압하거나 한 구절의 글로써 사회에 끼치는 영향이 큼을 일컫는 말이다.)

秋扇子 추선자

가을 秋(추) / 부채 扇(선) / 아들 子(자)

서늘한 가을 바람이 불어 오는 때의 부채라는 뜻으로, 실연당한 여자라든가 소박맞은 아낙을 일컬음.

☞ 필요한 때는 대접을 받다가 쓸모가 없으면 버려짐.

新裂齊紈素　皎潔如霜雪
裁爲合歡扇　團團似明月
出入君懷袖　動搖微風發
常恐秋節至　涼風奪炎熱
棄損篋笥中　恩情中道絶

【출전 : 원가행(怨歌行)】

새로이 짓는 제(齊)나라의 비단옷 맑고 깨끗하기 서리와 같구나.
이리저리 잘라서 맞춘 합환(合歡)의 부채 둥글둥글한 달을 닮았네.
임의 품속을 드나들면서 움직일 때마다 미풍(微風)을 일으키는구나.
못내 두려운 가을철이 오고 서늘한 바람이 더위를 쫓으니
장롱 속에나 던져지는 신세 은정(恩情)이 중도에서 끊어졌구나.

逐鹿 축록 ▶ 中原逐鹿(중원축록)

쫓을 逐(축) / 사슴 鹿(록)

사슴을 쫓는다는 뜻으로, 제위 또는 정권·지위 등을 얻으려고

다투는 일을 일컫는 말.

秦失其鹿 天下共逐之
於是高材疾足者先得焉

【출전 : 사기(史記) － 회음후열전(淮陰侯列傳)】

진 왕조가 제위를 잃자, 천하의 뛰어난 사람들이 서로 제위를 다투었습니다. 그리하여 마침내 가장 뛰어난 폐하께서 이를 잡으셨던 것입니다.

春來不似春 춘래불사춘

봄 春(춘) / 올 來(래) / 아닐 不(불) / 같을 似(사)

봄이 와도 봄 같지가 않다.

胡地無花草 春來不似春

이 땅에 꽃과 풀이 없으니 봄이 와도 봄 같지 않다.
〔전한 시대 원제(元帝)의 궁녀였던 왕소군의 심경을 노래한 것이다. 그녀는 절세미인이었으나 흉노와의 화친정책에 의해 흉노 왕에게 시집을 가게 된 불운한 여자였다.〕

春眠不覺曉 춘면불각효

봄 春(춘) / 잘 眠(면) / 아닐 不(불) / 깨달을 覺(각) / 새벽 曉(효)

봄잠에 새벽이 된 것도 깨닫지 못한다라는 뜻으로, 한가한 봄날 새벽이 된 줄도 모르고 늦잠에 빠져 있음을 일컫는 말.

春眠不覺曉 處處聞啼鳥
夜來風雨聲 花落知多少

【출전 : 춘효(春曉) - 맹호연(孟浩然)】

봄잠이 새벽을 깨닫지 못하니곳곳에 우는 새소리를 듣는다.
밤에 온 비바람 소리에꽃이 얼마나 떨어졌을까를 안다.
(이 시는 봄의 한가함을 나타낸 시로 알려져 있지만, 그 속에는 봄을
시샘하는 비바람과 덧없이 지고 만 꽃의 허무함을 무감각한 현실로
바라보는 서글픔과 달관(達觀)이 깃들어 있는 시이다.)

春秋筆法 춘추필법

봄 春(춘) / 가을 秋(추) / 붓 筆(필) / 법 法(법)

『춘추』에 필삭(筆削 : 쓸 것은 쓰고 지울 것은 지움)을 더한 비
판 방법이라는 뜻으로, 대의명분을 밝혀 세우는 사필(史筆)의
논법을 일컫는 말.

☞ 공정한 태도로 준엄하게 비판함.

春秋雖以一字爲襃貶 然皆須數句以成言

【출전 : 두예(杜預) - 춘추좌씨(春秋左氏)】

『춘추(春秋)』의 문장은, 한 자를 가려 씀으로써 칭찬하거나 비난하거
나 하고 있는데, (글자 한 자에 작자의 사관(史觀)이나 평가가 담겨 있
기 때문에) 몇 구절을 써서 그 진의를 설명할 필요가 있다.

吹毛覓疵 취모멱자 ▶ 吹毛求疵(취모구자)

불 吹(취) / 털 毛(모) / 찾을 覓(멱) / 흠 疵(자)

털을 불어가며 작은 흠이라도 찾으려 한다는 뜻으로, 억지로 남의 작은 허물을 들추어냄.

醉生夢死 취생몽사

취할 醉(취) / 날 生(생) / 꿈 夢(몽) / 죽을 死(사)

술에 취한 듯 살다가 꿈을 꾸듯이 죽는다는 뜻으로, 아무 뜻 없이 한평생을 살아감을 비유하여 일컫는 말.

邪誕妖妄之說競起 塗生民之耳目 溺天下於汚濁
雖高才明智 膠於見聞 醉生夢死 不自覺也

【출전 : 정이(程頤) - 명도선생(明道先生)】

민심을 현혹시키는 유언비어가 떠돌아 사람들은 올바른 가르침을 받지 못하고, 천하가 더럽고 혼탁함에 빠져버렸다. (판단할 기회를 없애, 도의(道義)가 존재하지 않는 세상으로 만들어 버린다.) 그 때문에 뛰어난 재능을 가진 사람도 자신의 견문(見聞)에만 얽매어 술에 취한 듯이, 꿈을 꾸는 듯이, 태어나서부터 죽을 때까지 흐리멍덩하게 세월을 보내며 그것을 깨닫지 못하고 있는 것이다.

醉中無天子 취중무천자

취할 醉(취) / 가운데 中(중) / 없을 無(무) /
하늘 天(천) / 아들 子(자)

취중에는 천자도 없다라는 뜻으로, 술에 취하면 기가 성하여 세상에 두려운 사람이 없어짐을 일컫는 말.

惻隱之心 측은지심

슬퍼할 惻(측) / 숨을 隱(은) / 갈(어조사) 之(지) / 마음 心(심)

측은하게 여기는 마음이라는 뜻으로, 남을 불쌍히 여기고 깊이 동정하는 마음을 일컫는 말.

☞ 사단(四端)의 하나.

> 惻隱之心 仁之端也 羞惡之心 義之端也
> 辭讓之心 禮之端也 是非之心 智之端也
>
> 【출전 : 맹자(孟子) - 공손추(公孫丑)】

남을 불쌍히 여기고 깊이 동정하는 마음은 어짊의 극치이고, 미워하고 부끄러움을 아는 마음은 옳음의 극치이며, 사양하는 마음은 예절의 극치이다. 그리고 옳고 그름을 아는 마음은 지혜의 극치이다.

治國平天下 치국평천하

다스릴 治(치) / 나라 國(국) / 평평할 平(평) /
하늘 天(천) / 아래 下(하)

나라를 잘 다스리고 천하를 고르게 한다는 뜻으로, 나라를 잘 다스리고 온 세상을 편안하게 함을 일컫는 말.

> 身而後家齊 家齊而後國治 國治而後天下平
>
> 【출전 : 대학(大學)】

자신이 올바르고 선량하게 닦여져 있어야만 집안이 화목하고, 집안이 화목해야만 나라를 평안하게 다스리며, 나라가 잘 다스려져야만 온 세상이 평화로워지는 것이다.

痴人說夢 치인설몽

어리석을 痴(치) / 사람 人(인) / 말씀 說(설) / 꿈 夢(몽)

어리석은 사람에게 꿈 이야기를 해준다라는 뜻으로, 종잡을 수 없이 아무렇게나 지껄이는 말.

☞ 꿈에 본 이야기를 어리석은 사람에게 하면 그 이야기가 사실인 줄 알고 엉뚱하게 전한다는 것임.

> 黃山谷題跋 觀淵明責子詩 想見其人 豈弟慈祥
> 俗人便謂淵明子皆不肖 可謂癡人前不得說夢也
>
> 【출전 : 영재야화(泠齋夜話)】
>
> 황산곡이 도연명의 자식 나무라는 시를 보고 발문을 썼는데, 그 사람의 견해를 상상하여 보면 어찌 다만 어여쁘고 자상하기만 하겠는가? 세상 사람들은 바로 도연명의 자식들을 다 불초하다고 하겠지만, 이것은 어리석은 사람 앞에서 꿈을 이해시키는 것과 같다고 할 수 있다.

置之度外 치지도외 ▶ 度外視(도외시)

둘 置(치) / 갈(어조사) 之(지) / 법도 度(도) / 바깥 外(외)

법도 바깥에 둔다라는 뜻으로, 그냥 내버려 두고 문제 삼지 않음을 일컫는 말.

☞ 염두에 두지 않음.

七去之惡 칠거지악

일곱 七(칠) / 버릴 去(거) / 갈(어조사) 之(지) / 악할 惡(악)

아내를 버릴 수 있는 일곱 가지 죄악이라는 뜻으로, (지난날 유교적 관념에서) 아내를 버릴 수 있는 이유가 되는 일곱 가지를 일컫는 말.

※ 삼불거(三不去) : 칠거의 악이 있는 아내라도 버리지 못하는 세 가지 경우. 곧 갈 곳이 없거나 부모상을 함께 치렀거나 가난하다가 부귀하게 된 경우.

그 일곱 가지 죄악이란 다음과 같다.
첫째, 시부모의 말에 순종하지 않는 것이다. 즉, '불순부모거(不順父母去)'라는 것이다. 둘째, '무자거(無子去)'이다. 자식을 낳지 못하면 보낸다는 것이다. 불효 가운데 뒤를 이을 자식이 없는 것을 가장 큰 것으로 알던 시대에서는 너무도 당연한 일이었을지 모른다. 셋째, '음거(淫去)'이다. 부정한 행동이 있으면 보내는 것이다. 넷째, '유악질거(有惡疾去)'이다. 전염될 염려가 있는 불치의 병 같은 것을 말한다. 다섯째, '투거(妬去)'이다. 첩을 두는 것을 보려고 하지 않는다던가, 공연히 남편의 일에 강짜를 부리는 여자는 돌려보내도 좋다는 것이다. 여섯째, '다언거(多言去)'이다. 말이 많은 여자는 보내도 좋다는 것이다. 끝으로 '도거(盜去)'이다. 손이 거친 여자는 보낸다는 것이다.

七顚八起 칠전팔기

일곱 七(칠) / 넘어질 顚(전) / 여덟 八(팔) / 일어날 起(기)

일곱 번 넘어지고 여덟 번째 일어난다라는 뜻으로, 여러 번의 실패에도 굴하지 않고 분투함을 일컫는 말.

七縱七擒 칠종칠금

일곱 七(칠) / 세로(놓을) 縱(종) / 사로잡을 擒(금)

일곱 번 놓아주고 일곱 번 사로잡는다는 뜻으로, 마음대로 잡았다 놓아주었다함을 비유하여 일컫는 말.

☞ 어떤 일을 제 마음대로 함.

亮笑縱 使更戰 七縱七擒 而亮猶遣獲 獲止不去

【출전 : 삼국지(三國志) – 촉서(蜀書)】

제갈량은 웃으면서 맹획(猛獲)을 놓아주었다. 다시 싸워, 결국 일곱 번 놓아주고 일곱 번 사로잡았다. 다시 제갈량이 풀어 주려고 하자, 맹획은 그제야 달아나려고 하지 않았다.
(이에 운남(雲南)은 평정되었다.)
〔촉한(蜀漢)의 제갈량이 남방의 괴수 맹획(孟獲)을 일곱 번 사로잡았다가 일곱 번 놓아준 고사에서 유래함.〕

針小棒大 침소봉대

바늘 針(침) / 작을 小(소) / 몽둥이 棒(봉) / 큰 大(대)

바늘만한 것을 몽둥이만하다라고 한다는 뜻으로, 작은 일을 크게 허풍을 떨어 말함.

沈魚落雁 침어낙안

잠길 沈(침) / 물고기 魚(어) / 떨어질 落(락) / 기러기 雁(안)

물고기가 잠기고 기러기가 떨어진다라는 뜻으로, 물고기가 물속으로 숨어들고 기러기는 황홀해서 하늘에서 떨어져 버릴 정도로 아름다운 미인을 일컫는 말.

毛嬙驪姬人之所美也 魚見之深入
鳥見之高飛 麋鹿見之決驟

【출전 : 장자(莊子) ‒ 제물론(齊物論)】

(월왕이 사랑했던) 모장이나 (진나라 헌공의 애첩) 여희는 세상에 이름 높은 미인이었다. (그녀를 보면 아름다운 달도 구름 사이로 모습을 감추고 꽃은 부끄러워한다). 또 물고기는 물 속 깊이 숨어 버리고, 새는 하늘 높이 날아가 버리며, 사슴은 그들을 보면 재빨리 달아나 버릴 정도였다.
(그런데 이 말은 물고기나 새, 사슴은 부끄러워 달아난 것이 아니라 두려워 도망친 것이라 보아야 한다.)

沈潤之譖 침윤지참

잠길 沈(침) / 젖을 潤(윤) / 갈(어조사) 之(지) / 무고할 譖(참)

젖어서 잠기는 참소라는 뜻으로, 차차 젖어서 번지듯 조금씩 오래두고 하는 참소의 말. 물이 서서히 표나지 않게 스며들 듯 어떤 상대를 중상모략함.

沈潤之譖 膚受之愬 不行焉
可謂明也己矣 …… 可謂遠也己矣

【출전 : 논어(論語)】

〔공자의 제자 자장(子張)이 공자에게 '어떤 것을 가리켜 밝다고 합니까?' 하고 물으니 공자께서는〕
"물이 스며들 듯한 참소와 피부로 직접 느끼는 호소가 행해지지 않으면 마음이 밝다고 말할 수 있고, 또 생각이 멀다고 말할 수 있다."고 했다.

快刀亂麻 쾌도난마

쾌할 快(쾌) / 칼 刀(도) / 어지러울 亂(난) / 삼 麻(마)

> 잘 드는 칼로 엉클어진 삼실을 자른다라는 뜻으로, 어지럽게 뒤얽힌 사물이나 사건 따위를 단번에 처리함을 일컫는 말.

高祖嘗試觀諸子意識 各使治亂絲

帝獨抽刀斬之 曰 亂者須斬

【출전 : 북제서(北齊書) – 문선제기(文宣帝紀)】

고조는 자식들이 얼마나 총명한지를 시험하기 위해 엉켜 있는 실타래를 각자 나누어주면서 누가 가장 빨리 추리는지 보겠다고 하였다. 그때 문선제(文宣帝)는 잘 드는 칼로 엉켜져 있는 실타래를 단칼에 베어 버리며, "질서를 어지럽힌 자는 베어야 한다."고 말하였다.

他山之石 타산지석 ▶ 切磋琢磨(절차탁마)

다를 他(타) / 산 山(산) / 갈(어조사) 之(지) / 돌 石(석)

남의 산에 있는 돌도 자기의 옥(玉)을 가는 데 쓰인다라는 뜻으로, 다른 사람의 하찮은 언행일지라도 자기의 지식이나 인격을 닦는데 도움이 됨을 일컫는 말.

☞ 쓰기에 따라 유용한 것이 될 수 있음.

> 他山之石 可以攻玉
>
> 【출전 : 시경(詩經) – 소아(小雅)】
>
> 남의 산에 있는 하찮은 돌이라도 자기의 구슬을 가는 숫돌로 사용하면 옥을 갈아서 아름다운 것으로 만들 수가 있다.
> (자기보다 못한 사람의 말이나 행동도 자신의 학문과 덕을 닦는데 좋은 참고가 될 수 있다는 뜻이다. 여기서 돌은 소인(小人)을, 옥은 군자(君子)에 비유하여 군자도 소인으로 인하여 수양을 쌓고 학문의 덕을 이룰 수 있다는 것이다.)

打草驚蛇 타초경사

칠 打(타) / 풀 草(초) / 놀랄 驚(경) / 뱀 蛇(사)

풀밭을 두들겨서 뱀을 놀라게 한다라는 뜻으로, 갑(甲)을 혼내 줌으로써 을(乙)에게 깨우침을 준다는 말.

☞ 일처리가 치밀하지 못하여 남의 경계심을 일으키게 하는 행동.

汝雖打草 吾已蛇驚　　　【출전 : 남당근사(南唐近事)】

너희는 비록 풀숲을 건드렸지만, 나는 이미 풀숲 속에 숨어 있던 뱀
처럼 놀랐다.

彈劾 탄핵

탄알 彈(탄) / 캐물을 劾(핵)

탄알을 쏘듯이 죄를 파헤친다라는 뜻으로, 관리의 죄나 부정을
폭로하여 위에 알리고 고발함을 일컫는 말.

貪官汚吏 탐관오리

탐낼 貪(탐) / 벼슬 官(관) / 더럽힐 汚(오) / 관리 吏(리)

탐관과 오리라는 뜻으로, 탐욕이 많고 행실이 깨끗하지 못한 관
리를 일컫는 말.

太公望 태공망

클 太(태) / 공변될 公(공) / 바랄 望(망)

태공이 애써 기다리고 있던 인물이라는 뜻으로, 주(周)나라의
재상인 태공망이 낚시를 즐겼다는 데서, 낚시를 좋아하는 사람
을 일컫는 말.

果過太公於渭之陽 與語大說日

【출전 : 사기(史記) − 제태공세가(齊太公世家)】

위수의 북안에서 낚시질을 하고 있는 태공 여상(呂尙)을 만나 함께 이야기를 나누고 크게 기뻐하였다.

泰山北斗 태산북두

클 泰(태) / 산 山(산) / 북녘 北(북) / 별이름 斗(두)

태산과 북두칠성이라는 뜻으로, 중국 제일의 명산인 '태산과 북두칠성'으로 세상 사람들로부터 가장 우러러 존경받는 사람을 일컫는 말.

自愈沒 其言大行 學者仰之如泰山北斗云

【출전 : 당서(唐書) − 한유전(韓愈傳)】

한유가 죽은 후로, 그의 학설이 세상 사람들 사이에 크게 퍼지게 되어, 학자들이 이를 우러러보기를, '태산과 북두칠성과도 같았다'고 하였다.

吐哺握髮 토포악발

토할 吐(토) / 먹일 哺(포) / 쥘 握(악) / 머리털 髮(발)

먹는 중에도 뱉어내고 감고 있던 머리를 거머쥔다라는 뜻으로, 어진 사람을 대우하기에 몹시 바쁜 모양으로, 정무(政務)를 보살피기에 잠시도 편안함이 없음을 일컫는 말.

(주공(周公)이 손님이 오면, 식사 중에도 먹던 것을 뱉고, 머리를 감고 있을 때는 감고 있던 머리를 움켜쥐고 나가서 손님을 맞아들였다는 데서 고사에서 유래한 말.)

☞ 훌륭한 인물을 잃는 것을 걱정함.

推敲 퇴고

밀 推(추 · 퇴) / 두드릴 敲(고)

민다 또는 두드린다라는 뜻으로, 시문을 지을 때, 자구(字句)를 여러 번 생각하여 고쳐 글을 짓는 데에 고심함을 일컫는 말.

> 閑居少隣竝 草徑入荒園 鳥宿池邊樹
> 僧敲月下門
>
> 【출전 : 당시기사(唐詩紀事) – 가도(賈島)】

(당(唐)나라 가도(賈島)라는 시인이 있는데, 하루는 노새를 타고 가던 도중에 좋은 시구(詩句)가 떠올랐던 것이다.
'인적 드문 곳에 한가한 집, 잡초에 묻힌 황폐한 정원으로 통한다. 새는 연못가 나뭇가지에서 잠들고 스님은 달 아래 문을 두드린다(閑居少隣竝 草徑入荒園 鳥宿池邊樹).'
여기까지는 제법 단숨에 뽑아냈으나 마지막 끝 구절, 즉 넷째 줄에 가서 그만 막히고 말았던 것이다.
'스님이 달 아래 문을 두드린다(敲)'라고 하느냐 '문을 밀친다(推)'로 하느냐(敲月下門) 하는 글자 한 개를 놓고 망설이기 시작했던 것이다. 이렇게 한 번 망설이기 시작하니 어느 쪽을 택해야 할지 도무지 판단할 수가 없었다. 한참 정신을 팔고 있는데 노새가 그만 마주오고 있던 어느 고관의 행차를 몰라보고 거침없이 그 행렬 한가운데로 들어 갔던 것이다. 깜짝 놀란 가도는 비로소 정신을 차렸다. 성난 모습의 호위병들이 우르르 그의 앞을 막아섰다. 가도는 미처 어쩔 사이도 없이 끌려 내려졌다. 천만다행으로 상대는 한유(韓愈) 한퇴지(韓退之)였다. 당대의 명망가 한퇴지는 사정을 다 듣고 나서 일러 주었다.
"자네 그 시구에는 민다는 퇴(推)보다 두들긴다는 고(敲)를 쓰는 것이 더 나을 듯하네."
그 후로 '퇴고'란 말은 문장을 다듬는다는 뜻으로 쓰이게 되었다.)

投鼠忌器 투서기기

던질 投(투) / 쥐 鼠(서) / 꺼릴 忌(기) / 그릇 器(기)

쥐를 잡으려니 옆에 있는 그릇을 깨뜨릴까 염려된라는 뜻으로, 임금 가까이 있는 간신을 제거하려 하여도 임금에게 해를 끼칠까 저어함을 비유하여 일컫는 말.

偸安 투안

훔칠 偸(투) / 편안할 安(안)

편안함을 훔친다는 뜻으로, 한때의 안일(安逸)을 탐하는 것으로, 한때의 안락에 빠져 뒷날의 걱정을 전혀 하지 않음을 일컫는 말.

偸香 투향

훔칠 偸(투) / 향기 香(향)

아름다운 향을 훔친다라는 뜻으로, 남녀간에 사사로이 정을 통함을 일컫는 말.

破鏡 파경

깨뜨릴 破(파) / 거울 鏡(경)

깨어진 거울이라는 뜻으로, 부부의 금실이 좋지 않아 헤어지게 되는 일. 또는 한 번 헤어진 부부는 다시 결합하기 어려움을 일컫는 말.

☞ 이지러진 달을 비유한 말.

鏡與人俱去 鏡歸人不歸 無復姮娥影 空留明月輝

【출전 : 태평광기(太平廣記)】

거울은 사람과 함께 가버리더니,
거울만 돌아오고 사람은 돌아오지 않는구나.
항아(姮娥)의 그림자는 다시없고,
공연히 밝은 달빛만 머무르고 있구나.

破瓜之年 파과지년

깨뜨릴 破(파) / 오이 瓜(과) / 갈(어조사) 之(지) / 나이 年(년)

참외를 깨는 나이라는 뜻으로, 여자의 나이 16세(첫 월경이 있게 되는 나이) 또는, 남자의 64세(瓜자를 파자하면 八八을 곱하는 데서 연유함)를 일컫는 말.

碧玉破瓜時 相爲情顚倒 感君不羞赧 廻身就郞抱

【출전 : 손작(孫綽) - 정인벽옥가(情人碧玉歌)】

푸른 구슬 참외를 깨칠 때에
임은 사랑을 못 이겨 넘어졌네.
감격에 겨워 부끄러움도 내던지고
몸을 돌려 임의 품에 안겨버렸네.
(여기에서 '외를 깨뜨리는 파과시[破瓜時]'란 처녀를 바치던 때를 말
한다. 혹은 첫 생리가 시작되었을 때 곧 홍조(紅潮)를 보게 된다는 의
미하기도 하다. 그런가 하면 '과'를 둘로 나누면 '팔(八)'자가 둘이 된
다고 해서 여자 나이 16세를 가리키기도 하고, 8을 서로 곱하면 64가
되므로 남자의 64세를 일러 '파과'라고도 한다.)

波瀾萬丈　파란만장

물결 波(파) / 물결 瀾(란) / 일만 萬(만) / 어른 丈(장)

물결의 흐름이 매우 높다라는 뜻으로, 생활이나 일의 진행에 있
어 기복이나 변화가 몹시 심함.

破壁飛去　파벽비거

깨뜨릴 破(파) / 바람벽 壁(벽) / 날 飛(비) / 갈 去(거)

벽을 뚫고 날아간다라는 뜻으로, 용에 눈동자를 그려 넣자, 벽
을 부수고 날아갔다는 것으로 갑자기 출세한 사람을 비유하여
일컫는 말.

※ 破僻(파벽) : 드문 성씨 또는 양반이 없는 시골에서 인재가 나와 본
래의 미천한 상태를 면하게 됨.

破竹之勢 파죽지세

깨뜨릴 破(파) / 대 竹(죽) / 갈(어조사) 之(지) / 기세 勢(세)

대나무를 쪼개는 기세라는 뜻으로, 세력이 강대하여 적을 거침
없이 물리치고 쳐들어가는 당당한 기세를 일컫는 말.

今兵威已振 譬如破竹 數節之後
皆迎刃而解 無復著手處也

【출전 : 진서(晉書) − 두여전(杜予傳)】

지금 우리 군사의 사기는 하늘을 찌를 듯하다. 그것은 마치 대나무를
쪼개는 것과 같아서 처음 두세 마디만 쪼개면 그 다음부터는 칼날이
닿기만 해도 저절로 쪼개지므로 다시 손댈 필요 없이 공격만 남아있
을 뿐이다.
(사마염이 진(晉)을 통일할 때, 그 무렵 촉한(蜀漢)은 이미 망했고 천
하는 위(魏)의 뒤를 이은 진과 남방의 오나라와의 대립이었다.
진남 대장군 두여는 왕준의 군사와 힘을 합쳐 무창(武昌)을 함락시킨
후 곧장 오나라의 도성 건업으로 쇄도하여 마침내 이를 공략하였다.)

破天荒 파천황 ▶ 前代未聞(전대미문)

깨뜨릴 破(파) / 하늘 天(천) / 거칠 荒(황)

천지개벽 이전의 혼돈한 상태를 깨뜨린다는 뜻으로, 이전에 아
무도 한 적이 없는 일을 하는 일을 일컫는 말.

☞ 전대미문의 경지를 엶.

※ 天荒(천황)이란 천지가 아직 열리지 않을 때의 혼돈의 상태이며,
    파천황은 이것을 깨뜨리고 새로운 세상을 만든다는 뜻임.

八方美人 팔방미인

여덟 八(팔) / 모 方(방) / 아름다울 美(미) / 사람 人(인)

어느 모로 보나 아름다운 미인이라는 뜻으로, 모든 것에 빼어나 여러 방면에 능통한 사람.

☞ 어떤 일에나 두루 조금씩 손대거나 관여하는 사람을 조롱하여 일컫기도 함.

敗軍之將不言勇 패군지장불언용

패할 敗(패) / 군사 軍(군) / 갈(어조사) 之(지) / 장수 將(장) / 아닐 不(불) / 말씀 言(언) / 날랠 勇(용)

싸움에 진 장수는 무용(武勇)에 대해서 말할 자격이 없다라는 뜻으로, 아무리 용기가 있다 해도 어떤 일에 실패한 사람은 그 일에 대해서 논할 자격이 없음을 일컫는 말.

廣武君辭謝曰 臣聞 敗軍之將不可以言勇
亡國之大夫 不可以圖存 今臣敗亡之虜
何足以權大事乎

【출전 : 사기(史記) - 회음후열전(淮陰侯列傳)】

광무군이 사양하며 말하길, "나는 싸움에 패한 장수는 무용(武勇)에 대해서 말해서는 안 되고, 나라를 망친 대부는 한 나라의 존속에 대해서 논의해서도 안 된다고 들어왔습니다. 지금 나는 싸움에 패하고 나라를 망하게 한 포로가 아닙니까. 어떻게 나 같은 사람이 큰일을 도모할 자격이 있겠습니까?"

平地風波 평지풍파

평평할 平(평) / 땅 地(지) / 바람 風(풍) / 물결 波(파)

평지에 풍파를 일으킨다라는 뜻으로, 뜻밖의 분쟁을 일으켜 일을 난처하게 만듦.

> 瞿塘嘈嘈十二灘 人言道路古來難
> 長恨人心不如水 等閑平地起風波
>
> 【출전 : 당시(唐詩) – 죽지사(竹枝詞)】

구당에는 열둘이나 되는 여울이 있어서 옛날부터 이 길을 지나다니기가 어렵다고 전해내려 오고 있다. 그것은 산이 가파르고 길이 험하니 자연 여울이 질 수밖에 없는 일이다. 물은 바닥이 가파른 곳에서나 여울을 짓지만 사람은 아무렇지도 않은 평지에서도 아무 생각도 없이 함부로 풍파를 일으킨다. 그것이 한심스러울 뿐이다.

抱腹絕倒 포복절도

안을 抱(포) / 배 腹(복) / 끊을 絕(절) / 받들 捧(봉)

배를 안고 넘어진다는 뜻으로, 매우 우스워서 요란하게 웃는 웃음을 일컫는 말.

暴虎馮河 포호빙하

사나울 暴(폭 · 포) / 범 虎(호) / 업신여길 馮(빙) / 물 河(하)

맨주먹으로 범을 잡고 걸어서 강(황하)을 건넌다라는 뜻으로, 무모한 만용을 부림을 비유하여 일컫는 말.

子曰 暴虎馮河 死而無悔者 吾不與也
必也臨事而懼 好謀而成者也

【출전 : 논어(論語) – 술이(述而)】

공자가 말하길, "맨손으로 호랑이를 잡고 걸어서 황하를 건너가다가 죽는 일이 있어도 후회하지 않는 그런 사람과는 함께 하지 않을 것이다. 일을 하는데 있어서는 반드시 두려운 생각을 갖고 충분한 계획을 세워서 일을 성공시키려고 하는 사려 깊은 사람과 함께 할 것이다."

表裏不同 표리부동

겉 表(표) / 속 裏(리) / 아닐 不(불) / 한가지 同(동)

마음이 음충맞아서 겉과 속이 다름.

豹死留皮 표사유피 ▶ 虎死留皮(호사유피)

표범 豹(표) / 죽을 死(사) / 머무를 留(유) / 가죽 皮(피)

표범은 죽으면 가죽을 남긴다라는 뜻으로, 사람은 죽어서 명예를 남겨야 함을 비유하여 일컫는 말.

豹死留皮 人死留名

【출전 : 신오대사 열전(新五代史 列傳)】

표범은 죽으면 가죽을 남기고 사람은 죽으면 이름을 남긴다. 곧, 누구나 한 번은 죽는 몸이지만 추한 꼴로 구차하게 살기보다 깨끗하게 죽어 명성을 떨쳐라.

風飛雹散 풍비박산

바람 風(풍) / 날 飛(비) / 우박 雹(박) / 흩을 散(산)

바람이 불고 우박이 흩어진다는 뜻으로, 사방으로 날려 흩어짐을 일컫는 말.

※ 풍지박산(風地雹散)은 잘못 쓰이는 말.

風樹之嘆 풍수지탄 ▶ 風樹之感(풍수지감)

바람 風(풍) / 나무 樹(수) / 갈(어조사) 之(지) / 탄식할 嘆(탄)

나무는 고요히 있기를 원하나 바람이 부는 것을 한탄한다라는 뜻으로, 어버이가 돌아가시어 효도하고 싶어도 할 수 없는 슬픔을 일컫는 말.

> 樹欲靜而風不止 子欲養而親不待也
> 往而不可得見者 親也   【출전 : 한시외전(韓詩外傳)】
>
> 나무가 아무리 가만히 있으려 하여도 몰아치는 바람에 멎지를 않습니다. 자식이 효도를 다하고자 하나 그때까지 부모는 기다려 주시지 않습니다. 돌아가시고 나면 만나뵐 수 없는 것이 부모입니다.

風前燈火 풍전등화 ▶ 風前燈燭(풍전등촉)

바람 風(풍) / 앞 前(전) / 등잔 燈(등) / 불 火(화)

바람 앞의 등불이라는 뜻으로, 매우 위급한 처지에 있음. 또는 사물의 덧없음을 일컫는 말.

天德悠且長 人命一何促 百年未幾時 奄若風吹燭

【출전 : 악부시집(樂府詩集) – 원시행(怨詩行)】

자연의 본질은 변화를 거듭하면서도 유구하건만, 사람 목숨만은 어찌 이다지도 짧은가. 백년이라는 수명 따위는 아주 짧은 시간이어서, 눈 깜짝할 사이에 바람이 등불에 불어 닥치는 것과도 같다.

風餐露宿 풍찬노숙

바람 風(풍) / 먹을 餐(찬) / 이슬 露(로) / 잘 宿(숙)

바람과 이슬을 맞으며 한데서 먹고 잔다라는 뜻으로, 떠돌아다니며 모진 고생을 함.

匹馬單槍 필마단창

짝 匹(필) / 말 馬(마) / 홑 單(단) / 창 槍(창)

한 필의 말과 한 자루의 창이라는 뜻으로, 홀로 간단한 무장으로 말을 타고 감을 일컫는 말.

匹夫之勇 필부지용

짝 匹(필) / 사내 夫(부) / 갈(어조사) 之(지) / 날랠 勇(용)

소인배의 혈기로 덤비는 용기라는 뜻으로, 좁은 소견에 계획도 방법도 없이 혈기만 믿고 함부로 덤비는 소인배의 용기를 일컫는 말.

避獐逢虎 피장봉호

피할 避(피) / 노루 獐(장) / 만날 逢(봉) / 호랑이 虎(호)

노루를 피하려다가 호랑이를 만났다는 뜻으로, 작은 해를 피하려다가 도리어 큰 재앙을 만남.

彼丈夫我丈夫 피장부아장부

저 彼(피) / 장부 丈(장) / 사내 夫(부) / 나 我(아)

그도 장부요 나도 장부다라는 뜻으로, 남이 할 수 있는 일을 내가 못할 일이 없다. 즉, 똑같은 장부로서 그가 할 수 있는 일이라면 노력 여하에 따라 나도 할 수 있음을 일컫는 말.

夏爐冬扇 하로동선 ▶ 冬扇夏爐(동선하로)

여름 夏(하) / 화로 爐(로) / 겨울 冬(동) / 부채 扇(선)

여름의 화로와 겨울의 부채라는 뜻으로, 철에 맞지 않거나 격에 어울리지 않는 쓸데없는 사물을 비유하여 일컫는 말.

作無益之能 納無補之說 以夏進爐 以冬奏扇

【출전 : 논형(論衡) – 봉우(逢遇)】

어떠한 이로움도 없는 재능을 내세우거나, 보탬이 되지 않는 의견을 내놓는 것은 여름에 화로를 올리고 겨울에 부채를 내미는 것과 같다.

何面目見之 하면목견지

어찌 何(하) / 낯 面(면) / 눈 目(목) / 볼 見(견) / 갈(어조사) 之(지)

무슨 면목으로 이를 대하겠는가라는 뜻으로, 볼 면목이 없음을 일컫는 말.

항우가 유방에게 패한 후, 오강(烏江)의 정장(亭長)이 강동 땅으로 건너가 다시 군사를 모으고 왕이 되라는 말을 하자, 항우는 이를 거절하며 다음과 같이 말했다.
"이미 하늘이 나를 버렸는데 어찌 강을 건너겠는가. 8년 전 나는 이미 강동의 자제 8천 명을 이끌고 이 강을 건너 서쪽으로 향했으나 지금 나와 돌아가는 자는 한 사람도 없다. 가령 강동의 부형들이 나를 불쌍히 여겨 왕으로 앉혀 주더라도 어찌 대할 낯이 있겠는가(何面目見之)?

말을 마친 항우는 애마 추(騅)를 정장에게 주고는 아무 미련 없이 한군 속으로 돌진 한 후 한군 속에 있는 옛 친구를 발견하고 내 목을 잘라 공을 세우라 하고는 스스로 목을 쳐 죽었다.

【출전 : 사기(史記) – 항우본기(項羽本紀)】

下學上達 하학상달 ▶ 下學之功(하학지공)

아래 下(하) / 배울 學(학) / 위 上(상) / 통달할 達(달)

밑에서부터 차츰 배워 위에까지 도달한다라는 뜻으로, 쉬운 주변에서부터 배우기 시작하여 깊고 어려운 것을 깨달음을 일컫는 말.

子曰 不怨天 不尤人 下學而上達 知我者 其天乎

【출전 : 논어(論語) – 헌문(憲問)】

공자가 말하길, "하늘을 원망하지 않고 사람을 탓하지 않으며 밑으로(아래로)부터 차츰 배워 위에까지 통달하니, 나를 알아주는 사람은 하늘뿐이다."

學而時習 학이시습

배울 學(학) / 말이을(어조사) 而(이) / 때 時(시) / 익힐 習(습)

배우고 때로 익힌다라는 뜻으로, 배우고 듣고 느끼고 한 것이

올바른 내 지식이 될 수 있고 내 수양이 될 수 있으며, 나아가서
는 내 믿음과 인격을 이루는 것임을 일컫는 말.

> 學而時習之 不亦說乎　　　　　　　　【출전 : 논어(論語)】
>
> (논어 맨 첫머리에 나오는 말로) 배우고 때로 익히면 또한 기쁘지 아
> 니하냐.

漢江投石 한강투석

한수 漢(한) / 강 江(강) / 던질 投(투) / 돌 石(석)

한강에 돌 던지기라는 뜻으로, 아무리 해도 헛될 일을 하는 어
리석은 행동을 일컫는 말.

邯鄲之夢 한단지몽 ▶ 一枕之夢(일침지몽)

땅이름 邯(한) / 땅이름 鄲(단) / 갈(어조사) 之(지) / 꿈 夢(몽)

노생이 한단에서 여옹의 베개를 베고 자다 꾼 꿈이라는 뜻으로,
인생의 부귀영화가 덧없음을 비유한 말.

※ 노생(盧生)이 한단에서 여옹(呂翁)의 베개를 베고 자다 꿈을 꾼 고
　사에서 유래.

> 人世之事亦猶是 生然之 良久謝曰 夫寵辱之數
> 得喪之理 生死之情 盡知之矣 此先生所以窒吾欲也
> 敢不受敎 再拜而去　　　　　　　　【출전 : 침중기(枕中記)】

인생이란 원래 다 그런 것일세."

노생은 참으로 그러하다고 생각하였다. 그리고 한참 있다가 고맙다고 말했다.

"일이 잘 되고 안 되고 하는 과정도, 번성하거나 망하거나 하는 이치도, 또한 살아 있거나 죽을 때의 마음까지도 모든 것을 경험했습니다. 이것도 모두 선생님께서 저의 욕망을 막아 주시려는 것인 줄 압니다. 앞으로도 결코 이 일을 잊지 않겠습니다." 그리고 두 번 절한 후 떠났다.

邯鄲之步　한단지보 ▶ 邯鄲學步(한단학보)

땅이름 邯(한) / 땅이름 鄲(단) / 갈(어조사) 之(지) / 걸음 步(보)

한단에 가서 걷는 방법을 배우다라는 뜻으로, 자기의 분수를 잊고 함부로 남의 흉내를 내다보면 모두 다 잃어버림을 일컫는 말.

☞ 연나라의 한 청년이 한단에 가서 걷는 방법을 배우려다가 본래의 걸음걸이까지도 잊어버리고 기어 돌아왔다는 고사에서 유래.

且子獨不聞 夫壽陵餘子之學行于邯鄲與
未得國能 又失其故行矣 直匍匐而歸耳
今子不去 將忘子之故 失子之業

【출전 : 장자(莊子) - 추수(秋水)】

"그대는 걷는 법을 배우러 수릉(壽陵)의 젊은이가 한단(邯鄲 : 조나라 수도)으로 갔다는 이야기도 듣지 못하였는가? 그 젊은이는 아직 조나라 걸음걸이를 다 배우기도 전에 원래 걷고 있던 걸음걸이마저 잊어버리고 기어서 겨우 고향으로 돌아갔다지 않은가. 당장 그대가 가지 않는다면 장차 그대의 방법을 잊고 그대의 본분마저 잃어버릴 것일세." (장자의 선배인 위(魏)나라 공자 위모(魏牟)가 장자의 사상을 이해하기 힘들다는 공손룡(公孫龍)에게 한 말이다.)

旱天作雨 한천작우

가물 旱(한) / 하늘 天(천) / 지을 作(작) / 비 雨(우)

가문 여름 하늘에 비를 만들다라는 뜻으로, 어지러운 세상이 계속되고 백성이 도탄에 빠지면, 하늘이 백성의 뜻을 살펴 비를 내림을 일컫는 말.

割鷄焉用牛刀 할계언용우도

나눌 割(할) / 닭 鷄(계) / 어찌 焉(언) / 쓸 用(용) /
소 牛(우) / 칼 刀(도)

닭 잡는데 소 잡는 칼을 쓴다라는 뜻으로, 작은 일을 처리하는데 지나친 준비나 노력을 일컫는 말.

夫子莞爾而笑曰 割鷄焉用牛刀

【출전 : 논어(論語) - 양화(陽貨)】

공자가 제자 자유(子遊)에게 웃으면서 말하길,
"닭을 잡는데 어찌 큰 소 잡는 칼을 쓸 필요가 있겠느냐?"
(자유가, '전에 제가 선생님께 배움을 들었을 때는, '군자는 도를 배우면 사람을 사랑하게 되고, 소인은 도를 배우면 부리기가 쉽다고 하셨습니다' 라며, 비록 작은 고을이나마 최선을 다하는 것이 도리인 줄 안다는 뜻으로 답했다.)

咸興差使 함흥차사

다 함(咸) / 일 興(흥) / 다를 差(차) / 벼슬 使(사)

함흥에 간 차사라는 뜻으로, 심부름 간 사람이 돌아오지 않거나 소식이 없음을 일컫는 말.

조선 왕조 태조(太祖)가 태종에게 왕위를 물려주고 함흥에 은거해 있을 때, 태종이 보낸 사신을 혹은 죽이고, 혹은 잡아 가두어 돌려보내지 않은 고사에서 유래하여 한 번 가기만 하면 감감 무소식이란 뜻.

合縱連衡 합종연횡

합할 合(합) / 세로 縱(종) / 이을 連(연) / 저울대 衡(형 · 횡)

종(縱 : 남북)으로 합치고 횡(衡 : 동서)으로 잇대다라는 뜻으로, 중국 전국시대 때 소진(蘇秦)의 합종설과 장의(張儀)의 연횡설로 여러 가지 외교 수단을 동원하여 정략(政略)을 꾸미는 일을 일컫는 말.

이 말을 외교정책으로 처음 들고 나온 것은 전국시대의 소진(蘇秦)과 장의(張儀)였다.
소진(蘇秦)이 연왕(燕王)에게 진언한 정책은 합종(合縱)으로 연과 조, 제, 위, 한, 초가 세로(縱―從)로, 즉 남북으로 손을 잡고 강국(强國)인 진나라에 대항하는 것이었다. 소진은 여섯 나라가 남북으로 합작해서 방위동맹을 맺어 진나라에 대항하는 것이 공존공영의 길이라고 주장하여 이를 합종(合縱)이라 불렀다.
한편 장의(張儀)는 약한 나라끼리 합종하는 것보다 강한 진나라와 연합하여 불가침 조약을 맺는 것이 안전한 길이라고 하여 이를 연횡(連衡)이라 불렀던 것이다.

亢龍有悔 항룡유회

목(오르다) 亢(항) / 용 龍(룡) / 있을 有(유) / 뉘우칠 悔(회)

하늘 끝까지 다다른 용에게는 후회가 뒤따른다(내려갈 길밖에 없음을 후회한다)라는 뜻으로, 만족할 줄 모르고 무작정 밀고 나가다가 오히려 실패하게 됨을 비유하여 일컫는 말.

偕老同穴 해로동혈 ▶ 百年偕老(백년해로)

함께 偕(해) / 늙을 老(노) / 한가지 同(동) / 구멍 穴(혈)

살아서는 함께 늙으며 죽어서는 한 무덤에 묻힌다라는 뜻으로, 부부의 굳은 맹세를 일컫는 말.

> 死生契闊 與子成說 執子之手 與子偕老
>
> 【출전 : 시경(詩經)】
>
> 죽으나 사나 아무리 괴로운 일을 만날지라도 당신과 굳게 맹세했었다. 당신의 손을 잡고 둘이서 함께 늙자고 말했었다.

解語之花 해어지화

풀 解(해) / 말씀 語(어) / 갈(어조사) 之(지) / 꽃 花(화)

말을 알아듣는 꽃이라는 뜻으로, 미인을 일컫는 말
☞ 화류계의 여인을 일컫기도 함.

> 明皇秋八月 太液池有千葉白蓮 數枝盛開
> 帝與貴妃宴賞焉 左右皆歎羨 久之帝指貴
> 妃謂於左右曰 爭如我解語花
>
> 【출전 : 개원천보유사(開元天寶遺事)】

명황(明皇 : 당나라 현종) 가을(8월)에, 태액지에 천 잎사귀의 흰 연꽃
이 있었다. 그 중 몇 가지에는 꽃이 무성하게 피었다. 황제는 양귀비
와 더불어 잔치하고 감상했는데, 연못가의 모든 사람들은 저마다 감
탄의 소리가 터져 나왔다. 그때 연꽃을 바라보던 현종이 양귀비를 가
리키며 좌우에게 일러 말했다.
"이 꽃들의 아름다움이 내 말을 알아듣는 꽃과 견줄 만하도다."
(여기서 말을 알아듣는 꽃이란 물론 양귀비를 두고 한 말이다.)

行雲流水 행운유수

다닐 行(행) / 구름 雲(운) / 흐를 流(유) / 물 水(수)

떠가는 구름과 흐르는 물이라는 뜻으로, 일처리가 막힘이 없거
나, 마음씨가 시원하고 씩씩함을 일컫는 말.
☞ 어떤 것에도 구애됨이 없는 자유로운 삶.

作文如行雲流水 初無定質
但常行於所當行 止於所不可不止

【출전 : 송사(宋史) – 소식전(蘇軾傳)】

글을 짓는 일은 떠가는 구름이나 흐르는 물과 같아서 처음부터 정해
져 있는 것이 아니다. 다만 (자연의 구름이나 물의 흐름이 모두 그렇
듯이) 흘러 움직일 때는 움직이고 멎지 않을 수 없을 때는 멈추어 설
뿐이다.

螢雪之功 형설지공

반딧불이 螢(형) / 눈 雪(설) / 갈(어조사) 之(지) / 공로 功(공)

반딧불과 눈〔雪〕 빛으로 공부한 공이라는 뜻으로, 온갖 고생을
하며 공부해서 얻은 성공(좋은 결과)을 일컫는 말.

胤恭勤不倦 博學多通 家貧不常得油
夏月則練囊盛數十螢火 以照書
以夜繼日焉 【출전 : 진서(晉書) - 차윤전(車胤傳)】

진(晉)나라의 차윤(車胤)은 신중하고 근면하며, 학문을 게을리 하지 않
아서 모든 문헌에 널리 통달해 있었다.
집이 가난하여 기름을 구할 수 없었단 그는 여름철이 되면 비단 주머
니에 반딧불을 수십 마리 잡아넣어 그 불빛으로 책을 비추어 밤낮없
이 공부하였다.

狐假虎威 호가호위

여우 狐(호) / 거짓 假(가) / 범 虎(호) / 위엄 威(위)

여우가 호랑이의 위엄을 빌어 제 위엄으로 삼는다는 뜻으로 남
의 권세를 이용하여 위세를 부림을 일컫는 말.

虎不知獸畏己而走也 以爲畏狐也
【출전 : 전국책(戰國策) - 초책(楚策)】

호랑이는 자기가 무서워서 달아나는 줄을 모르고, 정말 여우를 보고
무서워서 달아나는 줄 알았다.
(여우가 호랑이에게 붙들렸는데 여우가 말하길, '그대는 감히 나를 잡
아먹지 못하리라. 옥황상제께서는 나를 백수(百獸)의 어른으로 만들었
다. 만일 그대가 나를 잡아먹으면 이것은 하늘을 거역하는 것이 된다.
만일 내 말이 믿어지지 않거든, 내가 그대를 위해 앞장서서 갈 터이
니 그대는 내 뒤를 따라오며 잘 살펴보아라.

(호랑이는 과연 그렇겠다싶어 여우를 앞세우고 갔다. 그러자 짐승들이 모두 달아났다.)

互角之勢 호각지세

서로 互(호) / 뿔 角(각) / 갈(어조사) 之(지) / 기세 勢(세)

소가 서로 뿔을 맞대고 싸우는 형세라는 뜻으로, 우열을 가리기 힘들 정도로 대등하게 겨루고 있는 모습을 일컫는 말.

狐死丘首 호사구수 ▶ 首丘初心(수구초심)

여우 狐(호) / 죽을 死(사) / 언덕 丘(구) / 머리 首(수)

여우가 죽을 때는 제가 살던 언덕으로 머리를 돌린다는 뜻으로, 죽을 때라도 근본을 잊지 않는다는 말.

☞ 고향을 그리워함. 근본을 잊지 않음.

古之人有言 曰 狐死正丘首 仁也

【출전 : 예기(禮記)】

옛 사람이 말하길, "여우는 죽을 때 반드시 태어나서 자란 언덕으로 머리를 향한다. 그것은 고향을 그리는 마음이 있기 때문이다"라고 하였다.

虎視眈眈 호시탐탐

범 虎(호) / 볼 視(시) / 즐길 眈(탐)

범이 먹이를 탐내어 눈을 부릅뜨고 노려본다라는 뜻으로, 욕망을 채우기 위해 기회를 노리고 정세를 관망함.

顚頤吉 虎視眈眈 其欲逐逐 无咎
【출전 : 역경(易經) – 이괘(頤卦)】

(윗사람이 아랫사람의 도움을 받고) 거꾸로 길러져도 좋다. 호랑이가 날카로운 눈빛으로 내려다보고 있듯이, 언제나 그 욕심이 한이 없더라도 상관이 없다.

浩然之氣 호연지기

넓을 浩(호) / 그러할 然(연) / 갈(어조사) 之(지) / 기운 氣(기)

하늘과 땅 사이에 가득찬 넓고도 큰 기운이라는 뜻으로, 도의에 뿌리를 두고 공명정대하여 조금도 부끄러울 바 없는 도덕적 용기를 일컫는 말.

☞ 사물에서 해방되어 자유스럽고 유쾌한 마음.

何謂浩然之氣 曰 難言也 其爲氣也
至大至剛以直 養而無害 則塞于天地之間
【출전 : 맹자(孟子) – 공손추(公孫丑)】

'호연지기란 무엇인가' 하면, 호연지기란 말로 표현하기 어렵지만, 그 기운됨이 더없이 크고 강하고 바른 것인데, 이것을 올바로 길러서 해침이 없으면 하늘과 땅 사이를 꽉 채우게 된다.
〔이 기운은 의(義)와 도(道)로서 기르는 바, 그것이 없으면 곧 시들어 버리고 만다. 잠시도 마음이 떠나서는 안 되며 무리하게 욕심을 내어서도 안 된다. 그제야 공손추는 맹자가 말하는 호연지기가 어떤 것인지를 알았다.〕

胡蝶之夢 호접지몽

오랑캐 胡(호) / 나비 蝶(접) / 갈(어조사) 之(지) / 꿈 夢(몽)

나비가 된 꿈이라는 뜻으로, 인생의 덧없음을 비유하여 일컫는 말. 자아와 외계와의 구별을 잊어버린 경지.

☞ 인생관과 우주관을 동시에 말해주는 말. 장자가 꿈에, '자신이 나비가 된 것인지 나비가 자신인지 모를 만큼 즐거이 놀았다'는 고사에서, 현실과 꿈이 뒤섞여서 무엇이 현실이고 무엇이 꿈인지를 분간하기 어려움의 비유.

> 昔者莊周夢爲胡蝶 栩栩然胡蝶也 自喩適志與
> 不知周也 俄然覺 則蘧蘧然周也 不知
> 周之夢爲胡蝶與 胡蝶之夢爲周與
> 周與胡蝶 則必有分矣 此之謂物化
>
> 【출전 : 장자(莊子) - 제물론(齊物論)】

언젠가 장주(莊周)가 꿈에 훨훨 나는 나비가 되었다. 스스로 즐겨서 뜻하는 대로 가고 있어 내 자신임을 알지 못했다. 갑자기 깨어나니 곧 장주인 자신이 되어 있었다. 도대체 인간인 내가 꿈에 나비가 된 것인지 나비가 꿈에 장주인 내가 된 것인지를, 인간인 장주와 나비와는 반드시 구별이 있다.
이것이 이른바 만물의 변화인 물화(物化)라는 것이다.

紅爐點雪 홍로점설

붉을 紅(홍) / 화로 爐(로) / 점 點(점) / 눈 雪(설)

벌겋게 단 화로에 내리는 한 점의 눈이라는 뜻으로, 엄청나게 큰 일에 작은 힘은 아무런 표시도 나지 않음을 비유하여 일컫는 말.

弘益人間 홍익인간

넓을 弘(홍) 더할 益(익) / 사람 人(인) / 사이 間(간)

널리 인간을 이롭게 한다라는 뜻으로, 『삼국유사』에 나오는 단군의 건국이념으로 우리나라의 정치, 교육의 기본 정신을 일컫는 말.

> 昔有桓因庶子桓雄 數意天下 貪求人世
> 父知子意 下視三危太伯 可以弘益人間
>
> 【출전 : 삼국유사(三國遺事)】

(고기(古記)에 이르기를), 옛날 환인(桓因 : 하느님이란 뜻)의 서자 환웅(桓雄)이 자주 천하에 뜻을 두고 인간 세상을 탐내어 찾았다. 아버지가 아들의 뜻을 알고, 아래로 삼위태백(三危太伯)을 굽어보니 인간을 널리 유익하게 할 수 있었다.

紅一點 홍일점

붉을 紅(홍) / 한 一(일) / 점 點(점)

많은 남자들 가운데 하나뿐인 여자라는 뜻으로, 여럿 가운데서 돋보이는 한 가지를 일컫는 말이었으나 많은 남자들 속에 끼어 있는 한 여자를 뜻함.

☞ 아름다운 여인을 일컬음.

> 萬綠叢中紅一點 動人春色不須多
>
> 【출전 : 왕직방시화(王直方詩話)】

332

만 가지 푸르름의 떨기 가운데 붉은 꽃 한 송이
사람을 움직이는 봄빛 많은들 무엇하리.
〔왕안석(王安石)의 『석류시(石榴詩)』에 나오는 것으로, 온통 시퍼렇게
만 보이는 덤불 속에 한 송이 붉게 보이는 석류꽃을 보고 가장 아름
답고 귀여운 봄의 제일가는 풍경이라 읊은 것이다.〕

和光同塵 화광동진 ▶ 同其塵(동기진)

고를 和(화) / 빛 光(광) / 한가지 同(동) / 티끌 塵(진)

빛을 부드럽게 하여 주변의 먼지와 같게 한다라는 뜻으로, 자기
자신의 재주를 감추고 세속을 좇음.

※ 불교에서, 부처나 보살이 중생을 제도하기 위해 본색을 감추고 인
간계에 섞여 나타나는 것을 말함. 세상 사람들과 함께 어울림.

知者不言 言者不知 塞其兌 閉其門 挫其銳
鮮其紛 其和光 同其塵 是謂玄同

【출전 : 노자(老子)】

진정으로 아는 사람은 그 지혜를 말하지 않고, 그것을 말하는 사람은
알지 못한다. 그 감정의 구멍〔兌 : 귀·눈·코·입〕을 막고, 그 욕정의
문을 닫으며, 그 날카로움을 무디게 하고, 그 얽힘을 풀며, 그 빛을
흐리게 하고, 그 티끌(세속)을 같이 한다. 이것을 오묘(奧妙)한 동화(同
化)라고 한다.

畫龍點睛 화룡점정

그림 畫(화) / 용 龍(룡) / 점 點(점) / 눈동자 睛(정)

용을 그릴 때 마지막에 눈을 그려 완성한다는 뜻으로, 사물의 가장 중요한 곳. 가장 요긴한 부분을 마치어 일을 완성시킴을 일컫는 말.

張僧繇於金陵安樂寺 畵兩龍不點睛 每云
點之卽飛去 人以爲妄 因點其一
須臾雷電破壁 一龍上天 一龍不點眼者見在

【출전 : 역대명화기(歷代名畫記)】

(양(梁)나라) 장승요가 금릉(남경)에 있는 안락사의 벽에 두 마리 용을 그렸는데, 눈동자의 점을 찍지 않았다. 그가 항상 이야기하길 눈동자에 점을 찍으면 날아가 버린다고 했다. 사람들이 그 말을 믿지 않자 그 한 마리에 눈동자를 그려 넣으니 순간 뇌성을 치며 벽을 부수고 용이 하늘로 올라갔다. 그러나 점을 찍지 않은 한 마리는 그대로 남아 있었다.

花無十日紅 화무십일홍

꽃 花(화) / 없을 無(무) / 열 十(십) / 날 日(일) / 붉을 紅(홍)

열흘 붉은 꽃이 없다라는 뜻으로, 한번 성한 것은 얼마 못가서 반드시 쇠하여짐의 비유하여 일컫는 말.

華胥之夢 화서지몽 ▶ 華胥之國(화서지국)

빛날 華(화) / 서로 胥(서) / 갈(어조사) 之(지) / 꿈 夢(몽)

화서 나라의 꿈을 꾼다라는 뜻으로, 좋은 꿈이나 낮잠을 일컬음. 무심코 꾼 꿈에서 생의 진리를 깨달음.

☞ 황제가 화서의 나라로 가서 진리를 깨닫게 되었다는 고사에서 좋은 꿈을 가리킴.

> 時黃帝 晝寢而夢 游於華胥之國
> 其國無師長 自然而已
>
> 【출전 : 열자(列子) – 황제편(黃帝篇)】

그때였다. 황제는 낮잠을 자는 동안 꿈에 태고시절 무위의 제왕인 화서의 나라로 가서 놀게 되었다. (화서의 나라는 정신에 의해서만 갈 수 있는 곳이었다.) 그 나라에는 지배자가 없이 자연 그대로였다. (사람들은 욕심이란 것을 모르고 삶을 즐기는 일도 죽음을 싫어하는 일도 없기 때문에 일찍 죽는 일도 없었다.)

和氏璧 화씨벽

화할 和(화) / 성씨 氏(씨) / 옥 璧(벽)

화씨가 발견한 구슬이라는 뜻으로, 천하제일의 보배로운 구슬을 일컫는 말.

"세상에 발을 잘린 죄인이 많은데 그대만 유독 슬프게 우는 까닭은 무엇인가."
그러자 화씨는 "다리가 잘린 것이 슬퍼 우는 것이 아닙니다. 보배로운 구슬이 돌로 불리고, 곧은 선비가 속이는 사람이 된 것이 슬퍼 우는 까닭입니다." 하고 대답했다.
이리하여 문왕은 옥공에게 그 원석을 다듬고 갈게 하여, 천하에 다시 없는 보물을 얻게 되었다. 그리고 그 구슬을 '화씨벽'이라 이름을 붙였다.

【출전 : 한비자(韓非子) – 화씨편(和氏篇)】

畫中之餅 화중지병 ▶ 畫餅(화병)

그림 畫(화) / 가운데 中(중) / 갈(어조사) 之(지) / 떡 餅(병)

그림의 떡이란 뜻으로, 아무리 탐이 나도 차지하거나 이용할 수 없음을 비유하여 일컫는 말.

換骨奪胎 환골탈태

바꿀 換(환) / 뼈 骨(골) / 빼앗을 奪(탈) / 아이밸 胎(태)

뼈를 바꾸고 태를 빼앗는다는 뜻으로, 얼굴이 변하여 아름답게 되거나, 남의 시나 문장 따위의 발상이나 표현을 본떴으나 자기 나름대로의 창의(創意)를 보태어 자작(自作)인 것처럼 꾸밈을 일컫는 말.

山谷曰 詩意無窮 而人之才有限 以有限之才
追無窮之意 雖淵明少陵 不得工也
然不易其意而造其語 謂之換骨法
規模其意形容之 謂之奪胎法

【출전 : 냉재야화(冷齊夜話)】

황산곡이 말하길, "시의 뜻은 그 끝이 없으나, 사람의 재주는 한이 있다. 유한한 재주로써 무궁한 뜻을 바라는 것은, 도연명(陶淵明)이나 소릉(小陵 : 두보)일지라도 그 교묘함을 얻지 못한다. 그러나 그 뜻을 바꾸지 않고 그 시를 만드는 것, 이것을 환골법(換骨法)이라 하며, 그 뜻을 규모로 하여 이를 형용하는 것을 탈태법(奪胎法)이라고 한다." (여기에서 탈태는 시인의 시상이 마치 어머니의 태내에 아기가 있는 것 같은데 그 태를 나의 것으로 삼아 시경으로 변화시키는 것을 의미한다.)

鰥寡孤獨 환과고독 ▶ 無告之民(무고지민)

홀아비 鰥(환) / 적을 寡(과) / 외로울 孤(고) / 홀로 獨(독)

의지할 데 없는 외로운 사람이라는 뜻으로, '늙고 아내 없는 홀아비, 늙고 남편 없는 과부, 어리고 부모 없는 아이, 늙고 자식 없는 사람'을 일컫는 말.

老而無妻曰鰥 老而無夫曰寡 老而無子曰獨
幼而無父曰孤 此四者 天下之窮民而無告者

【출전 : 맹자(孟子) − 양혜왕(梁惠王)】

늙었는데 아내가 없는 사람을 환(鰥)이라 하고, 남편이 없는 사람을 과(寡)라 하며, 어려서 아비 없는 사람을 고(孤)라 하고, 자식이 없는 사람을 독(獨)이라 한다. 이 네 부류의 사람들은 이 세상에서 가장 의지할 데 없는 외로운 사람으로 자신의 처지를 호소할 데가 없는 사람들이다.
(이 네 가지 불행[四窮] 중 첫째는 늙어서 아내 없는 홀아비를 꼽았다.)

荒唐無稽 황당무계 ▶ 荒唐之言(황당지언)

거칠 荒(황) / 당나라(허풍) 唐(당) / 없을 無(무) / 상고할 稽(계)

말이 허황되고 터무니없다라는 뜻으로, 말이나 생각이 두서가 없고 엉터리여서 종잡을 수가 없음을 일컫는 말.

※ 황당지언(荒唐之言)과 무계지언(無稽之言)이 합하여 이루어진 말.

廻光返照 회광반조

돌아올 廻(회) / 빛 光(광) / 돌이킬 返(반) / 비칠 照(조)

빛을 돌이켜 거꾸로 비춘다는 뜻으로, 자신을 돌아보고 반성해서 자기 심성의 신령한 성품을 돌아보는 것을 일컫는 말.

膾炙人口 회자인구

회 膾(회) / 고기구울 炙(자·적) / 사람 人(인) / 입 口(구)

널리 칭찬을 받아 사람들의 입에 오르내림을 일컫는 말.
☞ 人口에 膾炙되다. ※ 회자란 잘게 썰어 구운 고기요리.

會者定離 회자정리

모일 會(회) / 놈 者(자) / 정할 定(정) / 떠날 離(리)

만나는 사람은 반드시 헤어질 운명에 있다라는 뜻으로, 인생의 무상함을 일컫는 말.

橫說竪說 횡설수설

가로 橫(횡) / 말씀 說(설) / 더벅머리 竪(수)

조리가 없는 말로 이러쿵저러쿵 함부로 지껄임.

孝子不匱 효자불궤

효도 孝(효) / 아들 子(자) / 아닐 不(불) / 궤 匱(궤)

효자의 효성은 지극하여 다함이 없다는 뜻으로, 한 사람이 부모에게 효도를 다하면 이에 감화되어 여러 사람이 잇달아 효자가 나옴을 일컫는 말.

孝子愛日 효자애일

효도 孝(효) / 아들 子(자) / 사랑 愛(애) / 날 日(일)

시간을 아껴 효도를 다한다라는 뜻으로, 일(日)은 태양과 시간의 두 가지 뜻이 있다. 겨울을 해에 비유하는 것은 엄동(嚴冬)에 햇빛을 아끼기 때문이며, 반대로 여름에는 햇빛을 싫어한 데서 여름 해를 외일(畏日)이라고 하여 무서운 것에 비유하였음.

嚆矢 효시

울 嚆(효) / 화살 矢(시)

우는(소리 나는) 화살이라는 뜻으로, 사물의 시초. 모든 사물의 맨 처음 시작, 혹은 사건이 처음 일어남을 비유하여 일컫는 말.

※ 지난날 전투의 시작을 알리는 신호로 우는 화살을 먼저 쏜 데서 온 말.

> 焉知曾史之不爲桀跖嚆矢也 故日 絶
> 聖棄知而天下大治
>
> 【출전 : 장자(莊子) — 재유(在宥)】

효(孝)로 유명한 증삼(曾參)과 강직하기로 유명한 사추(史鰌), 폭군인 걸왕(桀王)과 가장 큰 도둑인 도척(盜跖)의 효시가 아님을 어찌 알겠는가. 그러므로 '성인을 없애고, 지혜를 버리면 천하가 크게 다스려진다.'고 말하는 것이다.

後生可畏　후생가외

뒤 後(후) / 날 生(생) / 옳을 可(가) / 두려워할 畏(외)

뒤에 태어난 젊은이들은 두려워할 만하다라는 뜻으로, 젊은이는 장차 얼마나 큰 역량을 나타낼지 모르기 때문에 함부로 대하기가 어렵다는 말.

子曰 後生可畏 焉知來者之不如今也
四十五十而無聞焉 斯亦不足畏也已

【출전 : 논어(論語) - 자한편(子罕篇)】

공자가 말하길, "뒤에 태어난 젊은 사람이 가히 두렵다. 어떻게 앞으로 오는 사람들이 지금만 못할 줄을 알 수 있겠는가. 나이 40이 되고 50이 되어도 명성이 들리지 않는다면, 그러한 사람들은 별로 두려워할 것이 못된다."

厚顔無恥　후안무치　▶ 鐵面皮(철면피)

두터울 厚(후) / 얼굴 顔(안) / 없을 無(무) / 부끄러울 恥(치)

얼굴 거죽이 두꺼워 자신의 부끄러움도 돌아보지 않는다라는 뜻으로, 뻔뻔스러워 부끄러워할 줄을 모름.

興盡悲來 흥진비래

일 興(흥) / 다할 盡(진) / 슬플 悲(비) / 올 來(래)

즐거운 일이 다하면 슬픈 일이 닥쳐온다라는 뜻으로, 세상이 돌고 돌아 순환됨을 일컫는 말.

喜怒哀樂 희로애락

기쁠 喜(희) / 성낼 怒(노) / 슬플 哀(애) / 즐길 樂(락)

기쁨과 노여움과 슬픔과 즐거움이란 뜻으로, 인간이 갖고 있는 온갖 감정을 일컫는 말.

犧牲 희생

희생 犧(희) / 희생 牲(생)

천지종묘(天地宗廟)에 제사지낼 때 제물로 쓰는 살아 있는 소라는 뜻으로, 신명(神明)에게 바치는 산 짐승. 뜻밖의 재난 따위로 헛되이 목숨을 잃음을 일컫는 말.

☞ (어떤 일을 위해서) 제 몸이나 재물 따위 귀중한 것을 바침.

> ### 犧牲毋用牝
> 【출전 : 예기(禮記) – 월령(月令)】
>
> 〔제사 때에 바치는 제물로 암컷을 써서는 안 된다.〕
> 왜냐하면 뱃속의 새끼가 상하는 수가 있기 때문이다.

不朽 Books - 고전

학영사의 '불후 북스 - 고전'은 현대에 맞게 번역, 주해
하여 쉽게 이해할 수 있는 영원한 고전입니다.

논어 / 장자 / 채근담 / 손자병법 / 명심보감 / 고사성어

엮은이 ┃ 김동환
펴낸이 ┃ 김표연
펴낸곳 ┃ 학영사
주　소 ┃ 서울시 은평구 응암로 331-15 7층
영업소 ┃ 서울시 은평구 은평로 13길 11-5 2층
전　화 ┃ (02)353-8280
팩　스 ┃ (02)356-8828
등록번호 ┃ 제25100-1994-000015호